# De Roep van Jezus

*het vinden van de persoon van vrede*

TORBEN SØNDERGAARD

De bijbelteksten in dit boek zijn ontleend aan de Herziene Statenvertaling © Stichting Herziening Statenvertaling (HSV) tenzij anders vermeld. Op sommige plaatsen is gekozen voor de tekst uit de Nieuwe Bijbelvertaling (NVB) © Nederlands Bijbelgenootschap 2004.

# De Roep van Jezus

*het vinden van de persoon van vrede*

door Torben Søndergaard

Alle rechten voorbehouden.

Niets uit deze uitgave mag worden verveelvoudigd, opgeslagen in een geautomatiseerd gegevensbestand en/of openbaar gemaakt in enige vorm of op enige wijze, hetzij elektronisch, mechanisch, door fotokopieën, opnamen of op enige andere manier zonder voorafgaande schriftelijke toestemming van de uitgever.

Originally published by The Last Reformation, U.S.A, in 2020 under the title: The Call of Jesus.

Copyright © 2021 Stichting De Laatste Reformatie
Auteur: Torben Søndergaard
Vertaling: Hannie den Oudsten
ISBN: 978-1-7343765-8-6

# DANKBETUIGINGEN

Veel dank aan Marcia Neuhold voor het helpen met dit boek. Je bent een grote zegen geweest, samen met Sandra, Nancy, Kayleigh en vele anderen die hebben bijgedragen aan het realiseren van dit boek.

Laten we bidden dat het een grote zegen voor anderen zal zijn en dat het door God zal worden gebruikt om het lichaam van Christus terug te brengen naar waartoe Hij ons heeft geroepen.

# INHOUDSOPGAVE

DANKBETUIGINGEN ................................................................. 5

VOORWOORD ............................................................................ 9

Hoofdstuk 1: De roeping, opdracht en de Kerk ............................ 15

Hoofdstuk 2: De twaalf en de zeventig ......................................... 25

Hoofdstuk 3: Wees de goede grond .............................................. 35

Hoofdstuk 4: Twee aan twee ......................................................... 45

Hoofdstuk 5: De leiding van de Heilige Geest .............................. 55

Hoofdstuk 6: De oogst is groot ..................................................... 67

Hoofdstuk 7: Geloof dat de oogst rijp is ....................................... 77

Hoofdstuk 8: Zend arbeiders uit ................................................... 87

Hoofdstuk 9: Als schapen onder de wolven ................................. 99

Hoofdstuk 10: Neem geen geld mee ............................................ 111

Hoofdstuk 11: Groet niemand onderweg ..................................... 127

Hoofdstuk 12: Persoon van vrede ................................................ 139

Hoofdstuk 13: Eet en drink wat men je aanbiedt ......................... 151

Hoofdstuk 14: Ga niet van het ene huis naar het andere. ............ 163

Hoofdstuk 15: Veeg het stof af ..................................................... 177

Hoofdstuk 16: Genees de zieken en verkondig het evangelie ................. 189

Hoofdstuk 17: Het koninkrijk van God is dichtbij u ........................... 205

Hoofdstuk 18: Het boek van de apostelen ........................................... 219

Hoofdstuk 19: Het hele verhaal ........................................................... 231

Hoofdstuk 20: Jezus, onze Redder ....................................................... 243

Hoofdstuk 21: Lukas 10 getuigenissen ................................................ 257

Hoofdstuk 22: De persoon van vrede vinden ..................................... 273

Hoofdstuk 23: We hebben allemaal familie nodig ............................. 289

Hoofdstuk 24: Hoe we opgroeien ........................................................ 309

Hoofdstuk 25: Beste voorgangers en leiders ...................................... 329

Hoofdstuk 26: Laat het nieuwe leven beginnen ................................. 345

# Voorwoord

Het is voor mij een grote eer om eindelijk dit boek aan jullie te presenteren. In de afgelopen twintig jaar had ik het voorrecht om naar vele verschillende landen over de hele wereld te reizen, waar ik duizenden gelovigen heb mogen onderwijzen en trainen hoe ze moeten leven als volgeling van Jezus Christus. Waar ik toestemming kreeg, heb ik hen onderwezen hoe ze vrucht kunnen dragen, hoe ze zich kunnen laten leiden door de Heilige Geest, hoe ze mensen kunnen genezen en hoe ze het Evangelie kunnen delen. Ik heb heel veel christenen ontmoet die twintig, soms dertig jaar in een kerk zaten zonder dat ze ook maar één iemand tot de Heer hebben geleid. Na het bijwonen van een discipel training weekend, verandert hun leven drastisch. Ze grijpen elk moment aan om mensen tot Jezus te leiden en ze ervaren het leven zoals het staat beschreven in het boek Handelingen. De discipel training weekenden zijn enorm vruchtbaar; ik hoor vaak van voorgangers en anderen, dat dit de beste manier is om gelovigen te discipelen. Tijdens de discipel training weekenden, in de wandelgangen kickstartweekenden genaamd, gebruiken we Lukas 10 en het boek Handelingen als basis en richten we ons vooral op wat het betekent om Jezus te volgen als Zijn discipel. Het is mijn overtuiging dat we vandaag de dag zo ons leven moeten inrichten. Het boek Handelingen is het enige boek in de bijbel waarin we een compleet beeld krijgen hoe de eerste leerlingen van Jezus andere mensen tot discipelen van Jezus maakten. Handelingen lijkt op een dagboek: hierin kunnen we lezen hoe de eerste discipelen leefden, geleid door de Heilige Geest. We kunnen lezen hoe ze een leven leefden, vol van wonderen en tekenen. We lezen hoe de mensen om hen heen tot geloof kwamen, zich bekeerden en afkeerden van hun zondige leven nadat ze het Evangelie hoorden en in water en met de Heilige Geest werden gedoopt. Het boek Handelingen toont ons dat de bekering en de doop in water en met de Heilige Geest op één en dezelfde dag plaatsvond. Tegenwoordig zien we een verschil hierin, want veel mensen scheiden het moment van bekering en het moment van het dopen in water en met de Heilige Geest. Het boek Handelingen laat ons een wereldwijde verspreiding van het Evangelie zien; het is een geweldig boek dat ons vergelijkingsmateriaal geeft omdat we geloven dat Jezus Dezelfde is, gisteren, vandaag en tot in eeuwigheid. En als Jezus altijd Dezelfde is, dan is ook de Heilige Geest Dezelfde, gisteren, vandaag en tot in eeuwigheid. Daarom is hetgeen de eerste discipelen in het boek Handelingen meemaakten ook wat wij vandaag kunnen meemaken. Tijdens de kickstartweekenden, geven we onderricht uit het boek Handelingen. Maar we richten ons ook op Lukas 10 waar we lezen hoe Jezus de 70 discipelen uitzond, en hoe Hij hen specifieke instructies gaf over wat Hij wilde dat ze zouden gaan doen. De woorden die Jezus heeft gezegd in Lukas 10 waren niet alleen voor de discipelen uit die tijd bedoeld, maar ook voor de discipelen die vandaag leven.

Vaak vertelden mensen dat het onderwijs uit Lukas 10 geloven heel concreet maakt en dat ze dit konden toepassen op hun eigen dagelijks leven. Veel mensen hebben mij enthousiast gevraagd of ik in mijn boeken heb geschreven over het onderwijs uit Lukas 10 of dat ik plannen had om hier een boek over te schrijven. Dus ik weet dat veel mensen al een lange tijd uitkijken naar dit boek.

In de zomer van 2005 ontvingen mijn vrouw en ik een krachtige profetie. God vertelde ons dat we door een woestijntijd zouden gaan, dat Hij ons wilde leren om helemaal en alleen op Hem te vertrouwen en niet op mensen. God wilde ons deze periode door laten maken om ons te vormen en ons te onderwijzen. Ik kan zeggen dat Hij dat ook gedaan heeft; de 4 à 5 jaren nadat we deze profetie hadden ontvangen, hebben we een zeer moeilijke periode meegemaakt. Alles leek verkeerd te gaan. We zijn driemaal verhuisd en er werden roddels over mij en mijn familie verteld. We hebben veel vrienden verloren. Mijn vrouw Lene werd ziek en is geruime tijd ziek geweest. Toen werd ik ontslagen en konden we de rekeningen niet meer betalen. Het zag er somber uit voor ons. Ook al had ik de profetie om mij aan vast te houden in deze woestijnperiode, het was echt heel moeilijk voor ons. Het was zo moeilijk voor mij op een gegeven moment dat ik wilde sterven.

Nu, terugkijkend, zie ik dat we juist in die moeilijke periode God op een nieuwe manier hebben ontmoet. Ik ontdekte in deze tijd vol uitdaging dat God trouw is en dat we Hem kunnen vertrouwen. Gedurende deze moeilijke periode heeft God ons bevrijd van tradities en heeft Hij ons getoond hoe we als Zijn discipelen moesten leven. Deze periode leidde ons naar een nieuw begin. Nu zijn we zo dankbaar dat God ons door deze moeilijke periode heen heeft laten gaan, omdat we zoveel vruchten zien die uit deze periode zijn voortgekomen. Het was een periode waarin we helemaal opnieuw moesten beginnen en we God nodig hadden om onze ogen te openen zodat we konden zien waartoe Jezus ons riep. We hadden het nodig om door deze tijd te gaan zodat God ons kon helpen om onze plannen voor ons leven neer te leggen en om ontvankelijk te worden voor Zijn plannen. Deze woestijnperiode werd niet alleen een nieuw begin voor ons, het werd ook een nieuw begin voor vele andere mensen wereldwijd. Zij ontvingen het eenvoudige onderwijs wat God aan ons geopenbaard had in die periode. We zien nu wereldwijd een beweging: We zien honderdduizenden mensen genezen, vrijgezet van demonen en we zien tienduizenden mensen tot geloof in Jezus komen. God heeft mij en mijn familie dingen getoond die Hij aan vele anderen over de hele wereld toont. God brengt Zijn volk terug naar het eenvoudige leven waarover we lezen in Zijn Woord, het leven zoals geleefd in het boek Handelingen. Het is het leven van een ware discipel en volger van Jezus. Dit leven brengt tekenen en wonderen met zich mee. Het is een leven geleid door de Heilige Geest, waar mensen dagelijks tot geloof komen en gedoopt worden met water en met de Heilige Geest. Het is een leven waar je niet alleen over Jezus leert, maar Hem ook leert te volgen in gehoorzaamheid, elke dag opnieuw. Waar we nu getuigen van zijn is bijzonder, maar het is slechts het begin en het zal de wereld veranderen.

Al mijn boeken zijn geboren vanuit deze woestijnervaring toen God mij zoveel heeft laten zien. Ik heb in mijn eerste boek, "Christen, Discipel of Slaaf?", geschreven wat een ware discipel van Jezus is en hoe het is om te wandelen met Hem en elke dag te leven als Zijn discipel. In mijn laatste boek "De Laatste Reformatie", heb ik geschreven over de kerk en de beste manier om de mensen tot Zijn discipelen te maken zoals Hij ons heeft opgedragen. In dat boek staat ook ons persoonlijke verhaal beschreven, hoe we los zijn gekomen uit het systeem van de kerk en hoe we dit geweldige leven met God zijn gaan leven. In dit boek, "De opdracht van Jezus", wat u nu leest, gaan we kijken naar de opdracht die Jezus ons gaf. Dit boek gaat niet over hoe je een discipel van Jezus kunt worden of wat de kerk is; dit boek gaat over hoe we het leven met Jezus moeten leven. Dit boek richt zich op wat Jezus van ons vraagt, hoe we erop uitgaan en het gaan doen. Het meeste wat je nu zult gaan leren is eenvoudig maar zal nieuw zijn voor veel mensen.

> **Soms zien we de eenvoudige dingen die vlak voor onze neus zijn niet, maar eenvoudige mensen hebben Jezus begrepen. Om te begrijpen wat Hij van ons vraagt, hebben we geen moeilijke theologische studie nodig.**

Ja, soms kunnen we blind zijn voor iets eenvoudigs dat zich vlak voor onze neus bevindt. Het is zoals het spreekwoord zegt: "We zien door de bomen het bos niet meer". Als iemand het bos niet meer kan zien vanwege alle bomen, betekent dit dat ze zo gericht zijn op de kleine dingen dat het totaalbeeld niet meer helder is. Soms, als mensen alleen maar gericht zijn op de details van de opdracht, vergeten ze het uiteindelijke doel waarvoor ze uitgezonden zijn. Maar als de visie duidelijk is geworden, vraag je jezelf af waarom je het niet eerder zag. Je vraagt je af hoe je hebt kunnen doen wat je je hele leven hebt gedaan, zonder te zien wat de eenvoudige en duidelijke opdracht van Jezus was. Deze nieuwe openbaring zal de visie van velen veranderen en inzicht geven in de opdracht die Christus ons gaf. Voor anderen zal het een bevestiging zijn van wat de Heilige Geest al jaren in jullie harten aan het zeggen is. Ik geloof dat dit boek, "De opdracht van Jezus", zal bewerkstelligen dat we een groter geloof en een groter verlangen krijgen om het leven te leven waartoe Jezus ons geroepen heeft.

Dit boek zal jou ook praktische handvaten geven die je kunt gebruiken om meer vrucht in je leven te zien. Mijn gebed is dat door dit boek, God je ogen zal openen. Dat we allemaal zullen zien waartoe Jezus ons geroepen heeft en dat we echt zullen begrijpen dat God iedereen wil gebruiken om vrucht te dragen in ons dagelijks leven.

Gods zegen met dit boek, dat God door dit boek tot je zal spreken en je vrij zal zetten.

Torben Sondergaard,

Discipel van Jezus Christus

# 1

## DE ROEPING, OPDRACHT EN DE KERK

---

**Jezus en Zijn woord moet altijd ons beginpunt zijn; Hij is ons fundament en Zijn woorden zijn niet gebonden aan tijd en/of plaats. De boodschap die Hij tweeduizend jaar geleden in Israël gebracht heeft, is ook voor ons de boodschap waar we op mogen bouwen, waar we ook ter wereld leven.**

---

In sommige kerkgenootschappen praten mensen veel over de visie van de kerk en over de roeping van iedereen afzonderlijk. Persoonlijk kom ik ook uit een kerk waar hier veel over werd gesproken. Vandaar dat ik later, toen ik werkte als kerkplanter in verschillende steden, veel tijd besteedde aan het praten met mijn vrienden over wat de roeping voor ons als kerk was en wat God wilde dat we zouden doen. We hebben gebeden en God gezocht en probeerden zo te ontdekken wat de roeping en opdracht was als kerk in deze specifieke stad. Destijds geloofde ik dat het heel belangrijk was dat we als kerk onze precieze roeping kenden omdat Spreuken 29:18 zegt: "Zonder profetie vervalt het volk tot bandeloosheid" (NBV). Zo'n visie kan van kerk tot kerk verschillen.

Een visie kan bijvoorbeeld zo klinken: "We willen een gezinsgerichte kerk zijn waar het hele gezin het fijn ontmoeten vindt. We geloven in gezonde gemeenten, vergaderingen en bedieningen die uiting geven aan het goede nieuws van Gods koninkrijk dat wereldwijd levens en samenlevingen verandert." Nog een voorbeeld: "Onze droom is om een trouwe, groeiende kerk te zijn die echt gemeenschap, een diep geestelijk leven en een passie voor gerechtigheid laat zien."

Jaren geleden geloofde ik dat het heel belangrijk was Gods visie, als kerk en als individuele persoon, te ontdekken. Ik was ervan overtuigd dat we God niet konden gehoorzamen als deze roeping voor ons leven duidelijk werd. Ik heb echter inmiddels ontdekt dat het niet nodig is om tijd te besteden aan het ontdekken wat de specifieke visie voor een kerk of persoon is.

Misschien is wat ik hier zeg over het vinden van een visie voor jouw kerk of ontdekken wat Gods roeping is voor jouw leven iets wat nieuw is voor jou. Of misschien weet je juist precies waar ik het over heb. De vraag is: Moeten we veel tijd en energie stoppen in het bidden tot God om aan ons Zijn specifieke roeping te laten zien? Ik bedoel met een 'specifieke roeping' dat sommige mensen geloven dat het de bedoeling is dat ze jeugdleider, voorganger of aanbiddingsleider moeten zijn en dat ze op een dag een CD zullen maken. En sommige kerken denken dat het hun roeping is om een gezinsgerichte kerk te zijn terwijl andere kerken meer gericht zijn op bijbelvastheid.

Als individuele kerk of persoon Gods visie ontdekken, klinkt over het algemeen genomen niet slecht. Echter, waar vinden we hiervoor grond in de bijbel? Nergens in de bijbel lezen we over mensen die veel tijd en energie besteedden in gebed om Gods persoonlijke en unieke roeping voor hun leven te vinden. In feite was de aandacht helemaal niet gericht op een persoonlijke, specifieke roeping. In plaats daarvan zien we dat de aandacht op Jezus is gericht en hoe we Hem gehoorzamen in wat Hij ons reeds heeft opgedragen om te doen.

---

**We zien dat het in de bijbel draait om Jezus, Zijn woord en hoe we Hem moeten gehoorzamen.**

---

Ooit geloofde ik echt dat je geen kerk kon zijn als je als kerk geen duidelijke visie had. Ik geloofde ook dat elk lid van een kerk moest weten wat hun specifieke roeping was. Dat kon ook best een probleem zijn want deze 'roeping' kon erg afwijken van wat Jezus zegt in Zijn Woord. Iemand kan bijvoorbeeld geloven dat hij geroepen is voor aanbiddingsleider. Iemand anders kan geloven dat hij geroepen is om zakenman te zijn. Dit kan een probleem zijn, omdat ze, terwijl ze gericht zijn op hun 'roeping', niet erg gericht zijn op wat Jezus tot ons zegt in Zijn Woord over hoe we Zijn leerlingen moeten zijn.

Gelukkig heeft God de ogen van mij en mijn vrouw geopend in de tijd dat we door een moeilijke periode in ons leven gingen. Hij openbaarde aan ons dat we verkeerde ideeën hadden over roepingen. Nu geloof ik niet langer in specifieke roepingen. Meer dan ooit tevoren zie ik God aan het werk. Hij verandert wereldwijd de levens van duizenden mensen. Vandaag hebben we een eenvoudige roeping, Jezus en Zijn Woord. Ja, mijn vrouw en ik zijn erg verschillend en we doen de dingen niet op dezelfde manier, maar onze roeping is hetzelfde: Jezus dienen en Zijn woord gehoorzamen met alles wat we in ons hebben. Ja, we hebben allemaal dromen en doelen in het leven. Deze dromen en doelen verschillen. Maar het is nodig dat we begrijpen dat het belangrijkste doel is dat we discipelen van Jezus zijn. We moeten beseffen dat het meest belangrijke doel in ons leven is dat we gehoorzaam zijn aan wat Jezus ons heeft opgedragen. Jezus is niet alleen onze redder; Hij is onze visie, onze roeping en ons doel in het leven. Nu heb ik het niet meer nodig om God lang te zoeken om te ontdekken wat Zijn wil voor mijn leven is, want het staat al geschreven in de Bijbel. Ik weet dat voor sommigen van jullie deze bewustwording aangaande roepingen niet veel betekenis heeft, omdat je uit een kerkgenootschap komt waar niet veel aandacht is voor het vinden van je visie of roeping. Maar hoe dan ook, velen zullen precies begrijpen waar ik het over heb.

Ik wil zeggen dat het nu de tijd is om stil te staan en echt tijd te nemen om na te denken wat je aan het doen bent. Toen we "ja" zeiden tegen Jezus, zeiden we "nee" tegen onszelf. We vinden in de bijbel geen roeping om de beste voetballer te worden of een televisieberoemdheid. Ik zeg niet dat deze dingen verkeerd zijn, maar ons doel en onze aandacht moet op Jezus gericht zijn, om mensen te bereiken met het Evangelie en om discipelen te maken.

Mattheüs 7: 24-27 zegt:

"Wie deze woorden van Mij hoort en ernaar handelt, kan vergeleken worden met een verstandig man, die zijn huis bouwde op een rots. Toen het begon te regenen en de bergstromen zwollen, en er stormen opstaken en het huis van alle kanten belaagd werd, stortte het niet in, want het was gefundeerd op een rots. En wie deze woorden van Mij hoort en er niet naar handelt, kan vergeleken worden met een onnadenkend man, die zijn huis bouwde op zand. Toen het begon te regenen en de bergstromen zwollen, en er stormen opstaken en er van alle kanten op het huis werd ingebeukt, stortte het in, en er bleef alleen een ruïne over." (NBV)

Uit dit vers kunnen we opmaken dat zij die bouwen op de rots geen mensen zijn die alleen hoorders van het Woord van God zijn, maar dat ze Zijn Woord ook gehoorzamen. Mattheüs 7:24-27 maakt het duidelijk dat we niet alleen hoorders van het Woord moeten zijn, zoals velen zondag aan zondag doen. We moeten ook gehoorzamen en ernaar leven.

> **Je hoeft niet veel tijd te besteden om Gods specifieke roeping voor jouw leven of jouw kerk te ontdekken. Het enige wat nodig is, is dat je aanneemt wat Jezus in Zijn Woord heeft gezgd, en daar naar gaat leven.**

Er is een geweldige vrijheid voor hen die het begrijpen, de vrijheid om echt Jezus' opdracht voor jouw leven te ontvangen en te begrijpen dat wat Hij tegen Zijn discipelen zei destijds niet alleen voor hen bestemd was, maar ook voor ons vandaag de dag.

Er zijn drie grote onderwerpen in de Bijbel waar mensen vandaag over spreken: Ecclesiologie (kerkleer), missiologie en Christologie. Deze drie onderwerpen betreffen onder andere onderwijs over de kerk, onderwijs over zending en onderwijs over Christus. Dit is mijn vraag: welk van deze drie onderwerpen zou prioriteit moeten zijn in ons leven? Wanneer we kijken naar de kerk van vandaag, zien we dat vaak de aandacht gericht is op het onderwijs van de kerk, dat wat zij als kerk geloven. Daarna is er aandacht voor zending en als laatste is er enige aandacht voor het onderwijs van Jezus.

Ik geef toe dat ik jaren geleden ook zozeer gericht was op onderwijs over de kerk, dat ik het belangrijkste onderwijs vergat, Jezus. Natuurlijk, ik stond niet op het podium om te vertellen dat ik Jezus was vergeten. Ik realiseerde het mij destijds zelfs niet dat ik Hem was vergeten, omdat ik alles wat ik deed voor Hem deed. Hij was de reden dat ik kerken stichtte, Hij was de reden dat ik ook missionair bezig was, maar ik besef nu dat ik een verkeerde focus had.

Als we eerlijk zijn, geloof ik dat velen van ons het belangrijkste vergeten zijn. We zijn vergeten om tijd met Jezus door te brengen en we zijn vergeten om ons te richten op wat Hij zegt in Zijn Woord. Het gaat alleen om Jezus; de aandacht moet als eerste gericht zijn op Jezus, dan op hoe Hij wil dat we Zijn opdracht vervullen en dan pas op het ontstaan van de kerk.

Hoe zou het eruit zien als we die volgorde zouden gaan aanhouden? Als we opnieuw zouden beginnen en echt de tijd zouden nemen om naar Jezus te kijken, naar Zijn boodschap en wat Hij ons heeft opgedragen. Het zou er compleet anders uitzien omdat we niet langer geleid zouden worden door onze visie op kerk-zijn, ons kerkgebouw, onze kerkcultuur, onze hiërarchie of onze economie. Als we opnieuw zouden beginnen met het belangrijkste – Jezus- zouden veel van de dingen die nu onze tijd, energie, aandacht en geld vragen, (wat allemaal nodig is om een kerk draaiende te houden) niet langer nodig zijn. We zouden ons realiseren dat veel van de dingen die we voor Hem doen, eigenlijk onze tijd roven en ons afleiden van wat Hij ons heeft opgedragen om te doen.

Veel waarvan wij vandaag denken dat het hoort bij een 'echte' kerk en veel van wat we doen om 'Christus te dienen', berooft ons eigenlijk van de eerste liefde die we ooit voor Hem hadden. We zijn beroofd van het vuur dat eerst brandde voor Jezus omdat we veel meer onze aandacht op de kerk richtten en niet op Hem en hoe we Hem moeten gehoorzamen.

We vergeten soms dat Jezus ons niet geroepen heeft om grote, mooie kerken te bouwen met veel leden. Ik zeg niet dat het slecht is om een plek te hebben waar we met elkaar kunnen samenkomen, maar ik zeg dat dit nooit het doel moet zijn. Jezus heeft ons geroepen om discipelen te maken, dat we hen dopen en hen onderwijzen alles wat Hij ons heeft opgedragen. Dit is ons levensdoel en het staat zo duidelijk geschreven in de bijbel, recht voor onze neus. We kunnen in mooie, grote kerken zitten met heel veel activiteiten en toch het doel wat Jezus ons gegeven heeft niet vervullen. Het is tijd dat we stoppen met doen wat we deden en teruggaan naar waar Jezus ons voor geroepen heeft. Het doel moet altijd gecentreerd zijn om een discipel van Jezus zijn, dan kan Hij ons gebruiken en Zijn gemeente bouwen. Dit is wat Jezus zegt in Mattheüs 16:18. Hij wil Zijn gemeente bouwen met ons en onze taak is discipelen maken. Jezus is Degene die de Kerk zal bouwen. De Kerk die Jezus bouwt, wordt gebouwd met levende stenen. De Kerk is, en zal dat altijd zijn, gevormd uit gelovigen die samenkomen om Jezus te dienen. Als volgeling van Jezus is het je verlangen dat andere mensen het Evangelie horen en wedergeboren worden, om hen discipelen van Jezus te zien worden, zoals je dat zelf ook bent.

Dit is de opdracht die Jezus geeft in Mattheüs 28:19-20, waar staat:

"Ga dus op weg en maak alle volken tot Mijn leerlingen, door hen te dopen in de naam van de Vader en de Zoon en de Heilige Geest en hun te leren dat ze zich moeten houden aan alles wat Ik jullie opgedragen heb. En houdt dit voor ogen: Ik ben met jullie, alle dagen, tot aan de voltooiing van deze wereld."

Dit verlangen om mensen wedergeboren te zien worden en een volgeling van Jezus, is in het hart van iedereen die wedergeboren is en vol vuur voor de Heer. Deze wens is er vaak de reden van dat vele christenen veel tijd en geld in hun kerken investeren. Dat is om dit doel te verwezenlijken. Ik geloof dat velen van ons het geld en de tijd op een andere manier kunnen inzetten dan hoe we het nu doen. Ik zeg dit niet als kritiek, ik heb het zelf ook zo gedaan. Ik bedoel dit als een wanhopige schreeuw om te stoppen met wat je doet en te kijken naar waar Jezus ons voor geroepen heeft. Ik geloof dat we zouden kunnen doorgaan met hoe we nu kerk zijn en evangeliseren en op een bepaalde manier succesvol kunnen zijn, maar ik geloof ook dat er een betere manier is, en dat is de weg die Jezus ons voorgeleefd heeft.

Jezus zegt in Mattheüs 11:28-30

"Kom naar Mij jullie die vermoeid zijn en onder lasten gebukt gaan, dan zal Ik jullie rust geven. Neem Mijn juk op je en leer van Mij, want Ik ben zachtmoedig en nederig van hart. Dan zullen jullie werkelijk rust vinden. Want Mijn juk is zacht en Mijn last is licht."

Jezus zegt dat Zijn juk en last licht zijn, en als we doen wat goed is, zullen we niet moe zijn. Als dat waar is, waarom zien we dan zoveel kerkleiders moe worden en van hun geloof vallen? Waarom zien we zoveel kerkleden moe worden en niet alleen de kerk verlaten, maar ook hun geloof loslaten? Ik geloof dat daar vele redenen voor kunnen zijn. Hoe dan ook, ik ben ervan overtuigd dat één van de redenen is dat we zoveel dingen doen waar Jezus ons niet voor geroepen heeft. Jezus heeft nooit gezegd dat we kerk moeten zijn zoals we dat nu doen. Hij heeft nooit gezegd dat we elkaar elke zondag moeten ontmoeten met hetzelfde programma, aanbidding en een preek. Hij heeft nooit gezegd dat we moeten proberen om mensen in de kerk te krijgen zodat we ze over Jezus kunnen vertellen.

---

**Als christenen zijn wij vaak zo druk met alle kerkactiviteiten dat we het belangrijkste vergeten: Luisteren naar Jezus en Hem gehoorzamen.**

---

We vergeten vaak dat Jezus, voordat Hij de grote opdracht gaf aan Zijn discipelen in Mattheüs 28:19-20, zij drie jaar met Hem zijn opgetrokken, en dat Hij tijdens die periode de discipelen heeft voorgeleefd wat ze moesten gaan doen. Jezus onderwees hen wat de opdracht inhield, dus toen Hij hen de grote opdracht gaf, wisten zij precies hoe Hij wilde dat ze op pad zouden gaan en hoe ze moesten handelen. Dit is de reden waarom ze er niet op uit trokken om mooie, grote gebouwen te bouwen om er zondagse ontmoetingen te organiseren waar mensen dan konden komen om het Woord van God te horen, zoals veel mensen vandaag doen. Dit kan allemaal goed zijn zolang het niet de aandacht van Jezus afhaalt en van wat Hij echt wil dat wij gaan doen. Maar de waarheid is dat vandaag, tweeduizend jaar nadat Jezus op aarde was, we onze tijd, ons geld en onze energie besteden aan het succesvol maken van onze kerken. We doen niet wat Jezus ons heeft opgedragen. Misschien is dat de reden dat we zo weinig vruchten zien en waarom zoveel mensen hun geloof loslaten en hun eerste liefde voor God verliezen. Wij, als Zijn discipelen, hebben de hele nacht gevist zonder iets te vangen, net als de discipelen deden in Johannes 21: 3-6. Nu is het tijd dat we gaan doen wat Hij zegt, dat we handelen naar Zijn Woord. Het is net zo eenvoudig als het net aan de andere kant uitgooien. Laten we ons niet zozeer op de kerk richten en dan op de zending en dan pas op Jezus. Laten we beginnen met Christus en geef Hem dan ruimte om Zijn opdracht aan ons te onthullen en laat de Kerk dan de plannen op de manier waarop Jezus het bedacht heeft in de praktijk gaan brengen.

# 2

## DE TWAALF EN DE ZEVENTIG

*De opdracht die Jezus gaf was niet alleen bedoeld voor de twaalf en de zeventig discipelen waar we over lezen in de evangeliën. Het is ook voor jou en mij die vandaag leven. Wanneer wij Jezus gaan gehoorzamen, zullen wij ook vrucht gaan dragen en hetzelfde verbazingwekkende leven als de discipelen ervaren.*

Probeer je de laatste momenten die Jezus met de discipelen doorbracht voordat Hij werd opgenomen in de hemel om daar plaats te nemen aan de rechterhand van de Vader voor te stellen. De afgelopen drie jaren waren de discipelen dagelijks met Jezus opgetrokken. In die drie jaren hebben ze zoveel bijzondere dingen meegemaakt, gezien en gehoord. Bovendien hebben ze gezien hoe Jezus de dood verslagen heeft zoals Hij had voorzegd en de wederopstanding van Jezus meegemaakt. In de veertig dagen daarna is Hij telkens opnieuw aan hen verschenen en heeft Hij met hen gesproken over het Koninkrijk van God. Nu was voor Jezus de tijd aangebroken om terug te keren naar Zijn Vader. Probeer je voor te stellen wat een groots moment dit was. Voordat Jezus is opgevaren naar de hemel, spreekt Hij Zijn laatste woorden tot hen. Ik geloof dat deze laatste woorden die Hij sprak tegen Zijn discipelen belangrijk waren voor Jezus en zeker voor de discipelen. Dit gezegd hebbende, is het niet zo dat de woorden die Jezus heeft gesproken tot hen in de voorgaande drie jaren niet belangrijk waren, maar op de één of andere manier waren deze laatste woorden bijzonder speciaal. Ik geloof dat Hij echt wilde dat ze deze woorden zouden onthouden.

Laten we deze laatste woorden die Jezus tegen Zijn discipelen heeft gezegd eens lezen aan het einde van de evangeliën van Mattheüs en Markus.

Mattheüs 28: 18-20

"Jezus kwam op hen toe en zei:" Mij is alle macht gegeven in de hemel en op de aarde. Ga dus op weg en maak alle volken tot Mijn leerlingen, door hen te dopen in de naam van de Vader, de Zoon en de Heilige Geest en hun te leren dat ze zich moeten houden aan alles wat Ik jullie opgedragen heb. En houd dit voor ogen: Ik ben met jullie, alle dagen tot aan de voltooiing van deze wereld." Amen.

Markus 16: 15-19

"En Hij zei tegen hen:" Trek heel de wereld rond en maak aan ieder schepsel het goede nieuws bekend. Wie gelooft en gedoopt is, zal worden gered, maar wie niet gelooft zal worden veroordeeld. Degenen die tot geloof zijn gekomen, zullen herkenbaar zijn aan de volgende tekenen: In mijn naam zullen ze demonen uitdrijven, ze zullen spreken in onbekende talen, met hun handen zullen ze slangen oppakken en als ze een dodelijk gif drinken zal dat hun niet deren, en ze zullen zieken weer gezond maken door hun de handen op te leggen." Nadat Hij dit tegen hen had gezegd, werd de Heer Jezus in de hemel opgenomen en nam Hij plaats aan de rechterhand van God."

Deze laatste gesproken woorden van Jezus tegen Zijn discipelen, waren geloof ik van grote waarde voor Hem, woorden die Hem nauw aan het hart lagen. Jezus wilde dat Zijn discipelen het werk wat Hij begonnen was, zouden voortzetten. Hij verlangde naar een wereldwijde verspreiding van dit werk door de volken tot Zijn discipelen te maken en iedereen gehoorzaamheid te leren door te doen wat Hij had opgedragen. Nu wij later lezen wat Hij Zijn discipelen opdroeg, of het nu de twaalf of de zeventig zijn, moeten we begrijpen dat wat Hij hen toen opdroeg om te doen, niet alleen voor hen was die toen leefden. Nee, het is ook voor Zijn toekomstige Kerk, inclusief iedereen die vandaag leeft.

Jezus gaf duidelijke opdrachten aan de twaalf discipelen in Lukas 9 en Mattheüs 10, en aan de zeventig in Lukas 10. Er is een verschil tussen de twaalf en de zeventig.

Mattheüs 10:5-7

"Deze twaalf zond Jezus uit en Hij gaf hun de volgende instructies:" Sla niet de weg naar de heidenen in en bezoek geen Samaritaanse stad. Ga liever op zoek naar de verloren schapen van het volk van Israël. Ga op weg en verkondig:" Het koninkrijk van de hemel is nabij."

**Het Woord dat Jezus heeft gesproken, geldt ook voor ons vandaag. Ja, er is veel veranderd in tweeduizend jaar, maar Jezus' Woord is voor altijd hetzelfde**

Jezus instrueert hen (de twaalf) alleen het Evangelie onder de Israëlieten te verspreiden, omdat het Evangelie eerst onder de Joden verspreid moest worden, en daarna pas onder de heidenen.

De twaalf discipelen die Jezus koos zijn symbolisch voor de twaalf stammen van Israël. De zeventig discipelen zijn symbolisch voor de heidenen want dit getal zeventig staat voor de zeventig naties van de wereld. Het is duidelijk dat er iets symbolisch gebeurde in Mattheüs 10 en Lukas 9 en 10. Het plan dat de Joden eerst het Evangelie zouden ontvangen voordat de heidenen dat zouden ontvangen, zien we ook wanneer Jezus de Kanaänitische helpt in Mattheüs 15:24, waar Jezus zegt dat Hij alleen naar de verloren schapen van Israël is gezonden. Paulus benadrukt dit plan ook in Romeinen 1:16, waar hij zegt: "Voor dit evangelie schaam ik mij niet, want het is Gods reddende kracht voor allen die geloven, eerst voor de Jood en dan voor de Griek." Wanneer er staat 'voor de Griek', is het belangrijk om te begrijpen dat Griek feitelijk een ander woord is voor heiden of niet-Joden.

Zoals je kunt zien, is er een duidelijk plan dat Jezus de twaalf discipelen eerst uitzond om alle Israëlieten te bereiken met het Evangelie. Later zien we dat Jezus de zeventig uitzond om alle naties met het Evangelie te bereiken. Sommige Bijbelvertalingen hebben van de zeventig, tweeënzeventig discipelen gemaakt. De Deense Bijbel, Het Nieuwe Testament in alledaags Deens genaamd, zegt: "Sommige Schriften hebben het over tweeënzeventig discipelen, maar het echte aantal is zeventig, want dit nummer is symbolisch voor alle andere naties". In Genesis 10 zien we die zeventig naties van de wereld. De uitzending van de twaalf apostelen en later de zeventig was symbolisch omdat Jezus' boodschap eerst onder de Joden gepredikt moest worden en daarna aan alle naties." Dus zoals we kunnen zien, begint Jezus met de uitzending van de twaalf discipelen onder de Joden en daarna de zeventig andere discipelen onder de heidenen. De laatste woorden die Jezus aan hen allen meegaf, was de opdracht om Hem te blijven volgen, te gaan doen wat Hij hen had opgedragen en anderen te onderwijzen om hetzelfde te doen. Omdat Jezus altijd Dezelfde is, zal ook Zijn Woord niet veranderen. Daarom moeten wij vandaag de dag Zijn Woord gehoorzamen omdat Zijn Woord voor iedereen bestemd is, of we nu Joden of heidenen zijn.

Laten we nu Lukas 10:1-12 gaan lezen, als Hij de zeventig uitzendt:

"Hierna wees de Heere nog zeventig anderen aan en zond hen twee aan twee voor Zijn aangezicht uit naar iedere stad en plaats waar Hij komen zou. Hij zei dan tegen hen: De oogst is wel groot, maar er zijn weinig arbeiders. Bid daarom tot de Heere van de oogst dat Hij arbeiders in Zijn oogst uitzendt. Ga heen, zie, Ik zend u als lammeren te midden van de wolven. Neem geen beurs, geen reiszak en geen sandalen mee, en groet niemand onderweg. En welk huis u ook maar binnengaat, zeg eerst: Vrede zij dit huis! En als daar een zoon van vrede is, zal uw vrede op hem rusten. Zo niet, dan zal uw vrede tot u terugkeren. Blijf in dat huis en eet en drink wat u door hen voorgezet wordt, want de arbeider is zijn loon waard. Ga niet van het ene huis naar het andere huis. En welke stad u ook maar binnengaat en men ontvangt u, eet wat u voorgezet wordt, genees de zieken die daar zijn, en zeg tegen hen: Het Koninkrijk van God is dicht bij u gekomen. Maar welke stad u ook maar binnengaat en men ontvangt u niet, ga naar buiten, de straat op, en zeg: Zelfs het stof uit uw stad dat aan ons kleeft, schudden wij tegen u af. Maar weet dit, dat het Koninkrijk van God dicht bij u is gekomen. Ik zeg u dat het voor Sodom verdraaglijker zal zijn op die dag dan voor die stad." (HSV)

In dit boek wil ik vers voor vers behandelen en laten zien dat deze woorden ook vandaag gelden. De woorden van Jezus zijn nooit veranderd en zullen ook nooit veranderen. We leven misschien niet in Israël, en veel dingen zijn heel anders in onze cultuur en technologie, maar het verandert niet het belang van wat Jezus ons heeft opgedragen om te doen. Voordat we verder inzoomen op de woorden van Jezus in Lukas 10, gaan we kijken naar wat er gebeurde toen de zeventig discipelen terugkwamen bij Jezus nadat ze hadden gedaan wat Hij hen had opgedragen.

We lezen in Lukas 10:17

"De zeventig zijn teruggekeerd met blijdschap en zeiden: Heere, zelfs de demonen zijn in Uw Naam aan ons onderworpen." (HSV)

Wat we ons hier moeten realiseren, is dat de zeventig discipelen vol vreugde terugkeerden. Dit is wat zou moeten gebeuren als we God dienen. Als we uitstappen met geloof in Jezus' woorden, en we Zijn Geest door ons heen zien werken, zou dit grote vreugde moeten voortbrengen! Ons enthousiasme zou onbedwingbaar moeten zijn! Ik heb dit enthousiasme bij velen gezien wanneer zij voor het eerst in geloof uitstapten, ze voor de eerste keer gingen bidden voor iemand, ze voor de eerste keer het Evangelie met iemand deelden, ze voor het eerst iemand doopten in water of voor het eerst iemand doopten met de Heilige Geest. Ze kunnen hun enthousiasme niet verbergen! Ze zijn zo vol vreugde omdat ze beseffen dat God hen wil gebruiken om Zijn koninkrijk te verspreiden! Het is dezelfde vreugde en blijdschap als die de eerste discipelen ervaarden.

Johannes 4: 34 zegt:

"Jezus zei tegen hen: Mijn voedsel is dat Ik de wil doe van Hem Die Mij gezonden heeft en Zijn werk volbreng."

Dit is hetzelfde dat jij kunt ervaren als je in geloof uitstapt en Zijn wil doet. Wanneer je Zijn geboden gehoorzaamt en je uitstrekt naar andere mensen, zul jij ook een geestelijke volheid ervaren waardoor je echt voelt dat de wil van God doen jouw voedsel is. Je zult je verzadigd voelen op een manier dat niet gebeurt als je boeken leest of naar onderwijs luistert.

Verderop in Johannes 6:35 staat:

"En Jezus zei tegen hen: Ik ben het Brood des levens; wie tot Mij komt, zal beslist geen honger hebben, en wie in Mij gelooft, zal nooit meer dorst hebben. "

Ik weet niet waar jij aan denkt als je dit vers leest. Jezus zegt dat we naar Hem toe moeten komen, en als we dat doen, zullen we nooit meer honger of dorst hebben. Dit is echt wat we zullen ervaren als we in geloof op Zijn woord gaan uitstappen. We zullen ons verzadigd voelen, niet hongerig of dorstig, en we zullen ons blij voelen. Dit betekent niet dat we niet naar meer van Jezus zullen verlangen of dat we geen grotere dingen willen zien gebeuren van Hem door ons heen. Het betekent dat we niet druk zijn en zoekend de wereld rondreizen, alleen omdat we ervaren dat we iets missen. We zullen niet de behoefte hebben om in het vliegtuig te springen om een conferentie bij te wonen, alleen omdat we iets missen.

Je kunt God gehoorzamen op de plek waar je bent, en als je dat doet, zul jij je vervuld voelen op een manier zoals je nooit eerder hebt ervaren. Je zult een geweldige vrede ervaren en beseffen dat je niets anders meer nodig hebt. Alles wat je nodig hebt, is doorgaan met gehoorzamen en groeien.

Een geweldige openbaring in Lukas 10 is dat dit voor ons allemaal bestemd is. Jezus gaf Zijn bevelen niet alleen aan voorgangers of aan mensen met een speciale status of speciale roepingen of talenten. De bevelen die Jezus gaf in Lukas 10 zijn zowel voor jonge als de oude leerlingen die in Christus zijn. Je hoeft niet te wachten om Zijn bevelen te gaan gehoorzamen. Vele christenen zitten vandaag gefrustreerd in de kerk. Ze zijn gefrustreerd omdat ze wachten. Ze wachten op iets. Ze wachten op hun beurt om door God te worden gebruikt. Ze wachten totdat de voorganger hen opmerkt en hen de mogelijkheid geeft om door God te worden gebruikt. Maar ik vertel je dat je niet meer hoeft te wachten. Jezus heeft je reeds Zijn opdracht en gebod gegeven. Het staat zo duidelijk geschreven, recht voor je neus.

Eén van de meest krachtige dingen die ik ervaren heb tijdens een kickstart weekend, is om getuige te zijn van het moment dat mensen zich realiseren dat ze niet meer op God hoeven te wachten totdat Hij hen zal gaan gebruiken. Ze beseffen dat wat Jezus in Lukas 10 zegt, ook voor hen is, hier en nu. We moeten begrijpen dat we God elke dag kunnen dienen, waar we ook zijn. We hebben geen speciaal podium nodig om God te dienen omdat ons podium overal is. Het is tussen de mensen in hun huizen, op straat of in de winkels.

Wanneer je de visie die Jezus ons in Lukas 10 gaf begrijpt, en je daarnaar gaat leven, zul je een nieuw en geweldig leven ervaren, een leven waarin God je zal gebruiken om vrucht te dragen. Wanneer we de kerkelijke tradities naast ons neerleggen en niet meer denken in de volgorde van: eerst de kerk, dan de zending en dan Jezus en in plaats daarvan ons gaan focussen op Jezus en op wat Hij zegt, zal al het andere op zijn plaats vallen. Als we dit echt zouden doen, zou de kerk zo anders zijn. We zouden niet langer zien dat christenen jaar in jaar uit gefrustreerd in de kerk zitten en uiteindelijk hun eerste liefde voor Christus verliezen.

> **Het Woord dat Jezus heeft gesproken, geldt ook voor ons vandaag. Ja, er is veel veranderd in tweeduizend jaar, maar Jezus' Woord is voor altijd hetzelfde.**

Wanneer we Jezus Woord gaan praktiseren, zal God ons gebruiken op een nieuwe manier. Dan zul je echt het leven ervaren dat in Handelingen beschreven is, een leven dat we onmogelijk kunnen leven wanneer we twee uurtjes per week in een kerk zitten. Als we Jezus gehoorzamen en Zijn opdracht gaan vervullen zoals Hij heeft gezegd, neemt Hij ons en plaatst ons tezamen als levende stenen, niet alleen in het kerkgebouw op zondag maar ook daarbuiten, 24/7.

Ja, Jezus wil Zijn Kerk bouwen. De Kerk die Hij wil bouwen, ziet er zo anders uit dan velen vandaag ervaren. Ik ben betrokken geweest bij de start van drie verschillende kerken in verschillende steden, en nu pas begin ik te begrijpen waar de kerk echt over gaat. Kerk gaat niet om de ontmoetingen, de programma's of het mooie gebouw waar we elke zondag naartoe gaan. De Kerk die Jezus wenst, bestaat uit een familie waar we elkaar liefhebben en samen Jezus gehoorzamen. Ja, dit kan ook in een kerkgebouw of op een andere plaats plaatsvinden, maar de 'Kerk' is geen gebouw, het zijn de mensen.

Laten we kijken naar het Woord dat Jezus ons gaf, want hier vinden we het perfecte podium, waar we door Hem kunnen worden gebruikt, ongeacht waar of wie we ook zijn.

In Mattheüs 28:18-20, lezen we Jezus' laatste woorden aan Zijn discipelen.

"En Jezus kwam naar hen toe, sprak met hen en zei: Mij is gegeven alle macht in hemel en op aarde. Ga dan heen, onderwijs al de volken, hen dopend in de Naam van de Vader en van de Zoon en van de Heilige Geest, hun lerend alles wat Ik u geboden heb, in acht te nemen. En zie, Ik ben met u al de dagen, tot de voleinding van de wereld. Amen."

Amen! Het is tijd dat we de opdracht van Jezus gaan doen. Daarom gaan we in dit boek kijken naar de woorden van Jezus in Lukas 10, vers voor vers, en samen onderzoeken hoe we deze woorden moeten gehoorzamen in de wereld waarin we nu leven.

# 3

## WEES DE GOEDE GROND

---

**Jezus' opdracht om Hem te volgen is voor iedereen, maar de trieste waarheid is, er zijn niet veel mensen die bereid zijn om hun kruis op zich te nemen en de prijs te betalen om Hem te volgen. Jezus volgen is een roeping waar je een hoge prijs voor moet willen betalen. Dit is iets waar we vaak niet graag over praten, laat staan dat we het gaan doen. Maar zij die bereid zijn de prijs te betalen, zullen Jezus vinden en eeuwig leven ervaren.**

---

Lukas 10 begint met deze woorden: "Hierna wees de Heere nog zeventig anderen aan en zond hen twee aan twee voor Zijn aangezicht uit naar iedere stad en plaats waar Hij komen zou." Wanneer hoofdstuk 10 begint met "Na deze dingen", of "Hierna", moeten we ons herinneren dat de Bijbel, zoals elke brief, origineel geschreven is zonder hoofdstukken en verzen. Deze hoofdstukken en verzen zijn honderden jaren later toegevoegd. Dit is vaak de reden dat we verkeerd begrijpen wat het Woord eigenlijk zegt vanwege de manier waarop de Bijbel verdeeld is. Om te begrijpen wat Jezus zegt in Lukas 10:1 als Hij begint met "Na deze dingen "of

"Hierna", moeten we teruggaan naar het vorige hoofdstuk en lezen wat daar is geschreven. Dat gaan we nu doen.

Lukas 9:57-62 zegt het volgende:

"Het gebeurde, toen zij onderweg waren, dat iemand tegen Hem zei: Heere, ik zal U volgen waar U ook heen gaat. Maar Jezus zei tegen hem: De vossen hebben holen, en de vogels in de lucht nesten, maar de Zoon des mensen heeft niets waarop Hij het hoofd kan neerleggen. Tegen een ander zei Hij: Volg Mij. Maar die zei: Heere, sta mij toe dat ik wegga om eerst mijn vader te begraven. Maar Jezus zei tegen hem: Laat de doden hun doden begraven, maar u, ga heen en verkondig het Koninkrijk van God. Weer een ander zei: Heere, ik zal U volgen, maar sta mij eerst toe dat ik afscheid neem van hen die in mijn huis zijn. Jezus zei tegen hem: Niemand die zijn hand aan de ploeg slaat en kijkt naar wat achter hem ligt, is geschikt voor het Koninkrijk van God."

Lukas 10 begint daarna met deze woorden: "Hierna wees de Heere nog zeventig anderen aan en zond hen twee aan twee voor Zijn aangezicht uit naar iedere stad en plaats waar Hij komen zou."

Het is belangrijk dat we de woorden uit het eerdere hoofdstuk snappen om te begrijpen dat er kosten vastzitten aan het volgen van Jezus. Discipel van Jezus worden, betekent dat we onze eigen dromen en ambities moeten afleggen. We moeten bereid zijn om de hand aan de ploeg te slaan zonder om te kijken. Wanneer we dat doen, zullen we een leven met Jezus ervaren dat beter is dan wij kunnen bedenken.

Steeds opnieuw zien we, dat toen Jezus op aarde leefde en mensen riep om Hem te volgen, de opdracht altijd hetzelfde was, maar het antwoord wat de mensen Hem gaven was per persoon verschillend. Mattheüs, een tollenaar, verliet zijn baan als belastinginner toen hij Jezus' opdracht hoorde. Vrijwillig liet hij alles achter zich om Jezus te volgen, en Jezus gebruikte hem op een machtige manier. (Mattheüs 9:9-13) We zien ook een andere man die dezelfde oproep krijgt als

Mattheüs- de rijke jongeman waarover we lezen in Mattheüs 19. Hij kreeg ook de opdracht om Jezus te volgen, maar zijn antwoord verschilde van dat van Mattheüs. Hij was niet bereid de prijs te betalen en hij ging uiteindelijk bedroefd weg. (Mattheüs 19:16-26) Steeds opnieuw zien we dezelfde oproep, maar het antwoord was verschillend. Sommigen waren bereid de prijs te betalen, terwijl anderen zich terugtrokken.

Jezus maakt het zelfs nog duidelijker in Markus 4 waar Hij de gelijkenis van de zaaier vertelt. In deze gelijkenis, gaat een boer zijn land op om zaad te zaaien. Dit is een beeld van ons, zaaiende het Woord van God. Dit zaad (Het Woord van God) valt op vier verschillende soorten grond, vier verschillende reactie producerend. Deze verschillende soorten grond zijn een beeld van verschillende soorten mensen of verschillende soorten reacties van mensen wanneer zij het Woord van God horen. We zijn niet alleen degene die zaaien maar ook één van de vier soorten grond.

**We moeten beslissen of we goede grond willen zijn, God hoe dan ook gehoorzamend. Als we dit doen, zullen we veel vrucht zien en Hij zal ons hele leven geëerd worden.**

De eerste grond waarover we lezen in Markus 4:4 spreekt over het zaad dat "langs de weg viel; en de vogels in de lucht kwamen en aten het op." Dit zijn de mensen die het Woord van God horen, maar zodra ze het horen, rooft de satan het gezaaide uit hun hart weg. Dit zijn de mensen die we ontmoeten, die niet geïnteresseerd zijn om het Woord van God te ontvangen. Wanneer we dergelijke mensen ontmoeten, is het belangrijk dat we het stof van onze voeten schudden en verder gaan.

Sommige mensen zijn als de tweede soort grond. Markus 4 zegt dat bij dit soort grond het zaad "op steenachtige grond viel, waar het niet veel aarde had, en het kwam meteen op, doordat het geen diepte van aarde had. Maar toen de zon opgegaan was, verschroeide het, en doordat het geen wortel had, verdorde het." Dit zijn de mensen die het Woord van God horen en met blijdschap aanvaarden, maar het schiet geen wortel in hen en ze laten het Woord verwelken en sterven. Dit gebeurt wanneer mensen het Woord van God hebben aangenomen, maar wanneer ze verdrukt worden, houden ze geen stand omdat het Woord slechts oppervlakkig in hun harten was. Ze hebben nooit echt de prijs voor Jezus in hun hart willen betalen.

Verdrukking is vaak iets waar we niet over praten, maar het is eigenlijk een groot deel van Jezus volgen. Jezus sprak meer over verdrukking dan over wat dan ook en Hij maakte het heel duidelijk dat verdrukking en weerstand geen dingen waren die alleen Hem overkwamen, ook Zijn discipelen zouden dit gaan meemaken.

2 Timotheüs 3:12 maakt dit duidelijk:

"En ook allen die godvruchtig willen leven in Christus Jezus, zullen vervolgd worden."

Ik wil zeggen dat deze mensen niet altijd afhaken in de zin van kerkverlating. Veel mensen zijn afgehaakt maar gaan nog wel gewoon naar de kerk maar ze hebben hun eerste liefde voor God verlaten. De Bijbel maakt het glashelder dat iedereen die een godvruchtig leven in Christus wil leven, vervolgd zal worden. Wanneer ze godvruchtig gaan leven en Jezus gehoorzamen, zijn ze een bedreiging voor de satan, daarom zal de satan verdrukking sturen. Deze verdrukking is vaak voor veel mensen een verrassing, zeker in de westerse wereld. Westerse mensen denken vaak dat verdrukking alleen gebeurt in andere delen van de wereld want daar zien ze dat mensen in de gevangenis gegooid worden of worden mishandeld om hun geloof. Maar verdrukking is niet altijd lichamelijk. In feite heeft vervolging vele gezichten, en het doet pijn ook al is het niet lichamelijk. Als we kijken naar het leven van Jezus, zien we dat mensen Hem voor van alles en nog wat uitmaakten en roddels over Hem verspreiden. In Mattheüs 12:24 kunnen we lezen dat de Farizeeën Jezus ervan beschuldigden dat Hij Beëlzebul was. (De overste van de demonen) De Bijbel stelt dat als ze Jezus uitscholden voor al die verschrikkelijk dingen, ze ook ons, Zijn discipelen, zullen uitschelden voor dergelijke verschrikkelijke dingen.

We zien dit duidelijk in Mattheüs 10:24-25, waar staat:

"De discipel staat niet boven de meester en de dienaar niet boven zijn heer. Het moet genoeg zijn voor de discipel dat hij wordt zoals zijn meester, en dat de dienaar wordt zoals zijn heer. Als ze de Heere van het huis Beëlzebul genoemd hebben, hoeveel te meer Zijn huisgenoten!"

De waarheid is, dat vele christenen slapen in hun kerken. Ze leven niet als volgelingen van Jezus. Daarom ervaren ze ook niet de verdrukking waar Jezus mee werd geconfronteerd. Als christenen slapen, blijft satan weg en laat hen slapen. Hij wil hen niet wakker maken zodat ze gaan beseffen dat ze Gods Woord moeten gehoorzamen. Op het moment dat je ontwaakt en Jezus' Woord gaat gehoorzamen en gaat leven als Zijn discipel, zal satan komen en je verdrukken want nu ben je een bedreiging voor hem en zijn koninkrijk. Je zult vaak verrast zijn uit welke hoek de verdrukking komt. Veel van de verdrukking die we zullen ervaren als gelovigen zal niet van buitenaf komen van mensen die God niet kennen. In plaats daarvan, zal het komen van mensen in de kerken die zelf slapen. Verdrukking komt vele keren van de mensen die dicht bij ons staan, en dat kan echt pijn doen. Jezus ervoer verdrukking van de religieuze mensen en soms van Zijn eigen familie.

Wanneer verdrukking begint, kiezen veel mensen voor de makkelijke oplossing. Ja, er is een makkelijke oplossing voor verdrukking en het wordt een compromis genoemd. Je hoeft niet veel te doen om de verdrukking te stoppen of te laten afnemen. Het enige wat je hoeft te doen is een compromis sluiten. Dan stop je ermee om radicaal te zijn in je woorden en daden. Het is leven zoals de andere slapende christenen om je heen. Als je dat doet, zal de vervolging zeker stoppen. Maar als je een compromis sluit, ben je als de tweede soort grond waar Jezus het over heeft in Markus 4. En dan zul je geen goede vrucht dragen. Misschien klinkt het hard wat ik zeg, maar het is wat we vaak zien. Als je niet wilt zijn zoals dit tweede soort grond, wat geen goede vrucht draagt, is het nodig dat je besluit dat je nooit een compromis zult sluiten, ongeacht hoe moeilijk de verdrukking zal worden.

In Markus 4:7 lezen we over een derde soort grond. "En een ander deel viel in de dorens, en de dorens kwamen op en verstikten het, en het gaf geen vrucht."

Deze derde grond vertegenwoordigt de mensen die de zorgen van de wereld, het bedrog van de rijkdom en het verlangen naar andere zaken het Woord doen uitblussen zodat het geen vrucht draagt. Dit zijn de mensen die het Woord van God horen en het in hun hart ontvangen. Voor een tijdje gaat alles goed. Maar na verloop van tijd slokken de dagelijkse zorgen, het dagelijkse leven met haar zorgen en verplichtingen alle tijd op en zo dragen ze geen vrucht. Als ik lees over de derde soort grond, denk ik aan de vele mensen die God willen dienen, maar plotseling geen tijd meer hebben om Hem te dienen, want ze zijn afgeleid. Ze zijn afgeleid door hun auto, huis, tuin en hobby's. Er zijn zoveel dingen in deze wereld waar we ons zorgen over kunnen maken en deze afleiding en zorgen vragen al onze tijd, er blijft geen tijd meer over om God te gehoorzamen. Alhoewel ze de wens hebben om Jezus te volgen, in hun manier van leven (vooral in de westerse wereld) is geen tijd daarvoor vanwege alle verplichtingen die komen kijken bij een eigen huis, auto, tuin etc. Vanwege alle verplichtingen in hun leven, hebben ze vaak alleen een paar uur over op zondag om God te dienen door naar de kerk te gaan. Wanneer Jezus hierover spreekt in Markus 4, noemt Hij het 'het bedrog van de rijkdom'. Rijkdom is zo bedrieglijk dat veel mensen dit pas inzien als het te laat is. We denken vaak dat we gelukkiger zijn als we een groter huis of auto, of een betere baan, maar omdat we zoekende zijn naar de 'betere' dingen van deze wereld, blijft er tijd noch energie over om Jezus te dienen. We willen Jezus wel dienen, maar hoe zit het met de kinderen? En wat zullen anderen ervan denken als we deze weg inslaan of dit of dat doen? Ja, er is zoveel om je zorgen over te maken en dus doen we uiteindelijk niets. Als dat zo is, zijn we echt de derde soort grond, en zullen we niet veel vrucht dragen.

Goddank zijn er ook mensen die zijn als de vierde soort grond, de goede grond. Dit zijn de mensen die geen compromis sluiten of opgeven wanneer ze verdrukt worden. Voor mensen die zijn als de goede grond, is verdrukking nog meer reden om Jezus te zoeken en God gebruikt de verdrukking om hen te snoeien zodat ze nog meer vrucht gaan dragen.

Johannes 15: 2 toont ons dit, daar staat:

"Elke rank die in Mij geen vrucht draagt, neemt Hij weg; en elke rank die vrucht draagt, reinigt Hij, opdat zij meer vrucht draagt."

De mensen die zijn als de goede grond, zijn niet misleid door het bedrog van rijkdom, door zorgen of door iets anders wat deze wereld te bieden heeft. Ze stellen Jezus boven al het andere en leven liever een eenvoudig leven zodat ze meer tijd en energie over hebben om hun aandacht op God te richten. Dit zijn de mensen die veel vrucht dragen, dertig, zestig en honderdvoudig.

De Bijbel heeft het over twee soorten vruchten.

De vrucht van de Geest, waar Galaten 5:22-23 over spreekt;" De vrucht van de Geest is echter: liefde, blijdschap, vrede, geduld, vriendelijkheid, goedheid, geloof, zachtmoedigheid, zelfbeheersing. Daartegen richt de wet zich niet." Alhoewel de vrucht van de Geest een belangrijk deel is van het discipel zijn, als ik het hier heb over de vrucht die de goede grond voortbrengt, doel ik op de vrucht die voortkomt wanneer je uitgaat en Jezus gehoorzaamt. Jezus spreekt over dit soort vrucht in Mattheüs 4:19, waar staat: "En Hij zei tegen hen: Kom achter Mij aan, en Ik zal u vissers van mensen maken". Ook Johannes 15:16 heeft het ook over deze vrucht. Er staat:" Niet u hebt Mij uitverkoren, maar Ik heb u uitverkoren, en Ik heb u ertoe bestemd dat u zou heengaan en vrucht dragen, en dat uw vrucht zou blijven, opdat wat u ook maar van de Vader vraagt in Mijn Naam, Hij u dat geeft." Het is duidelijk dat Jezus wil dat we allemaal de wereld ingaan als vissers van mensen en veel goede vruchten dragen.

**De prijs die Jezus aan het kruis betaalde, is niet alleen voor jou en mij. Het is voor de hele wereld.**

**Het is voor hen die nu nog niet geloven. Daarom moeten we uitgaan en ons licht laten schijnen, zodat de wereld het kan zien en zal geloven.**

Als ik denk aan de vier gronden waar Jezus over spreekt in Markus 4, zie ik veel mensen in de kerken die op grondsoort twee en drie staan. Mensen als grondsoort twee sluiten snel een compromis voor de lieve vrede en vergoelijken wat de Bijbel zegt. Mensen als grondsoort drie laten de zorgen van de wereld en het bedrog van de rijkdom hun tijd stelen, zodat ze niet doen waar ze toe geroepen zijn.

Mijn familie en ik hebben periodes in ons leven gehad dat we ons op verschillende soorten grond bevonden maar goddank, God begon in ons te werken en ons te laten zien dat we geen ware discipelen van Hem waren. Toen we dit nieuwe leven begonnen te proeven, begonnen we in te zien dat we jarenlang verblind waren door de angst voor verdrukking en het bedrog van de rijkdom. We moesten veel dingen in ons leven veranderen zodat we goede grond werden dat veel vrucht draagt. Eens hadden we een huis gekocht en dat voor veel geld gerenoveerd. We besteedden veel tijd en geld om het huis op te knappen en creëerden een leven vol materiële zaken. Gedurende die periode zagen we weinig vrucht, maar toen we een voorproefje kregen van het leven als ware discipel van Jezus, kregen we honger naar meer. Uiteindelijk leidde God ons naar het punt om ons huis en onze auto te verkopen. We begonnen eenvoudiger te leven onze tijd en energie konden gebruiken om God te zoeken en te gehoorzamen. We besloten om onze intrek te nemen in een klein appartement waar we plotseling vrede hadden en de tijd om God te dienen. We hoefden niet zoveel te werken als eerst want we hadden geen hypotheek of auto die we af moesten aflossen. We waren vrij om tijd te besteden aan het dienen van God. In andere periodes hadden we veel verdrukking te verduren. We kwamen bijna op het punt om een compromis te sluiten maar we besloten om het niet te doen. We wilden niet grondsoort twee worden en dat hield ons gaande. We sloten geen compromissen en later zagen we uit deze periode veel vrucht komen.

Ik hoop dat de gelijkenis uit Markus 4 je aanspreekt en je uitdaagt om jezelf af te vragen welke grondsoort jij nu bent. Ben je de goede grond die veel vrucht draagt? Als we het hebben over de verschillende soorten grond, moeten we begrijpen dat we kunnen beslissen welke grond we willen zijn. Jezus roept ons allemaal, maar hoe we reageren op Zijn oproep is aan ons.

Soms voel ik mij gefrustreerd wanneer mensen denken dat wij zijn waar we zijn zonder daarvoor een prijs te betalen. Dat is niet waar. We hebben een flinke prijs betaald en het kost ons nog elke dag veel. Mijn familie en ik ondervinden veel verdrukking en mensen kunnen erg wreed zijn tegen ons. We hebben onze kinderen niet altijd kunnen geven wat andere ouders aan hun kinderen kunnen geven, vanwege ons eenvoudige manier van leven. Onze kinderen groeiden op en hoorden slechte dingen over wie wij zijn en hoe we leefden. Ook al was het niet makkelijk, we hebben gezien en zien nog steeds veel vrucht en dat is waar het allemaal om gaat. God is trouw en Hij is waarachtig.

Wat zou jij met je leven moeten doen zodat je goede vrucht wordt en vrucht kunt dragen. Ik kan dat voor u niet invullen, ik weet het niet. Hier moet je met God over in gesprek gaan. Gebruik deze geweldige gelijkenis en vraag jezelf waar je nu bent. We kunnen allemaal wel eens woestijnperiodes hebben in ons leven waar we dan niet zoveel vrucht zien als andere keren. Maar deze periodes zijn hoe dan ook belangrijk. Er zijn periodes in ons leven waarin er dingen moeten veranderen en we iets radicaals voor Jezus moeten doen. Als we beginnen met het kijken naar de opdracht van Jezus in Lukas 10, vers voor vers, is aan jou de keus hoe je wilt reageren. Het is aan jou of je goede grond wilt zijn, waar je het Woord van God ontvangt, ernaar handelt, de prijs betaalt en veel vrucht ziet.

# 4

## Twee aan twee

---

**Het is geweldig wanneer je met iemand samen de oogst gaat binnenhalen, maar bedenk dat je nooit alleen bent omdat de Heilige Geest nu in elke gelovige woont, en Jezus heeft beloofd altijd bij ons te zijn.**

---

We gaan nu beginnen om Jezus' Woord in Lukas 10 vers voor vers door te nemen. We zullen kijken naar wat Jezus deed, wat Hij tegen Zijn discipelen heeft gezegd en hoe wij gehoorzamen vandaag de dag. Het eerste vers wat we in Lukas 10 lezen is:" Hierna wees de Heere nog zeventig anderen aan en zond hen twee aan twee voor Zijn aangezicht uit naar iedere stad en plaats waar Hij komen zou."

We lezen hier dat Jezus hen twee aan twee uitzendt. Toen Jezus dit deed, wist Hij waar Hij mee bezig was. Ik denk dat het heel belangrijk is om te beseffen dat Jezus hen op deze manier uitzond omdat er vele voordelen zitten aan twee aan twee uitgaan. Deuteronomium 32:30 stelt: "Hoe zou één man er duizend kunnen achtervolgen, en twee mannen er tienduizend laten vluchten, tenzij hun Rots hen verkocht en de HEERE hen uitleverde?" Er is duidelijk kracht in het twee aan twee uitgaan. Voordat we verder gaan kijken naar de voordelen van uitgaan in tweetallen, moeten we begrijpen, dat het geen wet is om elke keer als tweetal uit te gaan. De reden dat ik dit hoofdstuk begin met dit te zeggen, is omdat ik veel gelovigen heb ontmoet die uit willen gaan en de opdracht van Jezus willen gehoorzamen, maar zij voelen zich zo alleen. Als mensen zich alleen voelen en de woorden over Jezus die discipelen in tweetallen uitzend lezen, maakt dat het nog moeilijker voor hen om er alleen op uit te gaan en Jezus te gehoorzamen omdat ze denken dat het verkeerd is om alleen uit te gaan en dus doen ze niets.

Deze verzen zeggen niet dat het absoluut nodig is om in tweetallen uit te gaan; we zien in Handelingen 8 dat Filippus er alleen op uit gezonden werd. Filippus was niet echt alleen want God was bij hem. Ook al leek het of hij daar alleen was, de Heilige Geest was in Filippus en God gebruikte hem op een krachtige manier. Als je erover nadenkt, zijn jij en ik, net als Filippus, nooit alleen want nu hebben wij iets wat de eerste discipelen uit Lukas 10 niet hadden, namelijk de Heilige Geest. Als we Lukas 10 lezen, moeten we onthouden dat dit gebeurde voordat zij met de Heilige Geest gedoopt werden. Lukas 10 was voordat Jezus aan het kruis stierf en opstond uit de dood. Toen was de Heilige Geest nog niet naar de aarde gezonden zoals dat nu wel het geval is. Ja, Jezus zond hen uit en gaf hen macht om zieken te genezen en demonen uit te drijven. Maar dat gezag was alleen gegeven aan de zeventig discipelen op dat moment. Nu is dezelfde kracht en autoriteit aan ons allen gegeven door de Heilige Geest. Het is duidelijk dat in Handelingen 8, als Filippus naar de woestijn geleid is en hij daar de eunuch ontmoet, hij niet echt alleen was want de Heilige Geest was in hem: Jezus wandelde, in de Heilige Geest, met Filippus mee. Velen van ons hebben krachtige ervaringen gehad toen we alleen Gods

Woord gehoorzaamden, geleid door de Heilige Geest. Maar ik zie de vele voordelen van het in tweetallen uitgaan.

Als het over discipelschap gaat is het in tweetallen uitgaan een groot voordeel omdat je van elkaar kunt leren. Wanneer we praten over discipelschap, moeten we begrijpen dat dit niet alleen zou moeten gebeuren op een podium in de kerk. Ook in het dagelijks leven moet er ruimte zijn voor discipelschap. Het is iets wat we kunnen uitdragen, samen, en ook al zijn er dingen die je kunt onderwijzen op het podium van een kerk, er zijn ook heel veel dingen die je niet kunt leren of laten zien op een podium. Om de praktische toepassing te leren, die niet op een podium getoond of onderwezen kunnen worden, moet je de kerk verlaten en het echte leven instappen om dit in praktijk te brengen. Alhoewel de kerk je sommige dingen kan leren, er is verschil tussen iets onderwijzen en iets echt voorleven in de echte wereld.

Echt discipelschap wordt getoond door ons voorbeeld. Dit betekent dat we hen laten zien hoe mensen God kunnen gehoorzamen, en we laten zien hoe God door ons heen kan werken. Laten zien door het voor te leven hoe we leven als discipel van Jezus, is een veel krachtiger getuigenis om discipelen te maken dan er alleen over onderwijzen. Velen in de kerken vandaag weten niet hoe ze Jezus moeten gehoorzamen omdat niemand ooit de tijd heeft genomen om hen precies te laten zien hoe ze dat moeten doen. Er zit een groot gat tussen wat we horen in de kerk (onderwijs) en hoe we dit uitleven in de wereld (gehoorzamen). Mensen worstelen vandaag met hoe ze, moeten toepassen als ze op maandag weer het echte leven ingaan, wat ze in de kerk is geleerd op zondag.

Maar laten we naar Jezus kijken. Hoe is Hij ermee begonnen? Mattheüs 4: 19 zegt: "En Hij zei tegen hen: Kom achter Mij aan, en Ik zal u vissers van mensen maken."

Wat was de reactie van de mensen wanneer Hij dit zei? Ze gingen Jezus ook echt volgen. Jezus startte geen Bijbelstudiegroep om eens per week onderwijs te geven hoe ze moesten leven als discipel. In plaats daarvan, liet Hij het hen zien. Ze volgden Hem de wereld in waar Hij hen onderwees hoe ze moesten leven door het hen voor te leven.

**Echt discipelschap kan niet tussen de vier muren van een kerk gedaan worden. We hebben het nodig om te leren om samen te leven en te wandelen, zoals Jezus deed met Zijn discipelen. Daar begint echt discipelschap.**

Ik geloof dat leven met God discipelschap is, en niet zozeer over het ontvangen van een speciale zalving of geschenk waardoor je ineens alles weet. Dit geldt ook voor het ontvangen van moed. Als ik mensen vertel dat we als discipelen van Jezus, Hem in alles moeten gehoorzamen, inclusief het uitdrijven van demonen, zieken genezen en mensen tot Christus leiden, kan het moeilijk zijn voor hen om zich voor te stellen dat ze de bevoegdheid hebben om dit te doen. Velen van hen hebben zo lang in de kerk gezeten zonder iets te doen. Ze denken vaak dat het een te grote taak is voor hen, en ze denken dat ze niet moedig genoeg zijn om het te doen. Hoe dan ook moeten we begrijpen dat we alles hebben wat we nodig hebben om Jezus te gehoorzamen door de Heilige Geest. Ja, misschien heb je moed nodig om dit te doen, maar deze moed zal beetje bij beetje komen door het te doen.

Ik heb mensen ontmoet die vrijmoediger zijn dan ik, misschien niet in het mensen naar Christus leiden, het uitdrijven van demonen of genezen van de zieken, maar zij zijn zoveel vrijmoediger op andere gebieden in hun leven dan ik ben. Laten we kijken naar het voorbeeld van kleding wassen en koken van maaltijden. Ik ben er zeker van dat de meesten van jullie veel vrijmoediger dan ik zijn als het op deze dingen aankomt. Dit zijn dingen waar ik niet zoveel over weet, omdat ik al heel jong getrouwd ben, dus heb ik nooit goed geleerd hoe je kleding wast of maaltijden kookt. Vandaar dat deze taken voor mij een groot karwei zijn, waarin ik veel moeilijkheden zou moeten overwinnen. Het zou mij waarschijnlijk een hele dag kosten om één setje kleding te wassen en ik zou daarna uitgeput zijn. Maar als jij kleding gaat wassen, doe je het zonder problemen. Hoe komt het dat jij met zoveel vrijmoedigheid kookt en wast en ik niet? Is het omdat jij een speciale zalving voor kleding wassen hebt ontvangen, die, telkens als je kleding wast, over je komt? En is het moeilijker voor mij omdat ik die speciale zalving voor kleding wassen niet heb? Werkt het zo, of is het veel eenvoudiger?

De waarheid is dat je stoerder bent dan ik op dit gebied omdat jij veel meer ervaring op dit gebied hebt. Vrijmoedigheid is iets dat komt door ervaring. Het is geen speciaal geschenk of zalving. Nu heb ik geen enkele moeite om op te staan en te spreken en bidden voor duizenden mensen, maar ik kan mij nog steeds de eerste keer dat ik hardop moest bidden herinneren. Het was tijdens een gebedsavond met 6 andere mensen van de kerk. Toen het mijn beurt was om te bidden, bad ik alleen maar een paar woorden, en ik vond het zo moeilijk om dat te doen. Het was zo moeilijk om mijn angst voor hardop bidden te overwinnen. Ik herinner mij dat ik na dat gebed mijn T-shirt had kunnen uitwringen, het was nat van het zweet. Zo nerveus was ik. Ik herinner mij de eerste keer dat ik voor een kleine groep mensen moest gaan staan en moest spreken. Ik was zo nerveus. Ik herinner mij ook nog hoe nerveus ik was toen ik voor de eerste keer een demon uitdreef, de eerste keer dat ik genezing uitsprak en diegene genas, de eerste keer dat ik iemand doopte met de Heilige Geest etc. Ja, er is altijd een eerste keer, en die eerste keer is het altijd moeilijk omdat je zo nerveus bent. Je denkt dat je het niet kunt omdat je het nooit eerder gedaan hebt, en daarom heb je gebrek aan vrijmoedigheid. Maar de waarheid is dat als je het een paar keer gedaan hebt, wordt het steeds makkelijker. Je wordt steeds moediger. Uiteindelijk denk je er niet meer over na, je doet het gewoon. Het wordt normaal voor je, net als kleding wassen en maaltijden koken. Vrijmoedigheid krijg je echt door ervaring, en jij kunt zelf die ervaring op gaan doen.

Als we het hebben over uitgaan en Jezus gehoorzamen, dan kun je dit alleen, maar, natuurlijk is het altijd makkelijker als je dit met iemand naast je doet. Het is veel makkelijker als je iemand naast je hebt die jou kan helpen en steunen. Als je dit doet met iemand die meer ervaring heeft dan jij, kan deze meer ervaren persoon jou echt helpen de vrijmoedigheid te krijgen die je nodig hebt, en dan wordt het ook makkelijker voor jou. Dat is het mooie aan discipelschap. Het is niet iets wat we alleen kunnen doen. We hebben elkaar echt nodig. Het draait om het van elkaar leren, zodat we het beter kunnen gaan doen. Misschien begin je met iemand mee te gaan die meer ervaring heeft dan jij, en dan is het mogelijk om te zien hoe deze persoon het aanpakt. Uiteindelijk ben jij aan de beurt om te gaan doen wat je die ander hebt zien doen. Nu ben jij het die het doet, maar die andere persoon met meer ervaring is erbij als je hulp nodig hebt. Dit helpt om vrijmoedigheid te krijgen, zodat het makkelijker voor je wordt om te beginnen. Dit is precies waar de Bijbel over spreekt als het over discipelschap gaat. Als je stage gaat lopen, volg jij je meester om te leren van het voorbeeld wat de meester jou geeft. Alhoewel je begint als leerling, jouw doel is om te worden zoals je meester. Ons doel in discipelschap is te worden zoals de Meester.

Ik herinner mij jaren geleden, toen ik stage ging lopen bij een bakker werd ik leerling-bakker. Dat is wat discipelschap is. Het discipelschap is zoals een stage. Op de eerste dag dat ik mijn stage startte, kon ik nog niks bakken. Maar de reden dat ik daar was, was om mijn meester te volgen en te leren van zijn voorbeeld. Door mijn meesters' voorbeeld te volgen, werd ik geacht om meer en meer op hem te gaan lijken. Het was echt niet makkelijk in het begin. Ik maakte veel fouten en vaak dacht ik dat ik het nooit zou leren. Maar ik hield vol, mijn meester was naast mij, mij onderwijzend en tonend hoe ik dingen moest doen. Hem naast mij hebben, gaf mij een zeker gevoel van veiligheid en dat hielp mij erg. Uiteindelijk leerde ik het, en het werd veel makkelijker. Ik werd uiteindelijk zoals mijn meester. Dit is wat het is om te leren door de kracht van het voorbeeld, de manier waarop Jezus dingen deed. Dit is waar het woord discipelschap vandaan komt. Het Nieuwe Testament legt het uit in een voetnoot," In die tijd en cultuur, vond onderwijs vaak plaats door de meester te volgen, en mensen leerden door de kracht van het voorbeeld. Een discipel was meer een leerling dan een student en dat is waarom de leerlingen en anderen Jezus "meester" noemden.

---

**We kunnen allemaal de dingen leren die Jezus ons opgedragen heeft. We kunnen allemaal leren om het Evangelie te prediken, zieken te genezen, demonen uit te drijven, mensen dopen in water en in de heilige Geest. Al deze dingen kunnen normaal worden voor ons, maar mensen moeten het leren door het steeds opnieuw te doen. Zo krijg jij vrijmoedigheid.**

---

Als we dit verstaan onder discipelschap, is het mogelijk om een heel verlegen iemand te helpen moedig en gehoorzaam aan Jezus te worden in slechts een korte tijd. Ik heb dit steeds opnieuw gezien. Ik zie dit vaak gebeuren als mensen de straat op gaan om een kickstart te krijgen. Als ik de term "een kickstart krijgen" gebruik, verwijs ik naar het moment waarop iemand een persoon voor de eerste keer meeneemt de straat op om te evangeliseren en te bidden om genezing voor een vreemdeling. Het is zo interessant wanneer iemand een kickstart heeft gekregen. Want in korte tijd, misschien een half uur of een uur, de persoon die nooit voor iemand heeft gebeden voor genezing, of een vreemdeling staande hield om het evangelie te delen, is ineens moedig geworden en doet dit met iedereen. En dat is zo omdat iemand de tijd nam om deze persoon te kickstarten.

Ik heb duizenden levens zien veranderen door discipelschap en het kickstarten. Door anderen mee naar buiten te nemen en een uur met hen door te brengen, door onderwijzing en ze te laten zien hoe ze Jezus' geboden gehoorzamen. Door de kracht van het voorbeeld, zal het niet alleen het leven van die persoon veranderen, maar ook de levens van vele anderen om hen heen. Dit is zo, omdat wanneer iemand voor het eerst een kickstart heeft gehad, en geleerd heeft hoe je in geloof uit moet stappen en Jezus' naam verkondigt en de zieken geneest in Jezus' naam, leert diegene om dit toe te passen in het dagelijks leven, waar diegene ook is. We zijn pas een paar jaar geleden begonnen met deze vorm van discipelschap, en we zien als resultaat nu honderdduizenden mensen genezen en duizenden mensen tot geloof komen en gedoopt worden. Het is zo effectief omdat het niet alleen gaat om het leren evangeliseren en zieken genezen, het gaat om discipelschap en om worden zoals Jezus. Het gaat om mensen onderwijzen, door de kracht van het voorbeeld, hoe ze samen op deze manier kunnen leven. Dit soort discipelschap is iets wat je niet ervaart als je het alleen doet en daarom gaan mensen liever samen de straat op.

Nog een punt waarom in tweetallen erop uitgaan geweldig is, is dat wanneer je er samen op uitgaat en je ontmoet iemand die met je wil praten, de ene persoon kan praten terwijl de ander in stilte bidt voor het gesprek en om leiding van de Heilige Geest. Misschien wil de Heilige Geest tot jou spreken en via jou iets toevoegen aan het gesprek. Wanneer mensen in tweetallen uitgaan, kun je elkaar steunen en je zult veel effectiever zijn in het bereiken van mensen met het Evangelie, vanwege de steun en de bescherming die je elkaar kunt bieden.

1 Petrus 5:8 zegt:" Wees nuchter en waakzaam, want uw tegenpartij, de duivel, gaat rond als een brullende leeuw, op zoek naar wie hij zou kunnen verslinden."

De satan is slim en hij wacht op een mogelijkheid om ons in de val te lokken. Dit is nog een goede reden om samen op te lopen met anderen. Persoonlijk reis ik nooit alleen als ik een kickstart weekend heb gedaan. Ik ben dan vaak erg moe, en omdat ik zo moe ben, ben ik zwak en kwetsbaar. Daarom is het goed om mensen om mij heen te hebben die mij beschermen en helpen.

In het algemeen, zijn er vele redenen te vinden voor Jezus' uitzending van de discipelen in tweetallen, maar als je op een plaats bent waar je geen andere mensen om je heen hebt die dit met jou samen willen doen, laat dit dan geen hindernis zijn voor jou. We zijn nooit echt alleen omdat God bij ons is en de Heilige Geest in ons woont.

# 5

## DE LEIDING VAN DE HEILIGE GEEST

---

**De Heilige Geest wil onderdeel van ons dagelijks leven zijn, zoals Hij dat ook was in het leven van de eerste discipelen. Hij wil ons leiden, door ons heen werken en zorgen dat er geen verschil is tussen onze levens en die van de eerste discipelen waarover we lezen in het boek Handelingen.**

---

We hebben in het vorige hoofdstuk gekeken naar Jezus die Zijn discipelen in tweetallen uitzond. Hij zond hen niet uit naar de steden om hen heen. Hij zond hen naar de steden waar Hij zou komen. We gaan nu kijken naar de betekenis hiervan.

"Hierna wees de Heere nog zeventig anderen aan en zond hen twee aan twee voor Zijn aangezicht uit naar iedere stad en plaats waar Hij komen zou." We lezen hier dat Jezus hen uitzond naar de steden waar Hij komen zou. Vandaag wandelt Jezus niet meer op de aarde en Hij is niet fysiek aanwezig in Israël zoals toentertijd. Nu zit Hij in de hemel aan Gods rechterhand, maar dit betekent niet dat Hij ons helemaal alleen heeft gelaten. Nee, Jezus heeft een plaatsvervanger gestuurd, en dat is natuurlijk de Heilige Geest. Nu is het de heilige

Geest, de Geest van Christus, die hier op aarde 'wandelt'. We kunnen het ook zo zeggen: Wij zijn nu het lichaam van Christus, gevuld met Zijn Geest. En net zoals Jezus destijds specifieke plaatsen wilde bezoeken, ben ik ervan overtuigd, dat de Heilige Geest ook van ons vraagt dat we naar bepaalde plekken gaan waar we mensen ontmoeten.

Door het hele boek Handelingen lezen we hoe de Heilige Geest werkte door de eerste discipelen. Hij was een groot onderdeel van hun leven, alsof Hij het was die hen leidde. In het boek Handelingen lezen we dingen als:" Want het heeft de Heilige Geest en ons goed gedacht..." (Hand.15:28), "Zij dan, uitgezonden door de Heilige Geest," (Hand.13:4), "werden zij door de Heilige Geest verhinderd..." (Hand 16:6). We zien het nog duidelijker als we kijken naar de discipel Filippus in Handelingen 8: 26-40. Op een dag hoorde Filippus een engel van de Heer tot hem spreken. Hij vertelde hem waar hij heen moest gaan. Toen hij aankwam op de plek waarvan de engel had gezegd dat hij daar naartoe moest gaan, zag hij een strijdwagen. Toen sprak de Heilige Geest en zei tegen hem dat hij naar de strijdwagen toe moest rennen en met de man moest praten. Toen hij gehoorzaamde en daarheen ging, ontmoette hij een 'zoon van de vrede'. (Ik kom hier later op terug) Die man was God zoekend. Filippus deelde toen het Evangelie met de eunuch, en deze bekeerde zich. Toen de eunuch water zag, werd hij meteen gedoopt. Net na deze doop, ervoer Filippus iets bijzonders. De heilige Geest nam hem plotseling weg naar een andere plaats. God maakte deel uit van de vroege kerk, zoals Hij ook nu deel wil uitmaken van jouw en mijn leven.

Wat we lezen in het boek Handelingen over Filippus en de andere discipelen, is echt geweldig. Maar realiseer je dat dit iets is wat wij ook vandaag de dag kunnen meemaken, omdat de Heilige Geest ook vandaag Dezelfde is. Ja, het is een normaal christelijk leven wat de eerste discipelen leefden, en dit is het leven dat God voor een ieder van ons wil. Een heel groot deel van Jezus volgen is, luisteren naar de leiding van de Heilige Geest, wandelen door de Geest. Dat is onze bestemming, te wandelen zoals Hij. Er is niets wat mij enthousiaster maakt dan geleid worden door de Heilige Geest. Er gaat echt niets boven wandelen in deze dingen die God al heeft voorbereid. Wanneer je van dit leven hebt geproefd of bent geleid door de Heilige Geest en hebt gezien wat de Heilige Geest kan doen, wil je meer.

Ik ben zo dankbaar dat het mij is vergund vele bijzondere dingen mee te maken wanneer ik werd geleid door de heilige Geest. Ik heb meer mogen ervaren dan veel andere mensen en ik zeg dit in grote nederigheid. Als ik om mij heen kijk en mijn leven vergelijk met wat andere mensen hebben gezien, heb ik vaak veel meer getuigenissen. Ik wil niet opscheppen omdat ik weet dat het allemaal om Hem draait. Ik zeg dit om een punt te maken. Ik zeg dit omdat ik iets wil illustreren. Dat ik zeg dat ik meer heb mogen ervaren dan veel andere mensen, als het gaat om de leiding van de heilige Geest, is om een aantal verschillende redenen.

Ik ben ervan overtuigd dat een van de redenen dat ik deze ervaring heb mogen meemaken is vanwege bidden en vasten. Bidden en vasten is zo belangrijk. Dit is een groot deel van het wandelen als christen, in het bijzonder wanneer het gaat om leren luisteren naar de heilige Geest. We hebben allemaal oren, maar helaas hebben we niet allemaal geleerd ze te gebruiken om te luisteren naar de heilige Geest. Ik geef toe dat dit niet altijd makkelijk is, maar ik weet dat vasten heel belangrijk is. Wanneer je vast, negeer je wat je lichaam wil, en het wordt zwak. Tegelijkertijd scherp jij je geest door meer gericht te zijn op je geest. Omdat jij je richt op God, is het makkelijker om Zijn stem te horen. Door vasten en bidden kun je leren luisteren naar de Geest en de stem van de Geest identificeren.

Geleid worden door de Geest is voor iedereen, maar we kunnen alleen geleid worden door de Geest als we bereid zijn om te luisteren en te gehoorzamen naar wat de Geest ons ingeeft.

Naast vasten en bidden, is ook gehoorzaamheid heel belangrijk. We moeten gehoorzamen wat God zegt, of het nu gaat om wat Hij direct tegen jou zegt of dat het gaat om wat Hij in Zijn Woord zegt. Ik zie veel christenen die echt in gebed geloven. Maar alleen gebed is niet genoeg. Ze bidden, vasten en zoeken God, maar ze doen niets. En dat is zo omdat ze wachten totdat God hen in beweging zet. Behalve wanneer God duidelijk en direct tot hen spreekt of wanneer God Zelf hen in beweging zet (wat dat ook moge betekenen), zullen ze niet in actie komen. Ik noem deze mensen soms 'over-geestelijk', omdat ze zich te veel richten op het horen van Gods stem en de leiding van de Heilige Geest. Ze ervaren vaak niets omdat ze op God wachten. Aan de andere kant, heb ik veel mensen meegemaakt die heel actief waren en non-stop veel deden, maar zij vergaten het persoonlijk leven met God. Ze vergeten dat het niet alleen om doen gaat maar dat het ook gaat om het hebben van een relatie met God. We moeten vasten en bidden. Deze mensen doen wel veel, maar ze wandelen vaak in hun eigen kracht. Deze mensen ervaren niet veel van de leiding van de Heilige Geest.

Ik geloof dat het geheim van het geleid worden door de Heilige Geest ergens tussen deze twee groepen te vinden is. Ja, het is belangrijk om te bidden en te luisteren naar de Heilige Geest, maar we moeten begrijpen dat het niet genoeg is als het gaat om het ervaren van de leiding van de Heilige Geest. Het is ook goed dat we handelen en gehoorzamen, maar dat is op zichzelf ook niet voldoende. Ik geloof dat ik persoonlijk zoveel heb mogen ervaren omdat ik het allebei doe. Ik zoek en luister naar God maar wacht niet totdat Hij zegt dat ik in actie moet komen. God heeft mij al verteld wat ik moet gaan doen, ik heb niet meer nodig om het te gaan doen. Als ik lees wat Hij zegt in Zijn Woord, moet ik Hem gewoon gehoorzamen, ongeacht hoe ik mij voel. Ik hoef niet te wachten tot Hij spreekt op een meer intieme manier. Ik hoef niet te wachten totdat Hij zegt: "Ga" voordat ik ga, want Hij heeft tweeduizend jaar geleden al "Ga" gezegd. Deze opdracht klinkt ook vandaag de dag nog. Ik ga omdat Hij dat heeft gezegd, maar terwijl ik ga, luister ik en word ik geleid door de Heilige Geest.

Ik geloof dat het de mensen met een balans zijn hierin die de leiding van de Heilige Geest zullen ervaren. Ja, het is belangrijk om te bidden en vasten en zodoende je te richten op een sterke relatie met God. Maar je zou niet moet wachten totdat God rechtstreeks tot je spreekt of wachten totdat Hij komt met de Heilige Geest op een bijzondere manier, voordat je erop uitgaat op Zijn Woord. Nee, we gaan omdat Jezus reeds heeft gezegd dat we op weg moeten gaan; we handelen omdat Hij de opdracht al heeft gegeven in Zijn Woord. Wat God destijds gezegd heeft is nog net zo waar en relevant alsof Jezus voor je staat vandaag en dezelfde woorden uitspreekt.

Dus waar wachten we op? Ja, we weten natuurlijk dat er ook een plek in de Bijbel is waar Jezus tegen Zijn discipelen zegt nog niet te gaan, maar hen de opdracht geeft om te wachten. Hij gaf hen deze opdracht omdat de Heilige Geest nog niet op hen was neergedaald. Ik zou hetzelfde tegen jou zeggen vandaag. Heb je de Heilige Geest reeds ontvangen? Zo niet, wacht dan. Ga niet voordat je de Heilige Geest hebt ontvangen. Jij hoeft niet tien dagen te wachten om de Heilige Geest te ontvangen zoals de eerste discipelen dat destijds moesten doen. Toentertijd moesten ze wachten omdat de Heilige Geest nog niet op aarde was, want Jezus was nog niet teruggegaan naar Zijn Vader. Maar nu is de Heilige Geest hier, daarom kun jij Hem vandaag ontvangen. Het is belangrijk dat je iemand vindt waar de Heilige Geest in woont. Die persoon kan voor jou bidden dat jij ook de Heilige Geest zult ontvangen. En als je de Heilige Geest hebt ontvangen, kun je uitgaan op Zijn Woord want Jezus heeft gezegd: "Ga".

Ik geloof dat het belangrijk is dat we een gehoorzame houding hebben, wat Jezus je ook opdraagt om te doen, ongeacht of we er wel zin in hebben of niet of dat we ervaren dat God direct tot ons spreekt of niet. Het is belangrijk dat wanneer we uitgaan op Zijn Woord, we dit biddend en luisterend doen en de Heilige Geest vragen of er iets is dat Hij wil zeggen tot ons. Dat is het moment wanneer er dingen gebeuren. Bijvoorbeeld: Wanneer je op zoek bent naar een auto, kun je achter het stuur gaan zitten en aan het stuur draaien zoveel je wilt. Er gebeurt niets want de auto staat stil. En omdat de auto stil staat, is het moeilijker om aan het stuur te draaien. Maar wanneer je de auto start, is het makkelijker om het stuur te draaien en om de auto te laten gaan waar je maar wilt. Hetzelfde werkt het met God en met geleid worden door de Heilige Geest. We kunnen bidden en vasten, maar er gebeurt niets omdat we niets doen. Maar wanneer we het Woord van God gaan gehoorzamen in geloof, terwijl je een sterk leven met God hebt, vastend en biddend, zullen we ervaren dat het veel makkelijker is om geleid te worden door de Heilige Geest. Ik geloof dat Filippus dat ervaarde in Handelingen 8 waar we het eerder over gehad hebben. Filippus was een man die vol was van de Heilige Geest, maar toen de vervolging begon, werden hij en vele anderen verspreid over heel Samaria. Het was niet omdat God tegen hem had gezegd dat hij naar Samaria moest gaan. Nee, de moeilijke situatie en vervolging hadden ervoor gezorgd dat hij naar Samaria was gegaan. Terwijl hij daar was, predikte hij daar het Woord van God en deed hij waar God hem toe geroepen had. En het was tijdens die periode, terwijl hij in Gods Koninkrijk aan het werk was dat de Heilige Geest tot hem sprak en hem in nieuwe dingen leidde. God sprak direct tot Filippus, maar het begon bij het gehoorzamen van Gods Woord. God begon hem daarom te leiden.

Ik heb zoveel getuigenissen die bevestigen dat het vaak zo werkt. Ik heb een voorbeeld dat mij doet denken aan Filippus' ervaring in Handelingen 8. Enige jaren geleden, was ik in de stad, wandelend, biddend en getuigend van Jezus tegen de mensen die ik tegenkwam. Het was een dag waarop ik niets voelde, en ik hoorde God ook niet spreken tot mij. Maar terwijl ik God diende, ervoer ik plotseling de leiding van de Heilige Geest. Ik was op weg naar huis toen ik dacht dat God "Stop, keer je om, ga terug" zei tegen mij. Ik stopte midden op de straat en dacht; "Wat nu?" Alhoewel ik lichte twijfel had, wist ik dat het God was die tot mij gesproken had. Dus ik stopte en keerde mij om. Achter mij stond een man met zijn rug naar mij toe. Ik dacht bij mijzelf: "God, wilt U dat ik met deze man ga praten?" Ik wilde hem niet van achteren benaderen dus ik wandelde in een wijde boog om hem heen, tot ik aan de andere kant van de man was aangekomen. Ik draaide mijn hoofd om naar de man te kijken, maar tot mijn verrassing, was de man verdwenen. Dat had ik niet verwacht. Ik raakte verward want ik dacht dat ik God had horen zeggen: "Stop, keer je om en ga terug". Nu stond ik voor een winkelraam, verward, en zoekend naar de man waarvan ik dacht dat God had gezegd dat ik met hem moest praten, maar hij was verdwenen. Ik keek opnieuw om mij heen en zag dat de winkel waar ik voor stond een kapperszaak was. Dat was een heel vreemd gezicht, want zoals velen van jullie weten, ben ik al jaren niet meer in een kapperszaak geweest, sinds ik niet veel haar meer heb. Terwijl ik daar stond, dacht ik dat ik niet Gods stem had gehoord, maar dat het mijn eigen gedachten waren. Toen gebeurde er iets geks. Iemand tikte mij op mijn schouder en zei dat ik de deur blokkeerde en hij graag naar binnen wilde. Toen ik mij omdraaide, zag ik een jongeman die wachtte totdat ik opzij zou stappen, zodat hij de kapperszaak binnen kon gaan. Toen ik hem zag, werd ik direct enthousiast want ik wist dat het God was die tot mij gesproken had en dat dit de man was die ik moest ontmoeten. Ik wist dat omdat de jongeman die voor mij stond één arm in een mitella had. Ik zei tegen hem: "Neem mij niet kwalijk, maar mag ik je iets vragen? Ik ben christen en ik geloof in God, en jij?" Hij was erg verrast dat ik hem dit vroeg. Hij zei dat het grappig was dat ik dat vroeg omdat zijn oma drie weken geleden was overleden. Zij had een bijbel in huis en die had hij gekregen. De laatste drie weken had hij elke dag in die bijbel gelezen, maar hij had het idee dat hij niet echt begreep wat hij las. Daarom had hij die bewuste dag 's morgens gebeden tot God dat als Hij echt bestond Hij iemand zou sturen die hem zou laten zien dat God echt bestaat. Dus ik zei tegen hem: "God toont jou op dit moment dat Hij echt is." Toen vroeg ik hem wat er aan de hand was met zijn arm, en hij vertelde mij dat hij een ongeluk had gehad en daardoor een interne bloeding in zijn hele arm had gehad. Ik legde mijn hand op zijn arm en bad voor hem en het volgende moment was zijn arm genezen en kon hij zijn arm bewegen zonder pijn. Hij was in shock. Later hadden we een langer gesprek over God, die dag was een nieuw begin voor hem.

Dit is slechts één van de vele bijzondere manieren waarop we door de Geest geleid kunnen worden. Maar nogmaals, God sprak niet tot mij terwijl ik thuis zat, wachtend op een speciale roeping of een speciaal woord van Hem. Nee, Hij sprak tot mij terwijl ik bezig was voor Hem in gehoorzaamheid, zoals we ook lezen in de Bijbel.

Ik houd van dit soort verhalen want ze herinneren mij aan Filippus en de eunuch uit Handelingen 8. Jezus is echt dezelfde, gisteren, vandaag en tot in eeuwigheid. Ja, natuurlijk kan God ook tot ons spreken als we thuis zijn, daar heb ik ook voorbeelden van. Maar ik heb veel meer voorbeelden zoals hierboven, dat God tot ons spreekt en ons leidt als we Zijn wil doen. We leven in een andere tijd dan die van de eerste discipelen in het boek Handelingen. Tegenwoordig hebben we auto's, vliegtuigen, internet en andere dingen die zij niet hadden. Maar de Geest is Dezelfde, en daarom kunnen we dezelfde dingen ervaren als die zij hebben ervaren, toen zij geleid werden door de Heilige Geest.

Een ander verhaal van het door de Geest geleid worden, speelde zich af in Cape Town, Zuid-Afrika. Dit verhaal toont echt hoe de Geest kan leiden. Enige jaren geleden zei mijn vrouw Lene op een dag dat ze had gebeden om een open deur om op zendingsreis te gaan. Op het moment dat ze dit aan mij vertelde, kreeg ik een mail met een uitnodiging naar Cape Town, Zuid-Afrika. We kenden de mensen die ons uitnodigden niet, maar we wisten dat God hierachter zat, dus pakten we een vliegtuig en reisden daarheen. Terwijl ik in het vliegtuig zat, sprak God tot mij en Hij zei dat Hij mij mee wilde nemen naar een speciaal gebied in Cape Town waar veel criminaliteit en armoede was. Toen we na een lange vlucht aankwamen in Cape Town, en we ons gastgezin ontmoetten, vertelde ik dat God in het vliegtuig tot mij had gesproken en dat Hij wilde dat ik naar dat gebied in Cape Town ging. Toen zij dat hoorden, zeiden zij dat dit niet mogelijk was, omdat dit een erg gevaarlijk gebied was en een plek waar je niet heen ging tenzij je er iemand kende, zeker als je blank was. Maar wat gebeurde was verbazingwekkend. De volgende dag gingen we de straat op om een paar vrienden te leren hoe ze het evangelie konden delen en voor de zieken konden bidden. En daar op straat, ontmoeten we een oude vrouw met een wandelstok. Ze vertelde ons dat ze al zeven maanden met deze wandelstok liep omdat haar heupen vernield waren nadat ze in een taxi zat waarin was gevochten. Ze moest uit de auto springen terwijl deze nog reed. Ik liet mijn vriend bidden voor deze vrouw en deze vrouw genas volledig. Ze sprongen allebei enthousiast in het rond vanwege het wonder dat was gebeurd en ze begonnen te dansen. Ik stond daar met haar wandelstok in mijn hand. Dit is wat ik leuk vind aan Zuid-Afrika- de opwinding is zo goed te zien. Ze zijn niet bang om hun blijdschap te tonen wanneer God iets doet.

Nadat ze rondgedanst hadden, vertelde ze mij dat zij thuis een weeshuis had en dat er enkele kinderen erg ziek waren. Ze vroeg of wij konden komen en konden bidden in haar huis. Waar denk je dat zij woonde? Ja, precies! Ze woonde middenin het gebied waarvan God had gezegd dat ik daar naartoe moest gaan. Het werd zelfs nog mooier want ze begon mij te vertellen dat ze wist dat God hierachter zat want net voordat ze van plan was om met een taxi naar huis te gaan, kreeg ze het idee dat een stem haar vertelde om de taxi te verlaten en 500 meter verderop een bus te pakken. Ze begreep er niets van maar ze deed het toch. Nu wist ze dat het God was die had gesproken tot haar. Als ze niet uit de taxi was gestapt om een bus te nemen, had zij ons nooit ontmoet.

De volgende dag was het de bedoeling dat we elkaar zouden ontmoeten bij het plaatselijke politiebureau dicht bij haar huis, want dat was de veiligste plek om af te spreken. Als we daar zouden arriveren, moesten we haar bellen en dan zou zij ons op komen halen. Maar toen we daar aankwamen en bij het politiebureau parkeerden, riep mijn vriend: "Oh nee. Hoe kon ik dat nou doen? Ik vergeet helemaal om mijn telefoon mee te nemen!" Hij wist dat het te lang zou duren om terug naar huis te gaan en dan weer terug te komen, dus we wisten dat dit geen optie was. Hij had haar nummer niet om te bellen voor de ontmoeting. Daar zaten we dan, in een auto buiten het politiebureau zonder een mogelijkheid om contact op te nemen met de vrouw die we de vorige dag op straat hadden ontmoet. Toen kreeg ik het idee om het politiebureau in te gaan om aan hen te vragen of ze de vrouw kenden, want ik had haar genezing opgenomen met mijn telefoon. Ik dacht dat als ik dat filmpje zou laten zien, iemand deze vrouw zou herkennen. We gingen het politiebureau in en lieten het filmpje zien, maar niemand herkende haar. Plotseling kwam de vrouw die we zochten het politiebureau binnen lopen. We waren compleet verrast en vroegen aan haar waarom ze naar het politiebureau was gekomen, terwijl we hadden afgesproken dat ze zou wachten op ons telefoontje. Ze vertelde dat ze sterk het gevoel had dat God wilde dat ze gelijk naar het politiebureau zou gaan. Ze was net zo verrast om ons daar te zien. Op datzelfde moment, terwijl we daar zo met zijn drieën stonden, kwam de politiechef uit zijn kantoor en vroeg of wij naar zijn kantoor konden komen. Toen we zijn kantoor binnen waren gegaan, zei hij dat hij de hele morgen God had gezocht omdat er zoveel criminaliteit was. Hij was vroeg opgestaan om God te zoeken en hij had God verteld dat ze iemand nodig hadden die hen kon helpen. Hij had tegen God gezegd dat Jezus de Enige was die hen zou kunnen helpen. En toen vertelde hij mij dat ik door God was gezonden om hen te helpen en hij vroeg mij om te bidden voor iedereen in het politiebureau en in de gevangenis. Dus die dag hadden we een gebedsbijeenkomst in het politiebureau, samen met de politie, en later hadden we fellowship in het huis van de vrouw. Ja, het was een onvergetelijke dag voor ons allemaal. Wat ik echt fantastisch vind, zijn alle details in dit verhaal en hoe de Heilige Geest kan leiden, alles samen kan brengen.

Ik hoop dat dit jou helpt om te geloven dat de Heilige Geest nog steeds dezelfde is en dat Hij ons nog steeds kan leiden. Als we die dag niet de stad in waren gegaan, als de vrouw niet had gehoord dat ze uit de taxi moest stappen, als mijn vriend niet zijn telefoon vergeten was etc., dan was dit allemaal niet gebeurd. Maar voor God is niets onmogelijk. En ook nu weer, begon dit doordat we uitstapten in geloof. De dag dat we de straat opgingen, had ik God niet horen zeggen dat ik de straat op moest en dan een vrouw zou ontmoeten. Nee, we gingen omdat God al eeuwen zegt dat we moeten uitgaan en omdat er een meisje was die dat wilde leren. Terwijl we daar waren, luisterden we en stonden we open voor leiding van de Heilige Geest. Ik kan vele verhalen vertellen over hoe de Heilige Geest ons leidt als we God gehoorzamen. Een leven van bidden en vasten is belangrijk, maar het moet samengaan met een leven van gehoorzaamheid aan het Woord dat God al heeft gezegd en aan wat Hij ook nu nog tegen ons zegt. Als we dat doen, zullen er bijzondere dingen gebeuren. Dit is het leven wat God voor ons allen heeft. Er is echt niets vergelijkbaar met het worden geleid door de Heilige Geest.

Toen Jezus nog hier op aarde was, werd Hij naar verschillende plekken geleid. Dit waren de plekken waar Hij Zijn discipelen naar uitzond. Wij zijn Jezus' lichaam hier op aarde. Hij wil nog steeds naar hen die Hem zoeken, maar nu moeten jij en ik in beweging komen. Als we gaan bewegen, is het voor God veel gemakkelijker om het stuur te draaien, zoals we eerder hebben gezien. We hebben allemaal een leven in relatie met God nodig. We moeten met Hem wandelen in gebed en door vasten. Als we God zoeken en op Zijn Woord uitgaan en luisteren, gaan we de richting op waar Hij, door de Heilige Geest, ons heen leidt. Als we dat doen, hebben we fantastische getuigenissen zoals we lezen in Handelingen. Jezus is dezelfde, gisteren, heden en tot in eeuwigheid en nu zijn wij Zijn werkende lichaam op aarde. Hij is hier, en wij, Zijn lichaam, zijn vol van Zijn Geest en moeten Zijn werk voortzetten dat Hij is begonnen.

# 6

## DE OOGST IS GROOT

**De oogst is niet alleen groot, de oogst is ook klaar om geoogst te worden. Onze vijand heeft ons proberen te verblinden dat de oogsttijd pas over drie maanden is, maar dat is een leugen. Kijk omhoog en zie dat het vandaag tijd is om te oogsten. Als je dat gaat zien en ernaar gaat leven, zal alles veranderen.**

Nu gaan we kijken naar iets heel belangrijks, een gebied waarin onze vijand, de satan, druk bezig is geweest om leugens te verspreiden. Hij heeft de kerk zover gekregen te geloven dat de oogst nog niet gereed is.

In Lukas 10:2 zegt Jezus: " De oogst is wel groot, maar er zijn weinig arbeiders. Bid daarom tot de Heere van de oogst dat Hij arbeiders in Zijn oogst uitzendt. "

De eerste woorden van Jezus in dit vers zijn "de oogst is groot". Alhoewel de mensen dit vele keren gehoord hebben, zijn er eigenlijk maar een paar mensen die begrijpen wat Jezus hier zegt. Mag ik aan jou vragen wat jij denkt als je de woorden "de oogst is groot" hoort?

Toen ik deze woorden vele jaren geleden hoorde, dacht ik dat het iets negatiefs was dat de oogst groot was. Destijds had ik geen idee hoe we al deze mensen moesten bereiken. Nu begrijp ik dat een grote oogst absoluut niet iets negatiefs is. Het is iets positiefs! Het is eigenlijk juist iets heel bijzonders! Wat wel negatief is, zijn de woorden die Jezus daarna zegt: "er zijn weinig arbeiders".

Laten we eerst kijken naar wat het eerste gedeelte van Lukas 10:2 zegt. De oogst is groot. Voordat ik verder ga, wil ik uitleggen wat Jezus bedoelt met "de oogst". In dit geval is de oogst een beeld van de mensen in de wereld die er klaar voor zijn om Jezus te ontvangen. We kunnen hen ook 'de tarwe' noemen. Dit is de goede tarwe die geoogst moet worden en in de schuur bijeengebracht moet worden. Maar zoals je straks zult zien, is er niet alleen tarwe in het veld. Er is daar ook onkruid, dat samen met de tarwe opgroeit. Dit onkruid is geplant door de vijand. (Zie Mattheüs 13:24-30)

De tarwe zijn dus de mensen die er klaar voor zijn om Jezus te ontvangen, het onkruid zijn de mensen die Hem niet willen ontvangen. We gaan later beter kijken naar de laatste groep.

Zoals Jezus de tarwe en het onkruid als beeld gebruikt, zo gebruikt Hij ook het beeld van de schapen en de wolven. (Mattheüs 10:16) De schapen vertegenwoordigen de mensen die bij Hem, de Goede Herder, horen, en de wolven vertegenwoordigen de vijand, zij die tegen het Koninkrijk van God zijn, tegen het Evangelie, en daardoor ook tegen ons. Ik zal deze beelden veel gebruiken door het hele boek heen, dus is het belangrijk dat iedereen deze beelden begrijpt voordat we verder gaan. Allereerst moet je het goede nieuws wat Jezus hier brengt, begrijpen. Het goede nieuws dat de oogst groot is. Stel je voor dat je een boer bent die uitkijkt over de rijpe oogst rond oogsttijd en dat je ziet dat dit jaar de oogst echt groot zal zijn. Hoe denk je dat een boer zich dan voelt? Denk je dat hij er tegenop ziet om deze grote oogst te moeten oogsten? Natuurlijk niet! Het is goed nieuws voor een boer als de oogst groot is. Een boer zal zich nooit ontmoedigd voelen bij het zien van een grote oogst, want daar heeft de boer het hele jaar hard naartoe gewerkt. De boer zou enthousiast en vol blijdschap zijn, klaar om uit te rijden en de oogst te verzamelen, ook wanneer het betekent dat er veel meer werk is dan normaal. Jezus zegt in Johannes 4:35-38 iets belangrijks over deze oogst:

"Zegt u niet: Nog vier maanden, en dan komt de oogst? Zie, Ik zeg u: Sla uw ogen op en kijk naar de velden, want zij zijn al wit om te oogsten. En wie oogst, ontvangt loon en verzamelt vrucht voor het eeuwige leven, opdat zich samen verblijden zowel wie zaait als wie oogst. Want hierin is de spreuk waar: De één zaait, de ander oogst. Ik heb u uitgezonden om te oogsten waarvoor u zich niet hebt ingespannen; anderen hebben zich ingespannen en u hebt de vrucht van hun inspanning binnengehaald."

Hier zegt Jezus dat de oogst niet alleen groot is maar ook dat de oogst klaar is om te worden geoogst. Als de oogst niet klaar is, kun je er met vreugde naar kijken maar dan zul je moeten wachten op het juiste moment. De oogst waar wij naar kijken is groot én klaar om te worden geoogst! Het is eigenlijk zo fantastisch als je over nadenkt! Als je echt de tijd neemt om de woorden van Jezus te horen, is het echt bijzonder wat Jezus hier zegt. Dit betekent dat de mensen die in Amerika, Europa of waar je ook maar woont, klaar zijn om te worden geoogst. Er is een grote oogst die op ons wacht!

Maar zoals ik al eerder zei, heeft de satan met succes de kerk verblind met zijn leugens. Er zijn er maar een paar die het wel begrepen hebben en uitgaan om de oogst binnen te halen. Ik ben in veel verschillende landen geweest; bijna overal waar ik kom, ervaar ik hetzelfde. Ik ontmoet altijd mensen die een verkeerd beeld hebben van de oogst. Zoveel mensen vertellen dat ze het geweldig vinden wat God op andere plekken op de wereld doet. Altijd vertellen ze mij dat er in hun stad, of waar ze ook zijn, niemand open staat voor het Evangelie. Ze vertellen mij ook vaak dat de mensen in hun eigen land over-godsdienstig zijn of materialistisch, of iets anders, en dat ze God niet accepteren. Ze zeggen dat het heel anders is in hun eigen land. Ja, de meeste christenen die ik heb ontmoet, hebben een heel ander beeld van de oogst dan wat Jezus erover gezegd heeft.

Iedere keer dat ik een land bezoek, hoor ik mensen excuses aandragen waarom er in hun stad niets gebeurt. Ze geven vaak de oogst de schuld. Mensen denken echt dat er weinig tot niets in hun stad gebeurt vanwege de oogst. Ik heb nooit een christen ontmoet die de waarheid vertelde door te zeggen; "De reden dat er niet meer mensen tot geloof komen in onze stad, is niet de schuld van de oogst, want Jezus heeft gezegd dat de oogst rijp en groot is. De reden dat er niet meer mensen tot geloof komen, is onze schuld. We zijn lui en we doen erg weinig om mensen te bereiken" Nee, ik heb nooit mensen iets dergelijks horen zeggen, maar het is bijbels en in lijn met wat Jezus zegt. Als je naar Gods Woord kijkt, zie je dat Jezus heel duidelijk zegt dat de oogst niet het probleem is en dat de oogst ook nooit het probleem zal zijn. Het probleem zijn de arbeiders. De mensen in 'de wereld' zijn niet het probleem. Jij, wij, de kerk zijn het probleem.

De reden waarom in veel plaatsen weinig mensen gered worden, is de kerk. Niet de oogst, maar de arbeiders zijn het probleem. Maar het goede nieuws is dat er verandering mogelijk is.

Als ik naar een ander land reis en daar vertel wat God allemaal gedaan heeft in andere landen, zeggen mensen vaak: "Wow dat is geweldig!" Maar zij blijven mij vertellen hoe moeilijk het is in hun eigen land en stad, hoe de oogst daar niet klaar is, en dat het daarom is dat ze niet hetzelfde zien gebeuren. En ze komen met vele 'redenen' waarom dat zo is. Maar zou het ook kunnen zijn dat er zo weinig gebeurt in jouw stad of land omdat jijzelf het probleem bent? Heb je ooit erover nagedacht dat jouw manier van leven de reden kan zijn dat er niets gebeurt?

Heb je ooit bedacht dat de dingen die gebeuren in andere landen een gevolg zijn van de manier van leven van deze mensen? Kan het zijn dat er niet veel gebeurt vanwege ons verkeerde idee van de oogst?

Ik weet dat we geloof nodig hebben als we mensen gered willen zien worden. Ja, het vraagt geloof van onze kant om mensen te redden. Ik zal uitleggen wat ik daarmee bedoel. We weten dat God degene is, die mensen tot Jezus Christus leidt, maar uit eigen ervaring en die van vele anderen, weet ik dat het heel belangrijk is wat wij doen en hoe wij naar de oogst kijken, als het gaat om mensen gered te zien worden. Gedurende de eerste zes jaar dat ik christen was, heb ik niemand tot geloof in Jezus zien komen. Ik zag niemand door mij wedergeboren worden of gedoopt worden door water en met de Geest. Maar toen gebeurde er iets. Nee, er veranderde niets in de oogst, er veranderde iets in mij. Ik begon te geloven dat het mogelijk was. Weet je wat er gebeurde toen ik dat geloofde, toen mijn ogen werden geopend? Ik begon te zien dat mensen gered worden, en hoe meer ik dat zag gebeuren, hoe groter mijn geloof werd en hoe verder mijn ogen geopend werden. Nu is het een deel van mijn dagelijks leven om te zien dat mensen gered en wedergeboren worden. Ik realiseerde mij toen dat mijn geloof en mijn kijk op de oogst ertoe doet.

De oogst was niet ineens klaar om geoogst te worden. Nee, ik was het die veranderd was en begreep dat de oogst klaar was. Als gevolg daarvan, veranderde ik mijn manier van leven en handelen. Toen zag ik dingen die ik daarvoor nooit gezien had. Toen ik Jezus' woorden dat de oogst rijp was, geloofde, veranderde dat mijn houding naar de oogst helemaal en het veranderde ook de manier waarop ik het Evangelie met andere mensen deelde. Plotseling sprak ik met mensen en deelde ik het Evangelie met hen met de verwachting dat deze mensen wilden luisteren, zich zouden bekeren en wedergeboren zouden worden.

Het was mijn gebrek aan geloof in die zes jaar waardoor ik niemand gered zag worden. Ik verwachtte het niet. Mijn angst, blindheid en ongeloof zorgde ervoor dat ik niet deed wat God van mij vroeg en niet zag wat Hij mij wilde laten zien. Maar nu geloof ik wat Jezus zegt en mijn geloof heeft de angst weggestuurd, dus het houdt mij niet meer tegen. Nu deel ik het Evangelie met mensen, niet met de hoop dat ze ooit zich zullen bekeren en wedergeboren zullen worden. Nu verwacht ik dat mensen willen luisteren, zich bekeren en wedergeboren worden. Dit beïnvloedt niet alleen de manier waarop ik het Evangelie deel, maar ook de manier waarop mensen luisteren en het ontvangen. Nu zie ik overal mensen antwoorden op het Evangelie.

Ja, dit kan allemaal wat verwarrend klinken, maar in de praktijk is het eigenlijk heel eenvoudig. Ons geloof bepaald onze werken, daden en acties. Ons geloof beïnvloedt ons handelen, en het zijn onze daden die ervoor zorgen dat er om ons heen dingen gebeuren. Geloof je dat mensen zullen genezen als je hen de handen oplegt? Als je dat gelooft, zul je vanuit die overtuiging de handen opleggen bij mensen, en zij zullen op jouw geloof genezen. Het is heel eenvoudig. Heb je niet het geloof dat ze zullen genezen? Dan zal dat gebrek aan vertrouwen je daden beïnvloeden. Het zal er waarschijnlijk voor zorgen dat je niet de handen oplegt of voor mensen bidt. Omdat jij er geen vertrouwen in hebt en je niet het geloof hebt om het te doen, zie je niemand genezen. Als je wel het geloof hebt, zul je daarnaar handelen en dan zie je geweldige resultaten. En zo werkt het ook als het gaat om mensen redden. Als je niet verwacht dat ze gered zullen worden, deel je ook niet het Evangelie met hen. Als je het vertrouwen hebt in het delen van het Evangelie, verwachtend dat het mensen zal redden, dan is dat wat je zult ervaren. Dit zorgt ervoor dat je het Evangelie op zo'n manier met mensen deelt dat ze het ontvangen en gered worden.

Als je blind bent voor de oogst en niet het geloof hebt dat mensen in jouw stad open staan voor het Evangelie, dan zorgt die blindheid en dit gebrek aan geloof ervoor dat je niet echt probeert om hen te bereiken. We moeten onze ogen openen voor wat Jezus zegt en dat gaan geloven.

In het evangelie van Johannes lezen we iets bijzonders over de oogst. In Johannes 4 lezen we dat Jezus en Zijn discipelen onderweg waren en dat ze naar Galilea wilden. In het vierde vers lezen we dat Jezus door Samaria moest gaan. Waarom moest Jezus door Samaria reizen? Het is interessant, omdat Joden destijds niet door Samaria wilden reizen. Joden reisden nog liever met een omweg naar hun bestemming dan dat ze recht door Samaria zouden gaan. Ik ben ervan overtuigd dat Jezus door Samaria moest gaan omdat Hij ons iets heel belangrijks wilde tonen aangaande de oogst. We lezen dat Jezus in de stad Sichar in Samaria kwam, waar Hij de Samaritaanse vrouw bij een waterput ontmoette. Jezus had de discipelen weggestuurd om voedsel te kopen, want Hij wilde alleen zijn met de vrouw. Jezus sprak met deze vrouw en profeteerde over haar leven en zij besefte dat Hij de Messias was. Als de discipelen van Jezus terugkeren, lezen we in Johannes 4: 27-42:

"En op dat moment kwamen Zijn discipelen en zij verwonderden zich dat Hij met een vrouw sprak. Toch zei niemand: Wat zoekt U? Of: Wat spreekt U met haar? De vrouw nu liet haar waterkruik staan en ging weg naar de stad en zei tegen de mensen: Kom, zie Iemand Die mij alles gezegd heeft wat ik gedaan heb; zou Hij niet de Christus zijn? Zij dan gingen de stad uit en kwamen naar Hem toe. En intussen vroegen de discipelen Hem: Rabbi, eet toch iets. Maar Hij zei tegen hen: Ik heb voedsel te eten waarvan u geen weet hebt. De discipelen dan zeiden tegen elkaar: Iemand heeft Hem toch niet te eten gebracht? Jezus zei tegen hen: "Mijn voedsel is dat Ik de wil doe van Hem Die Mij gezonden heeft en Zijn werk volbreng". Zegt u niet: Nog vier maanden, en dan komt de oogst? Zie, Ik zeg u: Sla uw ogen op en kijk naar de velden, want zij zijn al wit om te oogsten. En wie oogst, ontvangt loon en verzamelt vrucht voor het eeuwige leven, opdat zich samen verblijden zowel wie zaait als wie oogst. Want hierin is de spreuk waar: De één zaait, de ander oogst. Ik heb u uitgezonden om te oogsten waarvoor u zich niet hebt ingespannen; anderen hebben zich ingespannen en u hebt de vrucht van hun inspanning binnengehaald. En velen van de Samaritanen uit die stad geloofden in Hem om het woord van de vrouw, die getuigde: Hij heeft alles tegen mij gezegd wat ik gedaan heb. Toen dan de Samaritanen bij Hem gekomen waren, vroegen zij Hem bij hen te blijven, en Hij bleef daar twee dagen. En er kwamen er nog veel meer tot geloof, vanwege Zijn woord, en zij zeiden tegen de vrouw: Wij geloven niet meer om wat u zegt, want wijzelf hebben Hem gehoord en weten dat Híj werkelijk de Zaligmaker van de wereld is, de Christus."

Wat probeert Jezus ons hier te zeggen? Wat wil Hij ons laten zien aangaande de oogst? Hij wil ons tonen dat het belangrijk is hoe we de oogst zien. In die tijd waren de Samaritanen geen blik waard in de ogen van de Joden, daar wilden ze geen tijd aan verspillen. Ze geloofden dat de Samaritanen niet openstonden voor iets wat zij zouden zeggen. Maar Jezus zag iets anders. Hij keek voorbij alle roddels, angst, het ongeloof en allerlei uiterlijke zaken. Jezus zag de oogst en hun verlangen naar God. Ook al hadden Zijn discipelen weinig geloof erin dat de oogst rijp was in Samaria, Jezus had een groot geloof dat de oogst gereed was. Zijn les aan Zijn discipelen, en aan ons vandaag, is dat we onze ogen moeten openen zodat we kunnen zien dat de oogst groot is en gereed. Zeggen dat de mensen in jouw stad en land niet openstaan voor het Evangelie, gaat recht in tegen Jezus' Woord.

Als Jezus vandaag naar de aarde zou komen en naar jouw woonplaats zou gaan en daar zou rondwandelen in Zijn fysieke lichaam, zou Hij ons iets tonen. Ja, direct zou Hij ons een les leren, net zoals de les die Hij Zijn discipelen gaf in Samaria. Hij zou ons berispen en ons laten zien dat het beeld wat we hebben van de oogst niet klopt. De waarheid is dat velen naar hun stad en land kijken, zoals de discipelen naar de mensen van Samaria keken. Destijds was Samaria niet het probleem, het waren de discipelen, samen met hun verkeerde beeld van de oogst. Het is vandaag de dag niet anders. Niet de oogst is het probleem, maar hoe wij naar de oogst kijken. We hoeven de oogst niet te veranderen, volgens Jezus hoeft dat niet. We moeten ons beeld van de oogst dat we hebben veranderen. Dan zullen onze daden mee veranderen en dat zorgt ervoor dat we andere vruchten gaan zien.

Luister alsjeblieft naar de woorden van Jezus en open je ogen zodat je ziet dat de oogst gereed is. Zeg niet dat het drie maanden duurt voordat de oogst rijp is, want vandaag is de dag van de redding. (2 Korinthe 2: 6) De oogst is niet het probleem en zal dat ook nooit zijn. Het probleem zijn de arbeiders, maar daar kunnen we wat aan doen.

Ook in het volgende hoofdstuk kijken we hiernaar, want het is zo belangrijk. Ik bid dat je de tijd wilt nemen om te luisteren naar Jezus' woorden aangaande de oogst. Ik bid dat je deze woorden zult geloven en dat het je zo zal veranderen, dat het je daden naar anderen toe zal veranderen, zodat ook de vrucht die je nu ziet, zal veranderen. Ja, we beginnen met luisteren en dan geloven we, en dan zorgt ons geloof ervoor dat we gaan doen wat we geloven. Dit zorgt ervoor dat we vrucht gaan zien.

# 7

# GELOOF DAT DE OOGST RIJP IS

**Moge God ons de ogen openen, zodat we de oogst beginnen te zien zoals Jezus ernaar keek. Dit is de sleutel als we mensen gered willen zien worden. Als mensen geloven dat het nog drie maanden duurt voordat de oogst rijp is, zullen we nooit mensen tot geloof zien komen, zoals we dat in de Bijbel zien.**

Als ik over de oogst spreek en onderwijs dat de oogst groot en rijp is, zie ik over de hele wereld hoe het geloof van de mensen begint te groeien. Ja, ik heb vele mensen gezien die deze waarheid hebben ontdekt, en ik heb gezien hoe ze begonnen te handelen naar hun geloof. Als je echt begint te begrijpen dat de oogst gereed is, zoals Jezus deed, beginnen er dingen te gebeuren. Dit is waarom de satan zo hard zijn best doet om ons te laten geloven dat de oogst niet groot en gereed is. Ik heb vele getuigenissen gehoord van christenen die vele jaren in een kerkgebouw hebben gezeten en niemand tot geloof hebben zien komen. Wanneer deze mensen opeens de ogen geopend worden en gaan zien wat de Bijbel zegt over de oogst, wordt het normaal voor hen om mensen tot geloof te zien komen. Het is zo belangrijk te weten dat ons beeld van de oogst bepaalt hoe we het Evangelie delen en dat bepaalt weer welke vruchten we zien zullen.

Enige jaren geleden, reed ik met mijn familie van Denemarken naar Polen. Op de bijeenkomsten daar, vertelde ik de mensen wat God allemaal deed wereldwijd en hoe we mensen genezen zagen worden op straat, zich bekeerden tot God, werden gedoopt in water en de Heilige Geest ontvingen. Maar bijna overal waar ik deze verhalen vertelde, hoorde ik christenen hetzelfde zeggen. "Wat is het geweldig dat God zulke geweldige dingen doet in andere landen, maar dit is Polen. Polen is zo Katholiek en religieus dat je niet zomaar de straat op kunt gaan en voor de zieken kunt gaan bidden en hen kunt zien genezen. Het is maar zelden dat we iemand gered zien worden hier." Ja, iedereen was erg enthousiast over wat ik hen vertelde, maar ondanks dat enthousiasme, had iedereen een excuus waarom dat niet bij hen gebeurde. Wat ik eigenlijk hoorde, was hun ongeloof, want waar je hart vol van is, daar loopt de mond van over. Dit is wat Lukas 6:45 zegt. Dus door te luisteren naar hun woorden, zag ik hun ongeloof en gebrek aan vertrouwen in het zien genezen van mensen, dat mensen zich bekeren, gedoopt worden in water en met de Geest.

Jammer genoeg deden deze mensen die ik ontmoette in Polen, wat heel veel mensen doen, over de hele wereld. Ze bouwden hun geloof op hun ervaring. We moeten altijd ons geloof bouwen op wat God zegt in Zijn Woord en niet op onze ervaring. We kunnen niet op grond van onze ervaring beslissen of Gods Woord waar is of niet. Nee, het Woord van God is waar, ongeacht wat we geloven en ervaren. Als we gaan geloven wat Gods Woord zegt, zullen we uiteindelijk ook zien dat onze ervaring overeenkomt met Gods Woord. Dat was het probleem waar we mee geconfronteerd werden in Polen. Zij bouwden hun geloof op hun ervaring. Ik hoorde hun ongeloof en ervaarde hoe moeilijk het voor hen was om te beseffen dat deze geweldige dingen ook in Polen konden gebeuren.

Ja, in Polen geloofden de meeste mensen echt dat deze dingen in andere landen gebeurden omdat de oogst daar gereed was. Ze redeneerden dat deze dingen niet in Polen gebeurden omdat daar de oogst niet gereed was. Dit was de ervaring op alle plekken waar we in Polen kwamen. Maar op een dag gebeurde er iets bijzonders. Ik was in de McDonalds met een paar jongeren van de kerk. En terwijl ik daar zat met hen, vroeg ik aan twee meiden of ze God wilden ervaren. "Ja, natuurlijk", zeiden ze. Dus ik zei tegen hen dat ze de komende vijftien minuten moesten doen wat ik hen opdroeg, en dat als ze dat zouden doen, zij God zouden ervaren. Ze keken mij nieuwsgierig aan, maar stemden in. Toen stond ik op en zei tegen hen: "Kom, volg mij." We gingen naar buiten. Daar hield ik mensen staande en vroeg hen of ze ziek waren. Uiteindelijk vonden we iemand die ziek was. Ik vroeg aan één meisje om haar hand op die persoon te leggen en kort voor genezing te bidden. Dit deed ze en tot haar grote verrassing, genas deze persoon. We gingen verder en vonden nog iemand die ziek was. Nu legde het andere meisje haar hand op de zieke en ook deze persoon werd genezen. Na vijftien minuten gingen we weer terug naar de McDonalds. Beide meisjes hadden zojuist gebeden voor iemand, die allebei genezen waren. Ze waren zo enthousiast en ze vertelden de andere jongelui van de kerk hoe God zieke mensen had genezen door hun gebed. Later op de avond, gingen er meer mensen uit de kerk de straat op en werden er meer mensen genezen en hoorden ze het Evangelie.

**Als de oogst het probleem zou zijn, zouden we moeten wachten totdat God de oogst geregeld heeft. Maar we weten dat de oogst niet het probleem is, dus waar wachten we op? Het is tijd om de oogst binnen te halen.**

Het is tijd dat we stoppen te zeggen dat mensen in onze stad of land niet openstaan voor het Evangelie. En we moeten ook niet zeggen dat het nog drie maanden duurt voordat de oogst gereed is, want als we dat zeggen gaan we in tegen wat Jezus zegt over de oogst. De oogst is nu gereed. Het is nu tijd om te oogsten.

Ik ken een zendingsorganisatie uit Noorwegen die ook op reis naar Polen is geweest enige tijd geleden. De leider van deze organisatie had gehoord over een stad in Polen, waar een priester over deze stad had gezegd, dat het daar onmogelijk was om het Koninkrijk van God door te zien breken. De leider in de kerk daar, had mensen die hem vertelden dat er nooit iets gebeurd was in deze stad en dat ook niet zou gaan gebeuren. Er deden vele geruchten de ronde onder de christenen, in het bijzonder over deze stad. We zouden kunnen zeggen dat de manier waarop de christenen in Polen naar deze stad keken, vergelijkbaar was met de manier waarop de discipelen naar Samaria keken. Maar de leider van deze zendingsorganisatie uit Noorwegen, deed, ondanks dat wat hij had gehoord, iets heel interessants.

Op weg naar Polen, vertelde hij aan het team dat ze naar een stad gingen waar de mensen echt open stonden voor het Evangelie. Hij zei dit tegen het team om hen te helpen verwachten dat God grote dingen zou gaan doen in deze stad. Sommige mensen zeggen misschien dat deze leider loog tegen zijn team, omdat hij het tegenovergestelde vertelde van wat de christenen in Polen zeiden. Hij was gewoon niet gericht op de geruchten over deze stad. In plaats daarvan, sprak hij wat waar was volgens het Woord van God. En wat gebeurde er? Het team uit Noorwegen geloofde wat de leider had gezegd over de stad, en dat zorgde ervoor dat het team met grote verwachtingen naar God toe, in de stad aankwam. En het zorgde ervoor dat het team met geloof het Evangelie deelde, in de verwachting dat mensen hierop zouden reageren en gered en genezen zouden worden. Weet je wat er gebeurde in die stad? Ja, het team vond dat de mensen daar openstonden voor het Evangelie. Ze ervaarden eigenlijk wat ze geloofden, velen werden genezen en aanvaarden Jezus. Door het team heen gebeurden zoveel dingen dat vele mensen in Polen geschokt waren. Ze konden niet geloven wat ze met eigen ogen zagen. Ja, hoe kon deze stad, net als Samaria, het Evangelie zo ontvangen? Ik hoop dat je begint te begrijpen hoe belangrijk het hebben van de juiste kijk op de oogst, is. De manier waarop we naar de oogst kijken, beïnvloedt onze daden, en opnieuw, dat beïnvloedt ook de vruchten die we zien.

Steeds opnieuw heb ik mensen geholpen te geloven in Jezus' woorden over de oogst en over wat God wil doen door Zijn volgelingen. Dit is wat ik hen leer in de zogenaamde kickstart weekenden die we over de hele wereld houden, maar dat doe ik niet alleen met woorden. Ik geef ook op een praktische manier onderwijs over dingen, omdat ik geloof dat onderwijs het krachtigst is als mensen het zelf ervaren. Jezus was niet in Galilea toen Hij hen onderwees over de oogst in Samaria. Nee, Hij nam Zijn discipelen met Hem mee naar Samaria, zodat ze konden zien en geloven wat Hij tegen hen zei. Dit is wat we vaak doen tijdens de kickstart weekenden. We nemen mensen mee de straat op na een korte training en dan laten we hen zien hoe het werkt. Dit hebben we, plaats voor plaats, land voor land, gedaan. We hebben gezien hoe hierdoor bij vele christenen de ogen zijn geopend. Wanneer christenen die naar de kickstart weekenden komen, voor het eerst ervaren hoe iemand door hun gebed genezen, begint hun geloof te groeien en er begint in hen een passie te groeien om meer mensen te zien genezen en tot geloof in Jezus te zien komen. Wanneer een christen het geloof krijgt en begrijpt dat de oogst gereed is en dat mensen door hen gered kunnen worden, willen ze niet meer stoppen. Nee, dit verlangen om mensen tot geloof in Christus te zien komen, wordt onderdeel van hun leven, wat ervoor zorgt dat ze vaak mensen tot geloof zien komen.

In één van de plaatsen die ik in Polen heb bezocht, was een heel klein kerkje. Ik herinner mij dat de priester van deze kerk, Michael, geen enkel geloof had voor zijn kerk of stad. Michael geloofde echt niet dat er ook maar iets bijzonders zou kunnen gebeuren met hemzelf of zijn kerkelijke gemeente. Als ik had moeten oordelen op grond van wat hij zei, zou ik zeggen dat hij een zeer klein geloof had. Ik zou dat zeggen omdat het meeste wat uit zijn mond kwam, negatief was en vol ongeloof.

In de vele jaren dat hij al priester was geweest van deze kerk, had hij niemand tot geloof zien komen, zien genezen of iemand gedoopt zien worden met de Heilige Geest. Michael zei dat het onmogelijk was dat de leden van zijn kerk iemand in zijn stad zou kunnen bereiken met het Evangelie omdat de mensen in zijn stad zich zo hadden afgesloten voor God of juist te religieus waren. Maar ondanks zijn negatieve kijk op wat God zou kunnen doen door de mensen van zijn gemeente, hadden we die middag een goed gesprek. En in de avond hadden we een bijeenkomst met de gemeente, en tot zijn grote verrassing, zag hij veel van de dingen gebeuren waarvan hij dacht dat ze onmogelijk waren. Dit werd een eyeopener voor hem. Hij had deze eyeopener echt nodig. Aan het eind van de bijeenkomst, liet ik hem bidden voor een gemeentelid die nog niet gedoopt was met de Heilige Geest. Toen hij bad, kwam de Heilige Geest, en deze persoon begon in tongen te roepen. Zowel deze persoon, als Michael, hadden nooit eerder iets dergelijks meegemaakt. Ja, dit werd echt een eyeopener voor hem. Sinds die avond in de kerk, hebben Michael en zijn gemeenteleden vele mensen gered, genezen en gedoopt zien worden.

Een jaar later ontving ik een bericht van Michael. In dat bericht zei hij: "Hi Torben, Ik wil graag iets met je delen. Dit jaar zijn er acht mensen gedoopt met de Heilige Geest, en zij spreken allemaal in tongen nu. Toen jij naar ons toekwam, heb je ons iets heel belangrijks laten zien, en er is sindsdien iets in mij wakker gemaakt wat alleen maar gegroeid is. God is goed, we verwachten nu dat er nog meer dingen zullen gebeuren. God zegene jou, Michael." Dit is zo geweldig, ik hoop echt dat dit ook zal gebeuren wanneer mensen dit boek lezen. Ik hoop dat dit boek verandering zal geven, vertrouwen en verwachting in jou zal leggen, zodat je vrucht wilt gaan dragen, waar je ook bent.

Wat is er eigenlijk gebeurd met Michael uit Polen? Waarom maakte hij zoveel mee? Wat er is gebeurd, is dat Michael plotseling geloof ontving dat het wel mogelijk is, en dat geloof veranderde zijn daden en de manier waarop hij handelde. Michael begon te praten tegen mensen op een nieuwe manier. In geloof, begon hij nieuwe dingen te verwachten en hij ervaarde dat er echt dingen gebeurden. Het was niet omdat de oogst om hem heen plotseling veranderde toen ik er op bezoek was. Nee, de oogst was al gereed, zoals Jezus zegt. Het zijn de arbeiders, in dit geval Michael, die zijn veranderd. Michael begon Jezus' woorden te geloven, waardoor hij ging handelen zoals Jezus heeft gezegd in de Bijbel. Hij geloofde nu dat God door hem heen wilde werken. Daarom zag Michael dingen die hij nooit eerder had gezien.

**Is er een gebied in uw leven waar u een doorbraak nodig heeft met betrekking tot het zien dat mensen zich bekeren, genezen worden of gedoopt worden met de Heilige Geest? Hou je dan niet in maar ga ervoor! Je zult een doorbraak ervaren en dit zal een normaal leven voor jou worden.**

Ik heb vele verhalen als dat van Michael, ik zal ook een verhaal vertellen over Denemarken zodat je ziet dat het niet alleen om Polen gaat. Het geldt ook voor Denemarken (waar we destijds woonden) en voor elk ander land, omdat de oogst gereed is, waar we ook ter wereld zijn. Als je in een ander land woont dan Polen of Denemarken, kan ik ook voorbeelden geven van wat God in jouw land heeft gedaan, want het is overal ter wereld hetzelfde.

Enige jaren geleden, kwam ik in contact met een man van mijn leeftijd, die in het zuiden van Denemarken woonde. Hij wilde graag mensen gered zien worden en dezelfde dingen ervaren die we kunnen lezen in Handelingen. Hij was een paar jaar daarvoor met JMEO op zendingsreis geweest naar Mexico. Daar had hij een ongelovige tot geloof zien komen. Het was de eerste keer dat hij iemand tot geloof zag komen, en dat creëerde een verlangen in hem om dit ook te zien gebeuren in Denemarken, waar hij woonde. Dus toen hij thuiskwam, begon hij het Evangelie te delen, maar er gebeurde niets. Hij ging de straat op maar zag niemand tot geloof komen of genezen. Uiteindelijk kwam hij tot de conclusie dat hij niets ervaarde in Denemarken omdat de oogst daar anders was dan in Mexico. Ja, hij geloofde dat Mexico een land was dat open stond voor het Evangelie en dat Denemarken een land was dat gesloten was voor het Evangelie omdat Denemarken erg materialistisch is.

Een paar jaar later kwam ik dus in contact met hem. Hij werd gedoopt op grond van zijn eigen geloof en ervaarde een bevrijding van zonden en vrijheid. Kort nadat hij gedoopt was, nam ik hem mee de straat op om hem te kickstarten. Die dag daar op straat, maakte hij voor het eerst mee dat iemand genezen werd door zijn gebed. Dat deed iets met hem van binnen, er groeide geloof dat de zieken zouden genezen als hij voor hen zou bidden. Daardoor ging hij voor meer mensen bidden, waardoor meer mensen werden genezen. Een korte tijd later, zag hij voor het eerst iemand tot geloof komen. Toen hij zag dat er voor het eerst iemand gered werd in Denemarken, veranderde er iets in hem. Om een lang verhaal kort te maken, er veranderde zoveel in hem, dat gedurende de twee jaren die volgden, er in totaal twintig mensen met een niet-christelijke achtergrond door toedoen van hem en zijn vrouw tot geloof kwamen. Deze twintig mensen werden wedergeboren, gedoopt in water en gedoopt met de Heilige Geest. Was de oogst plotseling veranderd in Denemarken of was er een andere reden dat hij plotseling mensen tot geloof zag komen? Het antwoord is, dat zijn ogen waren geopend. Nu zag hij dat de oogst gereed was. Dat veranderde de manier waarop hij handelde, wat weer andere resultaten gaf. Ja, hij had geloof gekregen, dat wat Jezus zegt in Zijn Woord waar is. Als we dat geloof ontvangen, dan verandert dat alles.

Als een christen is ontwaakt en het leven gaat leven waartoe God hen geroepen heeft, zullen ze zien dat de oogst echt gereed is, zoals Jezus dat gezegd heeft, en dat is wat ik een opwekking noem. De oogst is niet het probleem. Nee, het probleem zijn de arbeiders, maar daar kunnen we wat aan doen. Bedenk eens wat er zou gebeuren als het hele lichaam van Christus de ogen geopend zou worden, zodat ze het leven zouden kunnen gaan leven zoals Jezus dat van ons vraagt. Als dat zou gebeuren, zou de wereld in slechts een paar jaar veranderd zijn.

Dus geloof wat Jezus zegt. De oogst in jouw woonplaats is groot en gereed, wachtend op jou. We praten niet over drie maanden of drie jaar, de oogst is vandaag gereed. De oogst is niet het probleem en zal ook nooit het probleem zijn. Het is tijd om je ogen te openen en dit in te gaan zien. Neem Jezus' Woord en overdenk het. Bid dat God je ogen zal openen voor deze waarheid. Als je gaat geloven wat Jezus hier zegt, zul je daarnaar handelen en het ervaren. Dan zul je samen met ons, en vele anderen, kunnen getuigen dat de oogst gereed is en groot is, precies zoals Jezus dat zegt. Wow, wat een geweldig nieuws!

# 8

## ZEND ARBEIDERS UIT

---

**We zouden moeten bidden dat God meer arbeiders uitzendt om de oogst binnen te halen in plaats van te bidden voor een opwekking. Dat is een Bijbelser gebed en het is een gebed dat God zal beantwoorden.**

---

Nadat Jezus gezegd heeft dat de oogst groot is, waar we de laatste twee hoofdstukken naar gekeken hebben, vervolgde Hij dat door te zeggen waar het probleem ligt. Zoals we gezien hebben, is niet de oogst, maar is het gebrek aan arbeiders het probleem.

In Lukas 10:2 zegt Hij: "Hij zei dan tegen hen: De oogst is wel groot, maar er zijn weinig arbeiders. Bid daarom tot de Heere van de oogst dat Hij arbeiders in Zijn oogst uitzendt."

De oogst is groot en er zijn maar weinig arbeiders. Maar in dit vers geeft Jezus ook een oplossing als Hij zegt dat we moeten bidden tot de Heer van de oogst dat Hij arbeiders in Zijn oogst uitzendt. Ja, de oogst is echt groot en gereed, maar er zijn erg weinig arbeiders. Daarom moeten we tot God bidden dat Hij meer arbeiders uitzendt in Zijn oogst.

Er zijn verschillende interessante punten die Jezus zegt in Lukas 10:2. Het eerste punt is dat één van Jezus woorden in de Bijbel vertaald wordt als 'zenden'. Maar het Griekse woord, *'ekballo'*, kan ook 'verdrijven' betekenen. Ditzelfde woord *'ekballo'*, is hetzelfde woord wat gebruikt wordt bij verwijzing naar het uitdrijven van een demon. In Mattheüs 10 zien we dit woord voor het eerst toegepast worden, waar Jezus ons opdraagt om demonen uit te drijven.

In Mattheüs 10:7-8 staat: "En als u op weg gaat, predik dan: Het Koninkrijk der hemelen is nabij gekomen. Genees zieken, reinig melaatsen, wek doden op, drijf demonen uit. *(ekballo)* U hebt het voor niets ontvangen, geef het voor niets."

Hier wordt dus hetzelfde woord gebruikt als in Lukas 10:2. Waar we om bidden, is dat God arbeiders wil uitdrijven in Zijn oogst. We moeten vaak uitgedreven worden voordat we werkelijk uitgaan in Zijn oogst. Het is bijna net zoals wat we zien als er een demon uit iemand wordt verdreven. Die demon wil niet uit die persoon vertrekken, daarom vindt er een strijd plaats. We moeten toegeven dat het vaak ook zo is voor christenen als het gaat om uitgaan in Zijn oogst. Ja, het is niet altijd makkelijk voor christenen om uit te gaan, en het gebeurt niet vaak dat een christen uit wíl gaan in de oogst. Ze denken vaak: "Waarom erop uitgaan als we het zo goed hebben? Het is toch gezellig hier binnenin de kerk!" Daarom geeft het woord 'uitdrijven' een beter beeld van waarvoor we moeten bidden.

Het is geen nieuw probleem dat de arbeiders niet uit willen gaan in de oogst. We zien dat hetzelfde probleem bestaat aan het begin van het boek Handelingen, waar we lezen dat Jezus aan Zijn apostelen en de eerste discipelen opdroeg om de wereld in te gaan om het Evangelie te verspreiden. We lezen in Handelingen dat de apostelen de eerste discipelen eerst een tijdje in Jeruzalem blijven, voordat zij in de oogst werden uitgedreven, weg van Jeruzalem, vanwege de vervolging die zij ondervonden. Jezus had hen al opgedragen om uit te gaan, maar we zien hier dat de vervolging er eigenlijk voor zorgt dat Filippus werd uitgedreven naar Samaria, waar een grote opwekking gebeurde. Dit was de plek waarvan velen dachten dat daar de oogst niet gereed was. Dit was ook de plek waar Jezus destijds had laten zien dat de oogst daar groot en gereed was. Door tweeduizend jaar geschiedenis, hebben we vele keren gezien hoe vervolging en andere situaties door God gebruikt zijn om mensen zover te krijgen dat ze uitgaan in de oogst.

Een ander interessant woord in Lukas 10:2 waar we naar moeten kijken, is het woord 'bidden', of 'vragen'. Jezus zegt dat de oogst wel groot is, maar dat er weinig arbeiders zijn. *Bid/ Vraag* daarom tot de Heere van de oogst dat Hij arbeiders in Zijn oogst uitzendt. Hier zien we dat Jezus ons opdraagt om te bidden/vragen, maar er is eigenlijk een woord dat beter uitlegt wat bidden en vragen is en dat is het woord 'smeken'. De reden waarom we dit woord niet vaak gebruiken, is omdat het negatief klinkt, en is een woord dat we normaal niet gebruiken in deze context. Maar als we Lukas 10:2 opnieuw lezen, en deze woorden gebruiken, wordt de zin veel krachtiger. Dan zou Hij zeggen: "Smeek de Heer van de oogst om meer arbeiders uit te drijven in Zijn oogst". Jezus gebruikt krachtige woorden hier. Jezus zegt ook tegen ons vandaag dat we moeten smeken, bidden en het moeten uitroepen naar God om meer arbeiders in de oogst te sturen. Hoeveel van ons doen eigenlijk was Jezus ons hier opdraagt te doen? Ik ken veel mensen die vaak of zelfs dagelijks het Onze Vader bidden. Waarom bidden we dit gebed uit Lukas 10:2 niet? Jezus heeft ons niet alleen opgedragen om het Onze Vader, maar ook dit gebed te bidden.

**Laten we dagelijks tot God bidden om arbeiders in Zijn oogst uit te drijven. Als we dit doen, zullen we groot resultaat zien, niet alleen in de oogst, maar ook in ons eigen leven.**

Het gebed wat we lezen in Lukas 10:2, is een groot deel van het discipel van Jezus zijn. We zijn allemaal geroepen om dit gebed te bidden. Ik heb het niet over een ritueel, een gewoonte of even snel bidden. We moeten het op zo'n manier bidden dat het duidelijk laat zien hoeveel het voor ons betekent. We moeten het uit ons hart bidden, wetend dat dit gebed een gebed naar Gods hart is. En omdat we dat weten, bidden we in geloof en met vertrouwen dat God ons hoort, zoals de Bijbel dat zegt.

In 1 Johannes 5: 14-15 staat: "En dit is de vrijmoedigheid die wij hebben in het toegaan tot God, dat Hij ons verhoort, telkens als wij iets bidden naar Zijn wil. En als wij weten dat Hij ons verhoort, wat wij ook bidden, dan weten wij dat wij het gevraagde, dat wij van Hem hebben gebeden, ontvangen."

Enige jaren geleden, hoorde ik van een 'virus' dat zich wereldwijd verspreidde. Dit virus werd het "Lukas 10:2b" virus genoemd. Het begon in 2002 toen twee jonge mensen het gebed in Lukas 10:2 begonnen te bidden. Maar om niet te vergeten dat ze moesten bidden, hadden ze hun wekker gezet. Elke dag ging zowel 's morgens als 's avonds om 10:02 een alarm af. En als dat alarm dan afging dan werden zij eraan herinnerd om het gebed in Lukas 10:2 te bidden. We kunnen zien dat God dit gebed verhoord heeft, want nu zien we zoveel mensen over de hele wereld uitgaan in de oogst, en we zien ook steeds meer mensen die dit gebed gaan bidden.

Ik heb vele getuigenissen gehoord over hoe God dit gebed heeft beantwoord en hoe Hij echt mensen uitzendt, of uitdrijft, in de oogst. Toen ik twintig jaar geleden begon te evangeliseren op de straten van Denemarken, hoorde je bijna nooit dat er op straat werd geëvangeliseerd, en vele kerken keken op mij neer omdat ik dat deed. Volgens veel kerken was straatevangelisatie niet iets wat we zouden moeten doen, omdat zondaars naar de kerk zouden moeten komen als ze gered wilden worden. De kerken geloofden dat we niet naar hen toe hoefden te gaan. Kerken zeiden het niet altijd zo direct, maar het was hoe de mensen het interpreteerden. Daarom was het niet populair om de straat op te gaan en onbekende mensen te vragen of je voor hen mocht bidden. Gelukkig is de houding van de kerken in Denemarken de laatste vier a vijf jaar echt aan het veranderen.

Het veranderde eigenlijk zozeer dat een aantal jaren geleden er op de voorpagina van een christelijke krant in Denemarken een grote kop verscheen die ging over hoeveel dingen er veranderden. Op 29 December 2014 stond er op de voorpagina van de krant:

**"2014 was het jaar waarin christenen erop uitgingen in de straten. Als dit zo doorgaat, zal de kerk in 2015 echt op straat staan"**

Ja echt, dat was de kop van de krant! De kop ging over een kerk in Kopenhagen die elke week de straat opging om te bidden voor mensen.

De krant schreef: "Street Church is slechts één van de vele onafhankelijke initiatieven waar normale, gelovende christenen de straat opgaan en aan willekeurige mensen vragen of ze voor hen mogen bidden. Eén van de eerste mensen die dit deden, was Torben Sondergaard. Vele mensen hebben zijn voorbeeld gevolgd, en nu zijn er vele christenen die dit doen zonder dat ze contact hebben met Torben."

Dit is echt fantastisch. God heeft echt onze gebeden verhoord, omdat we in geloof en naar Zijn Woord hebben gebeden. Ik bid ook dat er nog veel meer van jullie geïnfecteerd zullen worden met het Lukas 10:2b virus zodat jullie ook tot God gaan bidden, om meer arbeiders in Zijn grote en rijpe oogst uit te drijven.

Er gebeurt iets bijzonders wanneer mensen dit gebed uit Lukas 10:2 gaan bidden. Het verandert eigenlijk de persoon die het gebed bidt. Gebed raakt ons en creëert iets in ons. Neem bijvoorbeeld het Onze Vader, waar Jezus zegt dat we moeten bidden: "Onze Vader die in hemel zijt, Uw naam worde geheiligd..." Heb je er ooit over nagedacht waarom we zouden bidden en erkennen dat Gods naam heilig is? Zouden onze gebeden of het gebrek aan speciale woorden in onze gebeden God en Zijn natuur veranderen van heilig naar onheilig? Nee, God is heilig, ongeacht wat mensen van Hem denken. Maar als we dit bidden, herinneren we onszelf eraan dat Hij heilig is.

Gebed is ook belangrijk omdat het ons vormt. Als je begint om Lukas 10:2 te bidden, zul je beginnen te ervaren hoe dit gebed werkelijk iets in jou zal creëren. Na slechts een korte tijd dit gebed te hebben gebeden, zul je begrijpen dat het echt op Gods hart ligt dat mensen gered worden. We zien dit in Lukas 15: 4-7, als Jezus het heeft over het achterlaten van de negenennegentig schapen, om op zoek te gaan naar dat ene verloren schaap. In Johannes 4 zien we hoe belangrijk Jezus het vindt om het verloren schaap te vinden, door te kijken naar het verhaal van de vrouw bij de waterput. Hij reisde die hele weg naar Samaria om deze vrouw te vinden. We zien dit ook terug in het verhaal van Filippus die door de Heilige Geest naar de eunuch geleid werd. God zag het verlangen van de eunuch om God te kennen, daarom leidde de Heilige Geest Filippus naar de woestijn toe, alleen om deze man te ontmoeten. Gods verlangen is dat iedereen tot bekering komt en Hem leert kennen.

Jaren geleden was ik aan het wandelen in een bos. Ik zag op een gegeven moment een groepje bosarbeiders op een bankje zitten, terwijl ze hun lunch aten. Ik liep hen voorbij en wandelde verder, al biddend, toen ik opeens het gevoel had dat God zei: "Stop, ga naar die mannen en praat met hen over Mij." Mijn eerste gedachte was dat het gewoon mijn eigen gedachten waren die ik had gehoord, vooral omdat ik daar niet heen wilde om hen te onderbreken. Ik wist dat als ik dit zou doen, ik mij ongemakkelijk zou voelen. Ik wist dat iedereen naar mij zou kijken en zich af zouden vragen waarom ik hun lunchpauze onderbrak. Maar hoe meer ik erover nadacht, hoe meer ik ging denken dat het misschien toch Gods' stem was die ik gehoord had en niet zozeer mijn eigen gedachten. Dus ik kwam tot de conclusie dat de enige manier om te ontdekken of het mijn gedachten waren of de stem van God, door naar hen toe te gaan en met hen te praten. Toen ik op hen afliep, keken ze naar mij met een blik van: "Wat doet deze man hier?" Nerveus vroeg ik of ik vijf minuten van hun tijd mocht lenen, en ik begon hen te vertellen hoe ik tot geloof was gekomen. Nadat ik vijf minuten met hen gesproken had, bedankte ik hen en toen wandelde ik weg. Het kwam allemaal nogal ongemakkelijk op mij over want ze zaten daar allemaal naar mij te kijken, en niemand zei ook maar één woord. Toen ik wegliep dacht ik: "Okay, misschien waren het toch mijn eigen gedachten en was het niet God die tegen mij sprak". Een week later gebeurde er iets geweldigs wat mij ervan overtuigde dat het echt God was die tot mij had gesproken die dag. Ja, een week later, kwam er een meisje naar mij toe, ze greep mijn hand, en begon mij te bedanken. Ik was erg verrast en vroeg haar waar ze mij voor bedankte. Toen begon ze mij te vertellen dat haar broer ooit christen was, maar dat hij enige tijd afvallig was geweest. Ze vertelde dat de hele familie had gebeden dat God iemand naar hem toe zou sturen zodat hij weer terug zou komen bij God en dat ik een antwoord op hun gebeden was. Toen hij die dag in het bos had gewerkt, was ik naar hem toegekomen met woorden die hem direct aanspraken, en hij was teruggegaan naar God. Ze was zo dankbaar voor wat ik had gedaan en dat God mij had gezonden in antwoord op de gebeden van de familie.

Wat kunnen we van dit verhaal leren? Dat God staat op Zijn Woord. Elk gebed dat naar Zijn Woord gebeden wordt, is een gebed waarvan we weten dat Hij ons hoort. Dit meisje en haar familie hebben gebeden in overeenstemming met het Woord van God, dat

God arbeiders in de oogst zou sturen, en naar haar broer. God verhoorde haar door mij te sturen. Ik weet dat dit maar één voorbeeld is, maar ik weet dat er duizenden getuigenissen zijn zoals deze.

---

**God wil niet alleen dat we bidden tot de Heer van de oogst om arbeiders te sturen. Hij wil ook ons uitzenden in de oogst en ons gebruiken om de gebeden van mensen te beantwoorden. Als je die stille zachte stem hoort die jou zegt met iemand te praten, doe dat dan. Het kan een antwoord zijn op iemand anders zijn gebed. Het kan God zijn die jou naar hen toestuurt.**

---

Uit dit verhaal kunnen we leren dat als God spreekt, Hij niet altijd op een duidelijke manier spreekt, zodat we weten dat Hij spreekt. Vaak spreekt God tot ons door een kleine gedachte of een ideetje wat we krijgen. Persoonlijk heb ik vele keren ervaren dat God tot mij sprak, maar ik heb Hem nooit horen spreken met een hoorbare stem. Nadat ik God tot mij had horen spreken door een zachte stem zoals in dit verhaal, begon ik te beseffen dat God soms spreekt door die stille gedachten, dus toen ben ik gaan handelen. Met de tijd is het makkelijker geworden voor mij om te onderscheiden wanneer God spreekt en wanneer het mijn eigen gedachten zijn.

Wil jij mensen gered zien worden? Wil jij Jezus gehoorzamen? Begin dan te bidden in overeenstemming met het Woord van God. Bid dat God arbeiders zal sturen in Zijn oogst. Ik ken veel mensen die al jaren voor een opwekking bidden en dat is goed. Maar het is een probleem als ze verwachten dat God dat allemaal op één dag gaat doen, of wanneer ze alleen maar mensen uitnodigen om naar de kerk te komen zodat ze daar hun leven aan God kunnen geven. Ik zie dat niet in de Bijbel. Ik zie niet dat dit de manier is waarop God het gaat doen. Bidden voor een opwekking alsof het helemaal van God afhangt, is geen Bijbels gebed. Ben jij ervan bewust dat we verkeerd kunnen bidden? Als we bidden voor dingen die niet Bijbels zijn, zullen we geen resultaat zien.

Jakobus 4: 3 spreekt hierover: "U bidt wel, maar u ontvangt niet, omdat u verkeerd bidt, met het doel het in uw hartstochten door te brengen."

Mattheüs 6:7 zegt: "Als u bidt, gebruik dan geen omhaal van woorden zoals de heidenen, want zij denken dat zij door de veelheid van hun woorden verhoord zullen worden."

In dit vers zegt Jezus dat je niet verhoord wordt, vanwege de veelheid woorden die je gebruikt.

Ik herinner mij dat ik vele jaren geleden iemand ontmoette die pas gelovig was geworden. Hij kwam erg enthousiast naar mij toe en zei: "Ik heb een idee! Wie is de bedenker van alle problemen in de wereld? Het is de satan! Dus mijn idee is dat we alle christenen wereldwijd samenbrengen en dat we gaan bidden voor de redding van de satan. En als de satan dan gered is, zijn er geen problemen meer." Toen ik dat deze pasgelovige hoorde zeggen, kon ik niet stoppen met glimlachen. Natuurlijk, wij weten dat dit geen goed idee is, want het is geen gebed dat is in overeenstemming is met de wil van God. De satan zal geen redding ontvangen, hoeveel mensen er ook voor hem zullen bidden voor bekering. Dus we zijn het eens dat het tijdverspilling zou zijn om alle christenen samen te brengen om voor de bekering van de satan te bidden.

We moeten begrijpen dat op dezelfde manier, vele mensen hun gebeden niet beantwoord zullen zien omdat ze niet bidden in overeenstemming met het Woord van God. We zouden kunnen bidden en bidden, dat de hele wereld plotseling, op hetzelfde moment, in Jezus zal geloven, maar dat zal niet gebeuren, want het is geen bijbels gebed. In plaats van vele onbijbelse gebeden te bidden, kun je beter in overeenstemming met het Woord van God gaan bidden. Bid dat God arbeiders uitzendt in Zijn oogst. Dat gebed zal Hij beantwoorden, en we zullen vrucht zien zoals we niet eerder hebben gezien.

Romeinen 10:13-16 zegt: "Want ieder die de Naam van de Heere zal aanroepen, zal zalig worden. Hoe zullen zij dan Hem aanroepen in Wie zij niet geloven? En hoe zullen zij in Hem geloven van Wie zij niet gehoord hebben? En hoe zullen zij horen zonder iemand die predikt? En hoe zullen zij prediken, als zij niet gezonden worden? Zoals geschreven staat (in Jesaja 52:7): Hoe lieflijk zijn de voeten van hen die vrede verkondigen, van hen die het goede verkondigen! Maar zij zijn niet allen het Evangelie gehoorzaam geweest. Jesaja (53:1) zegt namelijk: Heer, wie heeft onze prediking geloofd?"

Dus laten we allemaal gaan bidden/smeken dat de Heer arbeiders zal uitdrijven in Zijn oogst. Laten we ook bidden dat het Lukas 10:2b virus zich zal verspreiden onder de christenen, zodat we een gebedsbeweging zullen zien met een grote uitwerking in de wereld, zodat miljoenen discipelen zullen uitgaan in de oogst. Het is eigenlijk erg eenvoudig. Het staat vlak voor onze neus in Gods Woord. De oogst is gereed en wij moeten bidden voor arbeiders en ook zelf uitgaan! Als we deze eenvoudige dingen gaan doen, zullen we de opwekking zien waar velen al jaren naar verlangen! Laten we vandaag nog beginnen, en deze eenvoudige waarheid delen met anderen die we kennen!

Ik zal hier beginnen door te bidden: "God, ik bid dat zij die dit boek zullen lezen, in staat zullen zijn om deze eenvoudige waarheid uit Uw Woord, te ontvangen. Ik bid dat ze zullen zien dat de oogst echt gereed is en op hen wacht. Ik bid dat ze een beslissing zullen maken om U te zoeken en dat ze zullen bidden dat U meer arbeiders in de oogst zult sturen. Ik bid dat U ook hen zult uitzenden. Plaats een verlangen in hun harten om uit te gaan in de oogst. Stuur ze naar de mensen die verloren zijn. Heer, zend ze uit in de oogst zoals nooit tevoren. God, we vragen U, in Jezus naam, om arbeiders uit te zenden in Uw oogst. Ik bid dat in Jezus' naam, AMEN."

# 9

## ALS SCHAPEN ONDER DE WOLVEN

**Als we Jezus' woorden gehoorzamen, weten we dat Hij met ons is. Dit is een belofte die Hij aan ons gegeven heeft, en we weten dat we op deze belofte kunnen rekenen ook als we bang en onzeker zijn.**

We hebben nu gezien dat de oogst niet het probleem is, die is gereed en wacht op ons. We weten nu dat we tot God moeten bidden om meer arbeiders in de oogst te sturen en dat ook wij moeten gaan. We moeten een stap in vertrouwen zetten, wetend dat de oogst gereed is. In dit hoofdstuk gaan we kijken naar de woorden die Jezus daaropvolgend heeft gezegd. Voor velen kunnen deze woorden eng en intimiderend zijn, maar het is niet zo erg als het lijkt. Laten we kijken wat Jezus zegt en wat Hij belooft als we deze eerste stap gaan zetten.

Lukas 10: 3 "Ga heen, zie, Ik zend u als lammeren te midden van de wolven."

We gaan eerst kijken naar de woorden "ga heen", die ons vertellen dat we moeten gaan. Ja, we moeten naar de oogst gaan omdat de oogst niet naar ons toekomt. Het is onze taak om naar de oogst toe te gaan. Stel je een boer voor; hij kijkt uit over zijn volle velden. Hij ziet dat de oogst groot en gereed is; het is tijd om de oogst binnen te halen. Hij gaat in de schuur staan en roept naar de rijpe velden:" Kom binnen oogst, kom binnen, de schuur is er klaar voor!" Als je dat een boer zou zien doen, zou je denken dat hij gek is. Je zou denken dat hij een steekje los heeft omdat je weet dat het niet mogelijk is om de oogst binnen te halen door bij de deuropening van een schuur te gaan staan en naar de oogst te roepen dat het binnen moet komen. Maar deze boer deed dat geruime tijd, zonder resultaat. Hij zag dat de oogst niet naar de schuur kwam en hij begon nog harder te roepen, er gebeurde niets. De oogst bleef waar het was. De boer dacht dat er iets mankeerde aan de oogst omdat de oogst niet reageerde op het geroep van hem en niet naar de schuur toekwam. Hij dacht dat dit kwam omdat de oogst toch nog niet rijp genoeg was en dat de oogst daarom niet naar de schuur toekwam. Toen begon hij te denken dat het misschien aan de schuur lag en dat de oogst niet naar de schuur toekwam omdat deze donker en vies was. Hij begon meteen de schuur schoon te maken, legde er een mooie vloer neer en hing er lichten op zodat de schuur warm en gezellig was. Nadat hij klaar was, ging hij in de deuropening staan en begon weer te roepen: "Kom binnen oogst, kom binnen! De schuur is nu schoon en gezellig! Je kunt nu binnenkomen, ik heb zelfs verlichting aangebracht! Kom maar binnen!" Maar tot zijn verbazing, bleef de oogst ook nu waar het was. Opnieuw vroeg hij zich af wat er mis was met de oogst omdat het niet naar de schuur kwam. De boer besloot wat mooie, zachte muziek op te zetten; als de sfeer goed is, komt de oogst vast wel, dacht hij. Zogezegd, zo gedaan en de boer ging weer in de deuropening staan om de oogst in zijn schuur te roepen. Maar de oogst kwam niet en de boer raakte diep teleurgesteld en vroeg zich opnieuw af wat er mis was met de oogst. Hij geloofde dat de oogst rijp was, maar hij zag de oogst niet in beweging komen en toen werd hij boos. Hij werd zo boos dat hij de oogst begon te vervloeken. Hij schreeuwde hoe slecht de oogst was en dat de oogst niet gereed was omdat het niet naar de schuur toekwam. De boer schreeuwde dat dit de slechtste oogst was die hij ooit gezien had en dat de oogst niet binnen wilde komen, wat hij ook deed. Maar ook nu gebeurde er niets.

Natuurlijk zou een dergelijke situatie nooit in het echt gebeuren. We zullen nooit zien dat een boer zich zo gedraagt, want een boer denkt anders. Hij zou het anders niet lang volhouden! Zowel een boer als ieder ander weet dat de oogst niet geschapen is om zelf de schuur binnen te wandelen. De oogst is precies waar het moet zijn en zal nooit zelfstandig van zijn plek komen. Het is de taak van de boer om de oogst binnen te halen en in de schuur te brengen.

> **Weinig mensen komen uit zichzelf naar de kerk. Wij moeten naar hen toegaan en hen daar brengen. Als we dat gaan doen, zullen we ontdekken dat de oogst groot en gereed is, zoals Jezus heeft gezegd.**

Doen we niet precies hetzelfde in onze kerken als de boer uit het voorbeeld? We gebruiken veel tijd, geld en middelen om onze kerken (schuren) mooi en gezellig te maken met mooie tapijten en verlichting. We draaien zelfs muziek voor het creëren van de juiste sfeer. We doen dit alles vanuit de overtuiging dat als de kerk leuk en gezellig is en de dienst precies goed is, de mensen vanzelf hun weg naar de kerk zullen vinden en gered zullen worden.

Enige jaren geleden belde een vriend van mij een aantal kerken in Denemarken voor zijn onderzoek naar hoeveel mensen er gedoopt waren in deze kerken in het afgelopen jaar en hoe actief deze kerken waren in het evangeliseren. Het kwam niet als een grote verrassing toen zijn onderzoek aantoonde dat er een duidelijk verband was tussen het aantal nieuwe gelovigen en de mate van evangelisatie van die kerken.

Ik ontmoette enige tijd geleden iemand waar ik groot respect voor heb. Zijn naam is broeder Yun, ook bekend als 'de hemelse man'. Deze man was één van de sleutelfiguren die onderdeel waren van een grote opwekking in China. Hij zag tienduizend huisgemeenten starten tussen 1980-1990. Ik houdt van zijn boeken en zijn getuigenis omdat het zoveel lijkt op het leven waarover we lezen in Handelingen. Zijn getuigenis is, zoals dat van de discipelen in het boek Handelingen, niet alleen een bovennatuurlijk leven vol wonderen en tekenen, maar getuigde ook van vervolging. Mensen moesten alles opgeven om Jezus te volgen. Toen ik zijn boek, "de hemelse man", las, ervoer ik dat God tot mij sprak en zei dat ik broeder Yun op een dag persoonlijk zou ontmoeten en aan hem zou kunnen vertellen wat een grote zegen hij is geweest in mijn leven. Kort daarna heb ik hem ontmoet. God opende een deur. Hij kwam naar Denemarken en ik was in de gelegenheid om met hem te ontbijten. We waren samen met wat priesters en leiders uit de stad. Terwijl we daar zo zaten, vroeg ik hem wat het verschil is tussen de christenen in China en de christenen in het Westen. Hij zei direct: "Er zijn twee dingen verschillend. Het eerste verschil is dat de christenen in China allemaal evangelisten zijn en niet kunnen stoppen om mensen te vertellen over God en over alles wat ze gezien en meegemaakt hebben. Het tweede verschil is dat ze in China bereid zijn om de prijs te betalen om Jezus te volgen." Ze vertelden mij dat 80% van de kerk in China echte discipelen van Jezus zijn en dat in de kerk in het Westen slechts 2% echte discipelen zijn die bereid zijn om de hoge prijs te betalen om Jezus te volgen.

Wow, wat een krachtig antwoord. Ja, ik zie echt dat dit de twee belangrijkste redenen zijn waarom de christenen in China een opwekking zien en van alles ervaren, en waarom de christenen in het Westen weinig ervaren en geen opwekking zien. Hoe vaak misleiden we onszelf door te denken dat de reden dat de mensen in China God ervaren op zo'n krachtige wijze is, omdat de oogst daar groot en rijp is en dat God daarom fantastische dingen doet, in tegenstelling tot wat we zien in het Westen. De werkelijke reden waarom de christenen in China God krachtig aan het werk zien, is omdat zij evangeliseren en het evangelie delen met mensen die ze in hun dagelijkse leven ontmoeten. Deze mensen in China kunnen hun mond niet houden over Jezus en ze zijn niet bang en zijn bereid om de hoge prijs te betalen om Jezus te volgen. Zij ervaren dat de oogst groot is omdat ze Jezus' woorden gehoorzamen en eropuit gaan. Ja, zij zien hoe de mensen tot geloof komen op een manier zoals dat in het Westen niet voorkomt omdat we hier anders leven dan zij. De waarheid is dat als we hier in het Westen niet bang zouden zijn, de woorden van Jezus zouden gehoorzamen en bereid zouden zijn de prijs te betalen om Jezus te volgen, we dezelfde dingen zouden ervaren als zij. Ik ben ervan overtuigd dat het andersom ook zo is. Als de christenen in China net zo zouden leven als de christenen in het Westen, zouden zij ook niet veel meemaken.

Als we in het Westen ontwaken en beginnen te leven zoals een volgeling van Jezus zou moeten leven, zouden we meer mensen tot geloof zien komen en we zouden een beweging zien opkomen die ons land zou veranderen.

Het verschil tussen de christenen in het Westen en in China is niet het resultaat van de oogst of omdat God gewoon iets speciaals wilde doen in China en hier niet. Nee! God wil dat mensen tot geloof in Hem komen op dezelfde manier, waar we ook wonen. Het resultaat wat de christenen in China zien – en wij niet-, komt door hun manier van leven. Nogmaals, het probleem en de oplossing is bij ons te vinden en niet bij de oogst. We moeten het leven gaan leven zoals Jezus het ons heeft opgedragen en stoppen met onze comfortabele levens in onze mooie kerken terwijl we wachten tot de oogst vanzelf de kerk binnenwandelt. Ik weet dat dit provocerend is, maar het is de waarheid. We hebben de waarheid nodig als we verandering willen zien. Het is tijd om wakker te worden, Jezus te gehoorzamen en echt voor Hem gaan leven! Laten we stoppen onszelf te misleiden zoals we dat vele jaren hebben gedaan door de oogst de schuld te geven van alles.

Laten we verder gaan kijken wat Jezus eigenlijk zegt in Lukas 10. Jezus zegt in Lukas 10: 3 "Ga heen, zie, Ik zend u als lammeren te midden van de wolven." Ik geloof dat veel mensen deze tekst lezen zonder echt te bedenken wat Jezus hier bedoelt te zeggen. Jezus is de Goede Herder en Hij zegt hier iets wat voor elke schaapherder meteen zijn/haar ontslag zou betekenen. Het is de taak van de herder om de schapen veilig te houden en weg van de wolven. Maar hier in Lukas 10 doet Jezus het tegenovergestelde; in plaats van dat Hij de lammeren zover mogelijk bij de wolven vandaan houdt, stuurt hij de lammeren onder de wolven.

Hoe verantwoord is dat, als je erover nadenkt? Probeer je Jezus, de Goede Herder, voor te stellen met een pasgeboren lammetje in Zijn armen. Misschien heb je wel eens een plaatje gezien van Jezus als de Goede Herder met een klein lammetje in Zijn armen. In gedachten kun je zien hoe Hij het lammetje aait. Het lammetje is veilig en blij. Plotseling ziet Jezus de wolf. De wolven zijn buiten in het veld en ze ruiken de lekkere geur van het lammetje in de lucht. Als ze het lammetje zien, beginnen ze te kwijlen, hongerig als ze zijn naar wat vers vlees. Dan doet Jezus het ondenkbare. Hij neemt het schattige, kleine, onschuldige lammetje, zet het neer in het gras en vraagt het lammetje of hij de hongerige wolven in het veld kan zien. Dan geeft Jezus het lammetje een duw van achteren en zegt: "Ga, klein lam, Ga!

Naar buiten! Ik stuur je als een lammetje te midden van de wolven!" Wow. Waarom doet Jezus dit? Welke rechtschapen goede herder zou een schattig klein onschuldig lammetje naar een troep hongerige wolven sturen?

Probeer tijd te nemen om echt te bedenken wat hier gebeurt. Hoe kan een lammetje zichzelf verdedigen tegen een wolf? Lammetjes zijn niet snel en ze kunnen zich moeilijk verstoppen. Hun zachte, wollige vacht steekt duidelijk af tegen het groene gras zodat ze een makkelijk te spotten prooi zijn. Lammetjes hebben ook geen indrukwekkende brul om andere dieren mee af te schrikken. Geen enkel dier wordt bang van hun zachte geblaat. Feitelijk is een lammetje een van de meest weerloze dieren onder de dieren.

Een lammetje heeft niet veel overlevingsvaardigheden dus in het wild heeft hij geen kans. Dit zou de reden kunnen zijn waarom Jezus het beeld van een lam met zijn herder gebruikt, want de herder is de enige die ervoor zorgt dat het lam in leven blijft. Een lam is misschien niet snel, niet gevaarlijk, heeft geen natuurlijke camouflage. Hij kan ook niet klimmen of een hol graven waarin het zich kan verstoppen. Maar lammetjes hebben iets wat andere dieren niet hebben. Ze hebben een herder die over hen waakt. De herder is zijn enige overlevingskans. Waarom zou Jezus een lam onder de wolven sturen, wetend dat het lam weerloos is? Het antwoord op deze vraag is eenvoudig. Jezus stuurt een lam niet onder de wolven om vervolgens toe te kijken. Hij gaat met het lam mee.

Dit is een belangrijk aspect van het uitgezonden worden. We moeten begrijpen dat als Jezus ons uitzendt, Hij met ons meegaat.

In Mattheüs 28:19 staat: "Ga dan heen, onderwijs al de volken, hen dopend in de Naam van de Vader en van de Zoon en van de

Heilige Geest, hun lerend alles wat Ik u geboden heb, in acht te nemen."

Maar Jezus stopte daar niet. Hij gaat verder en zegt in vers 20: "En zie, Ik ben met u al de dagen, tot de voleinding van de wereld. Amen."

In Markus 16:20 lezen we: "...maar zij – dat zijn de discipelen- gingen overal heen om te prediken, en de Heere werkte mee en bevestigde het Woord door de tekenen die erop volgden."

Wow! Wat we hier lezen, is fantastisch! Verlang je ernaar om meer van Jezus te zien in je leven? Houd je dan niet in. Gehoorzaam de woorden van Jezus en ga heen. Als je dat doet, zul je ondervinden dat Jezus met je is, zoals je dat nooit eerder hebt ervaren. Als we uitgaan, is Jezus echt naast ons. We hoeven niet bang te zijn voor de wolven. Ja, ze kunnen er eng uitzien. Ze kunnen ons bang maken en ervoor zorgen dat we denken:" Ik kan dit niet. Ik kan niet met die persoon praten. Wat zal er gebeuren als ik met hen praat?" We hebben talloze excuses om niet de stappen te zetten die we moeten zetten.

Er is ook een goede reden waarom Jezus ons waarschuwt voor de 'wolven', of vijanden en demonen, die zullen proberen ons angstig te maken. Ze doen waar zij goed in zijn, ons bang maken en afschrikken. Maar als we niet uitgaan, zien we niet dat Jezus bij ons is. Deze wolven zijn geen echte wolven die ons willen eten, maar we kunnen de duivel en de vele mensen die tegen het evangelie zijn, zien als eng en gevaarlijk. Het is belangrijk dat we weten dat verzet en tegenstand ten opzichte van het Evangelie onderdeel is van het discipelschap en hoort bij het dienen van Jezus.

In Matteüs 10, als Jezus Zijn twaalf discipelen uitzendt, zegt Hij meer over wat het betekent om als lammeren te worden uitgezonden. In Matt. 10:16 zegt Hij: " Zie, Ik zend u als schapen te midden van de wolven; wees dus bedachtzaam als de slangen en oprecht als de duiven."

Jezus vervolgt verder in vers 17-39: "Maar wees op uw hoede voor de mensen, want zij zullen u overleveren aan raadsvergaderingen, en in hun synagogen zullen zij u geselen. En u zult ook voor stadhouders en koningen geleid worden omwille van Mij, tot een getuigenis voor hen en de heidenen. Maar wanneer zij u overleveren, moet u niet bezorgd zijn hoe of wat u spreken moet, want het zal u op dat moment gegeven worden wat u spreken moet. Want u bent het niet die spreekt, maar de Geest van uw Vader, Die in u spreekt.

De ene broer zal de andere broer overleveren om gedood te worden, en de vader het kind, en de kinderen zullen tegen de ouders opstaan en hen doden. En u zult door allen gehaat worden omwille van Mijn Naam; maar wie volharden zal tot het einde, die zal zalig worden. Wanneer ze u in de ene stad vervolgen, vlucht dan naar de andere, want voorwaar, Ik zeg u: U zult uw rondgang door de steden van Israël niet geëindigd hebben, voordat de Zoon des mensen gekomen is.

De discipel staat niet boven de meester en de dienaar niet boven zijn heer. Het moet genoeg zijn voor de discipel dat hij wordt zoals zijn meester, en dat de dienaar wordt zoals zijn heer. Als ze de Heere van het huis Beëlzebul genoemd hebben, hoeveel te meer Zijn huisgenoten!

Wees dus niet bevreesd voor hen, want er is niets bedekt wat niet geopenbaard zal worden, en er is niets verborgen wat niet bekend zal worden. Wat Ik u zeg in het duister, zeg het in het licht; en wat u hoort in het oor, predik dat op de daken. En wees niet bevreesd voor hen die het lichaam doden en de ziel niet kunnen doden, maar wees veeleer bevreesd voor Hem Die zowel ziel als lichaam te gronde kan richten in de hel. Worden niet twee musjes voor een penninkje verkocht? En niet een van die zal op de aarde vallen buiten uw Vader om. En ook de haren van uw hoofd zijn alle geteld. Wees dus niet bevreesd, u gaat veel musjes te boven.

Ieder dan die Mij belijden zal voor de mensen, die zal Ik ook belijden voor Mijn Vader, Die in de hemelen is. Maar wie Mij verloochenen zal voor de mensen, die zal Ik ook verloochenen voor Mijn Vader, Die in de hemelen is.

Denk niet dat Ik gekomen ben om vrede te brengen op de aarde; Ik ben niet gekomen om vrede te brengen, maar het zwaard. Want Ik ben gekomen om tweedracht te brengen tussen een man en zijn vader, en tussen een dochter en haar moeder, en tussen een schoondochter en haar schoonmoeder; en iemands huisgenoten zullen zijn vijanden zijn.

Wie vader of moeder liefheeft boven Mij, is Mij niet waard; en wie zoon of dochter liefheeft boven Mij, is Mij niet waard. En wie zijn kruis niet op zich neemt en Mij navolgt, is Mij niet waard. Wie zijn leven vindt, zal het verliezen; en wie zijn leven verliest omwille van Mij, zal het vinden."

Deze tekst toont ons wat er buiten op ons wacht. Ja, we kunnen christen zijn en ons hele leven comfortabel in de kerk zitten en nooit iets ervaren van wat we net hebben gelezen in Mattheüs 10. Maar ik garandeer je, dat zodra je echt een discipel van Jezus wordt en uitgaat in de oogst en de woorden van Jezus gaat opvolgen, je de dingen die zijn opgesomd zult gaan ervaren. Misschien niet precies zoals Jezus het hier beschrijft, maar je zult zeker soortgelijke situaties meemaken.

Ik ken veel mensen die vele jaren in de kerk hebben gezeten en geen vervolging hebben meegemaakt. Zodra ze de opdracht van Jezus gaan uitvoeren, ervaren ze Jezus met hen. Ze beginnen vrucht in hun leven te zien. Maar samen met deze fantastische vrucht, beginnen ze ook vervolging mee te maken. Vervolging komt als een verrassing voor veel mensen omdat de vervolging uit onverwachte hoek komt. Mensen denken dat vervolging alleen in derdewereldlanden of in moslimlanden gebeurt, maar ik garandeer je dat vervolging overal voorkomt. Misschien zullen we niet vervolgd worden zoals we het lezen in Mattheüs 10, waar mensen gegeseld werden in de synagoge, maar misschien komt de vervolging vanuit de religieuze kerken. En misschien ondervinden we geen fysieke vervolging en worden we niet geslagen of vermoord door mensen, maar mensen kunnen je ook onderdrukken door middel van hun woorden.

Het zou kunnen dat we zien hoe mensen ons gaan haten of valse geruchten over ons verspreiden. En het zou kunnen dat dit gebeurt door familie of vrienden. Maar we moeten goed onthouden dat ook al zou ons dat overkomen, God heeft nog steeds alles onder controle en we hoeven nergens bang voor te zijn. Dus, wees niet bang om in vertrouwen op het Woord van God uit te stappen in geloof. Wees niet bang om als een lam onder de wolven te zijn, want je zult zien dat Jezus bij je is. Ja, je zult vervolging ondervinden, maar je zult ook zien dat God alles onder controle heeft. Je zult ervaren dat Jezus echt leeft. Je leven zal spannend en bovennatuurlijk worden, zoals we lezen in het boek Handelingen. Maar je zult dit leven niet gaan meemaken als je niet bereid bent om als een lam onder de wolven uit te gaan. God is met jou en Hij zal je zegenen, zelfs door de verdrukking heen.

Markus 10: 29-30 zegt: "En Jezus antwoordde: Voorwaar, Ik zeg u: er is niemand die huis of broers of zusters of vader of moeder of vrouw of kinderen of akkers verlaten heeft omwille van Mij en om het Evangelie of hij ontvangt honderdvoudig, nu in deze tijd, huizen en broeders en zusters en moeders en kinderen en akkers, met vervolgingen, en in de wereld die komt, het eeuwige leven."

Dus wees niet bang! Zet die eerste stap en je zult zien dat Jezus met je is. Het Woord van Jezus voor jou en mij is: "Ga!" We moeten uitgaan als lammeren onder de wolven. Hij zei niet: "Blijf hier want er zijn wolven daarbuiten". Nee Hij zegt ons te gaan. Ja er zijn wolven daarbuiten en zij zullen nooit verdwijnen. Ze zijn er om jou angst aan te jagen, zo is het nu eenmaal. Onthoud dat voor de volgende keer dat je een stap gaat zetten en je iemand aanspreekt of je mond opent om over Jezus te spreken tegen iemand die je wel/niet kent.

Het zou kunnen dat je de angst omhoog voelt kruipen. Het zou kunnen dat jij je zo weerloos voelt als een lammetje dat alleen maar "beh' kan zeggen met knikkende knieën, zoals een lammetje dat trillend zijn eerste stapjes probeert te zetten. Herinner je dan de woorden van Jezus en zeg in plaats van 'beh', AMEN, wetend dat Jezus met je meegaat! En zet dan moedig je eerste stappen in vertrouwen!

Ik weet niet wat jouw wolven zijn die jou ervan weerhouden om Jezus te gehoorzamen, maar ik weet dat als je Zijn "Ga" gehoorzaamt, Jezus met jou meegaat, zoals Hij beloofd heeft. Ga en blijf gaan, het zal iedere keer makkelijker zijn. Open je mond en blijf dat doen. Vertel mensen over Jezus en Hij zal met je zijn. Jezus heeft ons nooit beloofd dat het makkelijk zou zijn. Ook heeft Hij ons niet beloofd om de wolven te verwijderen. Hij heeft ons beloofd bij ons te zijn en met ons mee te gaan als we gaan en dat iedereen die Hem zal belijden voor de mensen, Hij diegene zal belijden voor Zijn Vader in de hemel.

"En wees niet bevreesd voor hen die het lichaam doden en de ziel niet kunnen doden, maar wees veeleer bevreesd voor Hem Die zowel ziel als lichaam te gronde kan richten in de hel. Worden niet twee musjes voor een penninkje verkocht? En niet een van die zal op de aarde vallen buiten uw Vader om. En ook de haren van uw hoofd zijn alle geteld. Wees dus niet bevreesd, u gaat veel musjes te boven. Ieder dan die Mij belijden zal voor de mensen, die zal Ik ook belijden voor Mijn Vader, Die in de hemelen is. Maar wie Mij verloochenen zal voor de mensen, die zal Ik ook verloochenen voor Mijn Vader, Die in de hemelen is."(Mattheüs 10: 28-30)

# 10

## NEEM GEEN GELD MEE

---

**Als we ooit een doorbraak willen zien in de Westerse wereld, moeten we de grootste afgod vernietigen – mammon- de god van het geld. We moeten stoppen om afhankelijk van geld en rijkdom te zijn en in plaats daarvan leren om afhankelijk te zijn van God en Zijn Heilige Geest.**

---

Het is belangrijk dat we het volgende wat Jezus zegt in Lukas 10 begrijpen, met name zij die in het materialistische Westen leven waar de mammon de grootste god van alle afgoden is.

We lezen in Lukas 10:4 "Neem geen beurs, geen reiszak en geen sandalen mee, en groet niemand onderweg."

Zoals ik al eerder gezegd heb, gaf Jezus Zijn discipelen hele specifieke instructies toen Hij ze de oogst instuurde, over wat ze moesten doen, en in dit geval, over wat ze niet mee mochten nemen. Hij zei ook dat zij onderweg niemand moesten groeten, iets waar we in het volgende hoofdstuk naar zullen kijken.

Bijna alles in ons leven en in onze kerken in de Westerse wereld draait om geld. We worden beheerst door wat we hebben en waar we gebrek aan hebben. Het gaat ook om geld dat, voor velen, de belangrijkste factor is, als het gaat over missies, het kerkelijk leven etc. Als het geld er is, willen we het doen, is het geld er niet, dan doen we het niet. Maar in het koninkrijk van God, is geld niet het probleem, en geld zou nooit mogen bepalen wat we wel of niet kunnen doen. Het is echt belangrijk dat we leren om in afhankelijkheid van God te leven in plaats van afhankelijk te zijn van geld of het gebrek aan geld. Wij denken vaak dat we als we veel geld hadden we een grote doorbraak zouden zien en dat we dan veel meer voor God zouden kunnen doen, alsof groei of onze gehoorzaamheid staat of valt met geld. We denken dat we zonder geld niets kunnen doen voor God. Dit is niet hoe het zou moeten zijn. We zouden niet afhankelijk noch beheerst moeten worden door geld en wat we bezitten. In plaats daarvan zouden we ervan doordrongen moeten zijn dat God al het goud en zilver in de wereld bezit. Alles behoort Hem toe, en met Hem, hebben wij geen gebrek. Wat duidelijk is in de bijbel, is dat niet een gebrek aan geld maar het gebrek aan arbeiders het probleem is.

Jezus zegt ons vele keren dat we niet van deze wereld zijn en dat we niet de dingen van de wereld moeten zoeken zoals de heidenen doen. Wij die wedergeboren zijn en discipelen van Jezus, moeten het koninkrijk van God en Zijn wil eerst zoeken en doen. We zullen zien dat al het andere inderdaad ons gegeven zal worden als we dat doen. We moeten allemaal beslissen wie we willen dienen, want we kunnen niet God én de mammon dienen. De God/god die we dienen, waar we afhankelijk van zijn, is Degene/degene die over ons heerst. Nee, geld is in principe niet duivels. Het is de liefde voor geld wat de wortel van alle kwaad is, zoals Paulus zegt in 1 Tim.6:10. We moeten ons nooit laten beheersen door geld, en zoals Jezus heel duidelijk zegt, we kunnen niet God en de mammon dienen.

Mattheüs 6: 24 zegt: "Niemand kan twee heren dienen, want of hij zal de één haten en de ander liefhebben, of hij zal zich aan de één hechten en de ander minachten. U kunt niet God dienen en de mammon."

Jezus zegt vervolgens in vers 25-32: "Daarom zeg Ik u: Wees niet bezorgd over uw leven, over wat u eten en wat u drinken zult; ook niet over uw lichaam, namelijk waarmee u zich kleden zult. Is het leven niet meer dan het voedsel en het lichaam meer dan de kleding? Kijk naar de vogels in de lucht: zij zaaien niet en maaien niet, en verzamelen niet in schuren; uw hemelse Vader voedt ze evenwel; gaat u ze niet ver te boven? Wie toch van u kan met bezorgd te zijn één el aan zijn lengte toevoegen? En wat bent u bezorgd over de kleding? Kijk naar de lelies in het veld, hoe ze groeien; ze werken niet en spinnen niet; en Ik zeg u dat zelfs Salomo in al zijn heerlijkheid niet gekleed ging als één van deze. Als God nu het gras op het veld, dat er vandaag is en morgen in de oven geworpen wordt, zo bekleedt, zal Hij u niet veel meer kleden, kleingelovigen? Wees daarom niet bezorgd en zeg niet: Wat zullen wij eten? Of: Wat zullen wij drinken? Of: Waarmee zullen wij ons kleden? Want al deze dingen zoeken de heidenen. Uw hemelse Vader weet immers dat u al deze dingen nodig hebt."

Ook al zijn de heidenen druk met al deze dingen, wij moeten dat niet doen. Ons leven ziet er heel anders uit als we niet gericht zijn op de dingen van de wereld. We moeten ons niet laten beheersen door angst of door de zorgen van de wereld. We zouden niet beheerst moeten worden door de mammon, de god van deze wereld. Nee, onze focus zou gericht moeten zijn op het dienen van God en Zijn wil doen. We zouden moeten luisteren en doen wat Hij zegt zonder dat we eerst gaan kijken of we wel genoeg geld hebben om dat te doen. Als het echt

God is die heeft gesproken, zal Hij in alles voorzien en voor ons zorgen.

Mattheüs 6: 33 zegt het volgende: "Maar zoek eerst het Koninkrijk van God en Zijn gerechtigheid, en al deze dingen zullen u erbij gegeven worden."

Als we iets beter kijken naar de mensen die in de westerse wereld leven en naar alles wat zij hebben en we vergelijken dat met de mensen uit de zgn. derdewereldlanden die niet evenveel geld, gebouwen en middelen hebben, wordt het duidelijk dat groei goed mogelijk is zonder afhankelijk te zijn van geld. Welvaart betekent niet persé dat er een doorbraak zal gebeuren in het koninkrijk van God. Feitelijk kan welvaart een doorbraak in Zijn koninkrijk juist ook tegenhouden omdat als we geld hebben, we snel ons vertrouwen stellen op geld in plaats van in afhankelijkheid van God te leven. Het kan ons ook afleiden van Zijn wil. Geld geeft ons de mogelijkheid om ook dingen te doen wat God niet van ons vraagt. We doen deze dingen omdat we geld hebben, maar het is beter om God te zoeken en alleen dat te doen waartoe Hij ons roept.

In veel landen waar ze bijna niets hebben, leren ze op een hele andere manier God als de Voorziener te vertrouwen en zo leren ze echt te onderscheiden wat Gods wil en wat eigen verlangens zijn. In de westerse wereld kunnen we veel doen zonder God erin te kennen, omdat we de middelen hebben om te doen wat we willen; we hoeven ons niet af te vragen wat God van ons vraagt. Ik hoorde een keer een quote "Als God zijn Heilige Geest zou verwijderen van deze aarde, zouden 90% van alle activiteiten in de kerk gewoon doorgaan alsof er niets gebeurd is." Dit is een enge gedachte, maar ik geloof dat ze er niet helemaal naast zit.

Zou jij echt groei willen zien en de Heilige Geest zien werken zoals in het boek Handelingen? Dan hebben we het nodig om te leren om afhankelijk te worden van God en niet op wat we hebben of niet hebben. We moeten leren luisteren en alleen doen wat God wil dat we doen. Nogmaals, het is makkelijker om dit te doen als we niet veel geld hebben en daardoor echt van Gods voorziening afhankelijk zijn. Als het van God is wat je wilt gaan ondernemen, zal Hij voorzien. Zo niet, ja dan kunnen we het niet doen en dan ontdekken we wat God tegen ons zegt.

Het is waar, sommigen stoppen veel geld, tijd en energie in het organiseren van grote conferenties om de Geest van God aan het werk te zien en levens te veranderen. God heeft geen grote conferenties nodig om mensenlevens te veranderen. Natuurlijk kan God levens van mensen veranderen tijdens een grote conferentie, maar grote conferenties, mooie kerken en al ons geld op zichzelf zullen geen levens veranderen als de Geest van God er niet in meekomt.

Echte groei in het koninkrijk van God is niet te koop, dat gebeurt alleen als we God zoeken en Zijn wil doen. Geld kan mensen bij elkaar brengen, maar alleen Zijn Geest kan echte bekering bewerken.

We moeten niet alleen God vertrouwen met onze financiën, ook onze bediening en ons dagelijks leven moeten we aan God toevertrouwen, zoals we in de Bijbel kunnen lezen. Een leven in afhankelijkheid van God is voor iedereen, niet alleen voor mensen in derdewereldlanden. Het is voor mensen in de westerse wereld vaak erg moeilijk om tot overgave te komen en te leren echt in afhankelijkheid van God te gaan leven en Hem in alles te vertrouwen. We denken vaak dat we rijk zijn omdat we huizen en auto's hebben, maar eigenlijk zijn wij die in het Westen leven juist de echte armen. We zijn arm van geest en dat is één van de redenen waarom we in het Westen geen groei zien in het koninkrijk van God, zoals we dat wel zien in de derdewereldlanden.

In derdewereldlanden leert men vaak door armoede op God te vertrouwen. Daardoor is hun geloof erg sterk. Dat is de reden dat men daar doorbraken ziet die we niet in het Westen zien. Onze 'rijkdommen' hebben bij velen ervoor gezorgd dat we afgeleid zijn, we hebben geen tijd om te werken voor God in Zijn oogst omdat we moeten werken om de bank de aflossingen te kunnen betalen. Wees eerlijk, we moeten de bank betalen voor ons huis, auto en andere dingen omdat het meeste wat we hebben niet echt van ons is. Het meeste wat we 'bezitten', is van de bank en we hebben verplichtingen naar de bank toe, dus moeten we veel werken. We hebben daardoor geen tijd meer voor wat er echt toe doet in het leven. En de waarheid is, dat al deze bezittingen ons niet gelukkiger maken. Het tegenovergestelde is vaak het geval. Hoe meer je bezit, hoe groter je zorgen. "Wat als er wat mee gebeurt?", "Hoe ga ik wat we gekocht hebben afbetalen?" En voordat je het weet, ben je een slaaf van je bezittingen.

Als we een doorbraak willen zien in het Westen, moeten we echt stoppen te leven als heidenen. We moeten de mammon afzweren. We mogen de mammon niet dienen. Zoals ik al eerder zei, mammon heeft ons geloof tenietgedaan en ons vertrouwen dat God zal voorzien in alles wat we nodig hebben. De mammon heeft ook onze focus en onze tijd van God gestolen, zodat we geen tijd hebben voor wat echt belangrijk is. Ik praat hier vaak over tijdens een kickstart weekend. Ik zeg soms dat de oogst groot is maar dat de arbeiders geen tijd hebben omdat ze zoveel moeten werken om de bank te kunnen betalen voor alles wat zij denken nodig te hebben. Als ik zeg dat velen vandaag geen tijd hebben om God te dienen, is dat eigenlijk niet de hele waarheid.

## HOOFDSTUK 10: NEEM GEEN GELD MEE

> **Laten we het gewoon zeggen zoals het werkelijk is. De oogst is groot, maar de arbeiders hebben hun huizen, tuinen en mooie auto's verkozen boven het koninkrijk van God.**

Het probleem is niet dat mensen geen tijd hebben want we hebben allemaal evenveel tijd. We hebben allemaal 24 uur per dag. Het verschil is waar mensen hun tijd in willen stoppen. Sommige mensen gebruiken hun tijd om ervoor te zorgen dat ze alles kunnen kopen wat ze willen. Een mooi huis en een stoere auto hebben, vinden zij al hun tijd waard. Deze mensen moeten veel werken zodat ze in aardse rijkdom kunnen leven, werken is voor hen het belangrijkste in het leven. Zij die een eenvoudiger leven leiden, stoppen hun tijd in het zoeken naar God en Zijn wil, ongeacht wat het hen kost. Natuurlijk, je kunt God dienen terwijl je een huis, een auto en andere dingen bezit. Ik ken ook sommige mensen die uit rijke families komen of mensen met een hogere opleiding en een goedbetaalde baan; daardoor kunnen zij sommige dingen doen die anderen niet kunnen doen omdat ze meer geld hebben. Ik weet ook dat er mensen zijn die niet veel geld hebben maar erg gefocust zijn op geld, meer dan zij die geld genoeg hebben.

Ik weet dat ik niet iedereen over één kam kan scheren, maar ik zeg dit omdat ik wil proberen je te helpen inzien dat de mammon vaak heeft gewonnen van iemands geloof, focus en tijd. Als we de tijd nemen om te lezen wat Jezus zegt over hoe de mammon het koninkrijk van God aanvalt, kunnen we zien dat Jezus hier zeer radicale woorden spreekt. Jezus zegt meer over geld dan over elk ander onderwerp, we zien in de Bijbel vele voorbeelden van hoe de mammon iemands leven kan vernietigen.

Eén van de eerste voorbeelden die we zien is het voorbeeld van Judas, één van de twaalf discipelen. Judas was echt dichtbij Jezus. Hij wandelde met Jezus en zag vele bijzondere dingen door Jezus toedoen. Hij was één van de discipelen die door Jezus werd uitgezonden in Lukas 9 en toch werd hij misleid. Hij was verblind door zijn zucht naar geld, zo maakte hij de beslissing om Jezus te verraden met een kus (Lukas 22:48). Het is raar te weten dat Jezus is verraden door zoiets stoms als geld.

Judas was niet de enige die zondigde vanwege een liefde voor geld, maar laten we kijken wat er met hem is gebeurd. In Mattheüs 26: 14-16 lezen we: "Toen ging een van de twaalf, die Judas Iskariot heette, naar de hogepriesters en zei: Wat wilt u mij geven, als ik Hem aan u overlever? En zij kenden hem dertig zilverstukken toe. En van toen af zocht hij een geschikte gelegenheid om Hem over te leveren."

In Lukas 22:47-48 staat: "En terwijl Hij nog sprak, zie, een menigte; en één van de twaalf, die Judas heette, liep voor hen uit en kwam bij Jezus om Hem te kussen. En Jezus zei tegen hem: Judas, verraadt u de Zoon des mensen met een kus?"

Zoals ik zei, was Judas niet de enige die zich liet misleiden. Ik wil ook wat tijd nemen om de rijke jongeman uit Mattheüs 19 te bespreken. Hij kwam naar Jezus met een oprecht verlangen om Hem te volgen. Hij wilde het eeuwige leven beërven dus vroeg hij aan Jezus wat hij moest doen. Ook al wilde hij graag eeuwig leven, hij wilde er niet zijn rijkdom voor opgeven en liep van Jezus weg, Hem bedroefd achterlatend. En er zijn vele anderen zoals deze rijke jongeling, die ook, vanwege hun liefde voor geld, bij Jezus vandaan lopen en niet in hun bestemming wandelen.

We zien de rijke jongeling een andere reactie geven op de opdracht die Jezus hem gaf dan Mattheüs, de tollenaar. Hij zat bij zijn tolhuis toen Jezus hem opdroeg alles achter te laten en Hem te gaan volgen. En dat is precies wat Mattheüs deed, in tegenstelling tot de rijke jongeling. Mattheüs leefde een bijzonder leven met Jezus en ontving eeuwig leven. De rijke jongeling is een beeld van hen die in de wereld van de mammon leven. We hebben allemaal dezelfde opdracht als Mattheüs en de rijke jongeling om Jezus te volgen, maar wij zeggen vaak "nee", net als de rijke jongeling, omdat de prijs te hoog is. De consequentie is vaak veel te veel voor ons, omdat we ons vertrouwen stellen in geld en verzekeringen in plaats van op God. Laten we nu de tekst over de rijke jongeling lezen.

In Mattheüs 19: 16-24 staat: "En zie, er kwam iemand naar Hem toe en die zei tegen Hem: Goede Meester, wat voor goeds moet ik doen om het eeuwige leven te hebben? Hij zei tegen hem: Waarom noemt u Mij goed? Niemand is goed behalve Eén, namelijk God. Maar wilt u tot het leven ingaan, neem dan de geboden in acht. Hij zei tegen Hem: Welke? Jezus zei: U zult niet doden; u zult geen overspel plegen; u zult niet stelen; u zult geen vals getuigenis afleggen; eer uw vader en moeder; en: u zult uw naaste liefhebben als uzelf. De jongeman zei tegen Hem: Al deze dingen heb ik in acht genomen van mijn jeugd af; wat ontbreekt mij nog? Jezus zei tegen hem: Als u volmaakt wilt zijn, ga dan heen, verkoop wat u hebt, en geef het aan de armen, en u zult een schat hebben in de hemel; en kom dan en volg Mij. Toen de jongeman dit woord gehoord had, ging hij bedroefd weg, want hij had veel bezittingen. Jezus zei tegen Zijn discipelen: Voorwaar, Ik zeg u dat een rijke moeilijk het Koninkrijk der hemelen kan binnengaan. Nogmaals zeg Ik u: Het is gemakkelijker dat een kameel door het oog van een naald gaat, dan dat een rijke het Koninkrijk van God binnengaat."

Precies zoals we gelezen hebben in Markus 4 over de gelijkenis van de zaaier met de vier verschillende typen grond, is het de misleiding van de rijkdom, zorgen en andere wereldse zaken dat het Woord verstikt en ervoor zorgt dat mensen geen vrucht gaan dragen. Toen Jezus Zijn discipelen riep om Hem te volgen, vroeg Hij aan hen om hun vertrouwen en zekerheid in Hem te stellen in plaats van op hun geld of de andere dingen waar zij iets mee te maken hadden. Jezus vraagt aan veel mensen om alles achter te laten om Hem te kunnen volgen. Jezus wilde dat zij in afhankelijkheid van God als de Voorziener leefden en dat geldt ook voor ons vandaag de dag. Hij wil dat we eerst Zijn koninkrijk en Zijn gerechtigheid zoeken en ons afhankelijk weten van God als onze Voorziener.

God wil ons allemaal echt leren om in afhankelijkheid van Hem te zijn. Daarom zegt Hij in Lukas 10:4 dat we geen beurs, geen reiszak en geen sandalen mee moeten nemen. Jezus zond Zijn discipelen met deze woorden uit om hen zo te leren om afhankelijk van God te worden en te leren vertrouwen dat God zou voorzien. Jezus wilde hen leren om ook in hun dagelijkse behoeften op God te vertrouwen. Ze moesten leren om eerst het koninkrijk van God te zoeken en Hem te gehoorzamen, zodat ze zouden zien dat God voor hen zou zorgen. Daarom zei Hij tegen hen dat ze niks mee mochten nemen. Jezus zei nog iets belangrijks wat Hij hen wilde leren. In Lukas 22: 35-37 zegt Hij: "Heeft het u aan iets ontbroken, toen Ik u uitzond zonder beurs, reiszak en sandalen? Zij zeiden: Aan niets. Hij zei dan tegen hen: Maar nu, laat wie een beurs heeft, hem meenemen, evenzo ook een reiszak. En wie geen zwaard heeft, laat die zijn bovenkleed verkopen en er een kopen. Want Ik zeg u dat dit wat geschreven staat, nog in Mij volbracht moet worden, namelijk: En Hij is tot de misdadigers gerekend. Ook wat er over Mij geschreven is, heeft immers een einddoel."

Wat Jezus hier zegt, is heel interessant. Het is belangrijk om deze verzen te begrijpen want het laat ons zien hoe Jezus dacht en Zijn discipelen trainde. Deze verzen tonen ons dat Jezus Zijn instructies voor een bepaalde tijd aan hen gaf en niet voor de rest van hun leven. Het was niet zo dat het niet meer toegestaan was om in hun eigen onderhoud te voorzien of dat ze nooit meer iets mee mochten nemen als ze op pad gingen zoals we lezen in Lukas 10. We zien in Handelingen dat de discipelen tijden kenden dat ze door te werken in hun eigen onderhoud, en dat van anderen om hen heen, voorzien.

Als Jezus Zijn discipelen met de woorden uit Lukas 10 uitzend, is dat om hen iets te leren. Maar later, toen ze dit principe hadden geleerd, was het prima dat de discipelen wel iets meenamen op hun reizen. Dit is wat veel mensen niet begrijpen. Jezus is er niet tegen als we dingen bezitten, zolang we ons niet afhankelijk opstellen van wat we hebben. Maar toen Jezus Zijn discipelen voor het eerst uitzond, wilde Hij hen leren om afhankelijk van God te zijn en niet te vertrouwen op wat ze zelf bezaten. Hij wilde hen iets leren wat we allemaal moeten leren en dat is vertrouwen op God.

Als God ons wil leren om op Hem te vertrouwen, moet Hij die dingen wegnemen die ons ervan afhouden om ons vertrouwen op God te stellen. Het is moeilijk te leren om je vertrouwen op God te stellen op het gebied van geld, als je ergens nog een bedrag aan geld bewaart. We kunnen niet bidden: "God ik heb echt Uw hulp nodig, en als U nu niet komt en helpt, dan moet ik het geld wat ik bewaard heb, gebruiken". We hebben het niet nodig om te ervaren dat God ons helpt als we extra geld achter de hand hebben gehouden. We moeten eerst leren om op God te vertrouwen en groeien in geloof als we geen geld hebben of als we in een positie zitten die allesbehalve leuk is. Dan zien we echt hoe God ingrijpt en we getuigenis op getuigenis horen over hoe God heeft voorzien. Het is in dergelijke situaties waar we echt leren om te vertrouwen op God.

Zoals ik al eerder zei, is het vaak erg moeilijk om daar te komen in het Westen, omdat we zoveel verschillende opties hebben. We kiezen vaak de snelste en makkelijkste oplossing in plaats van dat we wachten en zien wat God voor ons bedacht heeft. En daarom is het nodig dat we door moeilijke tijden gaan, zodat we kunnen leren om op Hem alleen te vertrouwen. Dat is iets wat ik en mijn familie enige jaren geleden moesten leren. Het was in een woestijnperiode dat we leerden op God te vertrouwen en eerst Zijn koninkrijk te zoeken. We moesten ook leren hoe we eenvoudig kunnen leven en blij konden zijn met wat God ons gaf, of dat nu veel of weinig was. Ik herinner het mij nog goed hoe deze woestijnperiode mij en mijn familie heeft geholpen te groeien. Gedurende die tijd zagen we het ene na het andere wonder. In deze periode leerden we om ons geen zorgen te maken over voedsel, kleding of hoe we aan geld moesten komen want God voorzag in alles wat we nodig hadden.

Terugkijkend op die woestijnperiode kan ik in alle eerlijkheid zeggen dat het niet altijd makkelijk was. In het begin was het erg moeilijk. We vroegen onszelf af: "Zal God komen? Wat als Hij niet komt? Zal Hij voor ons zorgen? Wat als het geld niet op tijd komt?" Het was vaak makkelijker om het op te geven en een normale baan te zoeken zodat we geld konden pinnen bij de bank en leven zoals de meeste mensen leven. Maar nu danken we God dat Hij alle situaties onder controle heeft in ons leven, dat Hij ons daar plaatste waar ik geen baan kon krijgen. Hij plaatste ons in een situatie waar Hij alle deuren sloot waardoor Hij als Enige overbleef om op te leunen. Daardoor waren we volledig afhankelijk van God. Ik zie dat God dit nu met meer mensen doet.

Ik kan vele voorbeelden geven hoe God voor ons zorgde in die woestijnperiode. Ik herinner mij een dag dat God tot mij en mijn familie zei dat we naar een bijbelkamp in een andere stad moesten gaan. We pakten allemaal onze koffers en waren klaar om te gaan. Er was echter één probleem wat ons ervan weerhield om naar het kamp te kunnen gaan, we hadden geen geld, niet om erheen te kunnen reizen en ook niet om daar te overnachten of om voedsel te kopen. Maar God is, zoals altijd, trouw, en Jezus zegt dat we ons geen zorgen moeten maken. De dag voordat we zouden moeten gaan, belde er een vrouw, een christin, uit een andere stad. Ze vroeg hoe het met mij ging. Toen ik zei dat het goed ging met mij, vroeg ze mij opnieuw hoe het met mij ging. Ik zei dat het goed ging en dat God alles onder controle had. Toen vroeg ik aan haar of zij ook naar het bijbelkamp zou gaan, wat zo was. Ik vertelde dat mijn familie en ik ook zouden gaan en dat we misschien elkaar dan daar konden ontmoeten en beter konden spreken. We zeiden elkaar gedag en legden de telefoon weer neer.

Ongeveer tien minuten later belde ze weer en ze vroeg mij opnieuw hoe het met mij ging. Ik zei opnieuw dat het goed met mij ging maar ze zei dat ze het idee had dat er iets niet goed was. Ze vroeg aan mij of ze iets voor mij kon doen of dat er iets niet goed was. Op de vragen die ze mij stelde, antwoordde ik dat God trouw was en dat Hij alles onder controle had. Zij bleef vragen hoe het met mij ging en of ik iets nodig had. Net voordat we elkaar weer gedag zeiden en ophingen vroeg ze of ik geld had. Ze hoorde mijn aarzeling en ze vroeg of ik geld had om naar het bijbelkamp te gaan. Opnieuw zei ik dat God alles onder controle had. Plotseling schreeuwde ze: "Halleluja, ik wist dat er iets was!" Toen vertelde ze dat ze graag wilde betalen voor de reis en het verblijf op de camping. Ze zei zelfs dat ze graag 1000 Deense kronen (150 dollar) wilde geven zodat we voedsel konden kopen. Toen ik de telefoon had opgehangen, vertelde ik mijn vrouw Lene dat alles in orde was en dat we konden gaan.

Het is echt bijzonder om te zien hoe God voor ons zorgt wanneer we eerst Zijn Koninkrijk zoeken. Ik herinner mij een gesprek wat ik had met een paar vrienden toen ik aankwam in het bijbelkamp. Een van onze vrienden vertelde mij dat hij medelijden had met ons omdat we vaak geldgebrek hadden en weinig dingen bezaten. Toen onze vriend dat zei, rees er in mij iets omhoog en ik zei: "Nee, heb geen medelijden met ons, want als we het geld hadden gehad om zelf het bijbelkamp te betalen zoals iedereen hier, dan hadden we geen getuigenis om met jullie te delen. Maar nu hebben we nog een getuigenis om te delen over Gods trouw en hoe we iets nieuws hebben geleerd."

Als je geen leven leeft in echte afhankelijkheid van God, zul je geen bijzondere getuigenissen hebben over hoe God keer op keer voorziet. We bezitten nu meer dan destijds, maar toen hebben we geleerd om los te laten en afhankelijk van God te zijn. Dit was een belangrijke les die we moesten leren. We weten ons ook nu nog afhankelijk van God ook al hebben we meer. Of we nu veel of weinig hebben, we moeten ons afhankelijk van God weten. Als je wilt ervaren hoe God voorziet op bijzondere manieren, moet je een leven leiden in afhankelijkheid van God. Er was een reden waarom Jezus Zijn discipelen uitzond met niks bij zich. Hij wilde dat ze leerden om op God te vertrouwen, ook als ze niet konden steunen op wat ze zelf hadden meegebracht. De discipelen gehoorzaamden Jezus en namen niets mee op hun reis. En zoals we weten, zorgde God voor hen. Dit is precies wat we de studenten van de Pionier Training School die we runnen, vragen te doen. We zenden ze uit zonder een plek waar ze kunnen slapen en zonder geld op zak. Dikwijls komen de studenten enthousiast terug van hun reis; ze hebben vele getuigenissen te delen over hoe God heeft voorzien in voedsel en een plek om te overnachten. Ik zal hier later meer over delen.

> **Als je getuigenissen wilt hebben over hoe God voorziet in wat je nodig hebt, moet je leven op een plek waar je afhankelijk bent van God en niet van wat je hebt.**

Wanneer ik met je deel over God vertrouwen voor wat we nodig hebben, weet ik dat het makkelijker gezegd dan gedaan is. Ik weet ook dat het een levenslange reis is, en dat het iets is waar steeds weer opnieuw aan moeten blijven werken. Het is makkelijk om weer te gaan steunen op wat we hebben of juist niet hebben. We kunnen terugvallen in het plannen van onze levens gebaseerd op wat we hebben in plaats van wat God van ons vraagt te doen. Wij als familie hebben, zoals ik al zei, tijden gekend waarin we bijna niets hadden en tijden waar we genoeg hadden en zelfs nog iets extra om mee te werken. Maar ook als we wat extra hadden, probeerden we Zijn wil te blijven doen en van God afhankelijk te zijn en niet zomaar iets te doen omdat het mogelijk was.

Ongeacht waar jij nu bent in je leven, of je nu veel of weinig hebt, wees trouw. Onthoud dat alles eigendom van God is en stel niet je vertrouwen op wat je bezit of niet bezit. Vraag God om je te leren in afhankelijkheid van Hem te leven en op Hem alleen te vertrouwen. We zouden allemaal in onze bestemming moeten wandelen en betrouwbaar zijn in hetgeen we ontvangen hebben, of het nu veel of weinig is. We zouden moeten leren om integer te zijn met de tijd die we hebben, of we nu een gezin hebben met kleine kinderen of dat je alleen bent en je meer tijd hebt om te doen wat je wilt doen.

Ik zeg niet dat iedereen zijn huis zou moeten verkopen, alles weg moeten geven, en net als wij moeten gaan leven. We zijn niet geroepen om allemaal hetzelfde te doen en er is ook een tijd voor alles. Maar we zijn allemaal geroepen om God te zoeken en Hem te vertrouwen op alle gebieden in ons leven. Laat Hem tot je spreken en wees niet bang als Hij je meeneemt op een langere reis waar je via een moeilijke weg leert om volledig op Hem te vertrouwen in plaats van op je geld of de mensen om je heen. Het is niet altijd makkelijk om hier doorheen te gaan, maar er is ook veel vrijheid in deze periode. Het is moeilijk, maar het verandert je leven voor altijd.

# 11

## GROET NIEMAND ONDERWEG

> **Het is zo makkelijk om te worden afgeleid en te vergeten wat Jezus ons heeft opgedragen om te doen. Zelfs de kleinste dingen kunnen ons afleiden en onze tijd, onze focus en onze gehoorzaamheid aan God stelen.**

Als we de woorden "groet niemand onderweg" lezen, is het zo makkelijk om over deze woorden heen te kijken. Ook al lezen we de woorden, we begrijpen niet echt wat Jezus hier zegt en hoe we het moeten toepassen vandaag de dag. En omdat we het niet begrijpen of denken dat het niet zo belangrijk is, slaan we deze woorden bewust over.

In het vorige hoofdstuk hebben we gekeken naar de eerste woorden uit Lukas 10:4, in dit hoofdstuk kijken we naar de laatste woorden van dit vers: "Groet niemand onderweg". Deze woorden kunnen vreemd overkomen op ons als we ze niet begrijpen, maar ze zijn feitelijk heel belangrijk. Dit advies van Jezus aan Zijn discipelen geldt ook nog voor ons vandaag. Als we dit advies opvolgen, kan dat zo'n zegen zijn voor ons. Doen we het niet, dan kunnen we weggeleid worden van God en Zijn opdracht.

Dus waarom sprak Jezus deze woorden uit Lukas 10:4? Jezus zei dit niet, omdat we geen mensen mogen begroeten, die we onderweg tegenkomen. Het is goed om mensen te groeten en een goedendag te wensen. Jezus zei dit omdat Hij niet wilde dat Zijn discipelen onderweg afgeleid zouden worden en ze de focus zouden verliezen op waarom ze uitgezonden waren. Als je mensen groet, kan het gebeuren dat je aan de praat raakt en vergeet wat je moest gaan doen en wat je hoofddoel is. Jezus wilde dat hun aandacht (en die van jou en mij) gericht zou blijven op het vinden van een persoon van vrede. Hij wilde niet dat ze de tijd zouden verspillen met praten met mensen die ze onderweg zouden ontmoeten en dat ze daardoor zouden vergeten dat ze uitgezonden waren. Realiseer je dat het erg makkelijk is om afgeleid te worden door alles om ons heen; als we niet waakzaam zijn, kan het ons allemaal overkomen. We kunnen onze aandacht laten verslappen of verleggen en onze tijd stoppen in vele andere zaken die minder belangrijk zijn. Mensen groeten lijkt op zich niet verkeerd, maar zoals Jezus zegt, kan het ons afleiden van wat we moesten doen. Er zijn zoveel dingen in ons leven die op zich niet slecht zijn, maar ze kunnen ons afleiden en ervoor zorgen dat we onze aandacht verliezen en dat wat Jezus ons opdraagt te doen mislopen.

Zoals je weet, is het lichaam van Christus plaatsvervangend op aarde geplaatst zodat we door kunnen gaan met wat Hij is begonnen. Als je de tijd neemt om Jezus te bestuderen, zul je een Man zien die oprecht en geheel was toegewijd aan zijn opdracht op aarde. Jezus liet Zich niet verleiden of afleiden door wat de wereld te bieden had. Hij werd ook niet geleid door de noden van de mensen om Hem heen. Hij werd geleid door de Geest van God, en Hij deed alleen de wil van Zijn Vader. Natuurlijk, we zullen nooit precies zijn zoals Jezus, maar Hij is wel ons Voorbeeld; het doel in ons leven is worden zoals Hij.

Paulus had, net als Jezus, een sterke gerichtheid in het leven. Paulus was zeer toegewijd, hij wist waarom hij hier op aarde was. Hij wist wat hij moest doen. In 1 Kor. 9: 24-27 zegt hij hier het volgende over:

"Weet u niet dat zij die in de renbaan lopen, allen wel lopen, maar dat slechts één de prijs ontvangt? Loop dan zo dat u die verkrijgt. En iedereen die aan een wedstrijd deelneemt, beheerst zich in alles. Zij nu doen dat om een vergankelijke krans te ontvangen, maar wij om een onvergankelijke krans te ontvangen. Ik loop daarom niet zonder duidelijk doel en ik vecht zó met de vuist dat ik niet maar wat in de lucht sla. Maar ik oefen mijn lichaam op harde wijze en maak het dienstbaar, opdat ik niet misschien, na anderen gepredikt te hebben, zelf verwerpelijk wordt."

Ja, Paulus was erg gefocust op zijn doel. Het was niet altijd makkelijk en het heeft hem veel gekost. In Handelingen 20: 23-24 zegt Paulus

"Behalve dan dat de Heilige Geest van stad tot stad getuigt dat mij boeien en verdrukkingen te wachten staan. Maar ik maak mij nergens zorgen over, en ook acht ik mijn leven niet kostbaar voor mijzelf, opdat ik mijn loop met blijdschap mag volbrengen, evenals de bediening die ik van de Heere Jezus ontvangen heb om te getuigen van het Evangelie van Gods genade. "

Dit zijn zeer krachtige woorden. Zoals de bijbel zegt in 1 Korinthe 11:1, moeten we het voorbeeld van Paulus volgen, die het voorbeeld van Jezus navolgde. Maar laten we naar Christus kijken. Vanaf het begin van de bediening van Jezus, zien we hoe de Heilige Geest Jezus naar de woestijn leidde, waar Hij door de duivel verleid werd met alles wat de wereld te bieden heeft.

1 Johannes 2: 15-17 zegt: "Heb de wereld niet lief en ook niet wat in de wereld is. Als iemand de wereld liefheeft, is de liefde van de

Vader niet in hem. Want al wat in de wereld is: de begeerte van het vlees, de begeerte van de ogen en de hoogmoed van het leven, is niet uit de Vader, maar is uit de wereld. En de wereld gaat voorbij met haar begeerte; maar wie de wil van God doet, blijft tot in eeuwigheid."

Hier lezen we dat alles in deze wereld- de begeerte van het vlees, de begeerte van de ogen en de hoogmoed van het leven- precies de dingen zijn waar Jezus mee verleid werd in de woestijn.

In Lukas 4:1-13 staat: "Jezus, vol van de Heilige Geest, keerde terug van de Jordaan en werd door de Geest naar de woestijn geleid, waar Hij veertig dagen verzocht werd door de duivel. En Hij at niets in die dagen en ten slotte, toen die voorbij waren, kreeg Hij honger. En de duivel zei tegen Hem: Als U Gods Zoon bent, zeg dan tegen deze steen dat hij brood wordt. Maar Jezus antwoordde hem: Er staat geschreven dat de mens van brood alleen niet zal leven, maar van elk woord van God. En daarna bracht de duivel Hem op een hoge berg en liet Hem in een ogenblik tijd al de koninkrijken van de wereld zien. En de duivel zei tegen Hem: Ik zal U al deze macht en de heerlijkheid van deze koninkrijken geven, want die is aan mij overgegeven en ik geef die aan wie ik maar wil; dus, als U mij zult aanbidden, zal het allemaal van U zijn. Maar Jezus antwoordde en zei tegen hem: Ga weg van Mij, satan, want er staat geschreven: U zult de Heere, uw God, aanbidden en Hem alleen dienen. En hij bracht Hem naar Jeruzalem en zette Hem op het hoogste gedeelte van de tempel, en hij zei tegen Hem: Als U de Zoon van God bent, werpt U Zich dan vanhier naar beneden, want er staat geschreven dat Hij Zijn engelen voor U bevel zal geven om U te bewaren, en dat zij U op de handen dragen zullen, opdat U Uw voet niet misschien aan een steen stoot. Maar Jezus antwoordde en zei tegen hem: Er is gezegd: U zult de Heere, uw God, niet verzoeken. En toen de duivel alle verzoeking beëindigd had, verliet hij Hem tot een bepaalde tijd."

Jezus weerstond verleiding op het gebied van de begeerte van het vlees, de begeerte van de ogen en de hoogmoed van het leven. Wij zullen ook stuiten op dergelijke verleidingen in ons leven, en we moeten sterk zijn. We kunnen alle verleidingen weerstaan met de hulp van Jezus. Hij heeft ons getoond hoe we zouden moeten leven en Hij wist waarom Hij op aarde was.

Johannes 4:34 zegt: "Jezus zei tegen hen: Mijn voedsel is dat Ik de wil doe van Hem Die Mij gezonden heeft en Zijn werk volbreng."

Johannes 5:30 zegt: "Ik kan van Mijzelf niets doen. Zoals Ik hoor, oordeel Ik en Mijn oordeel is rechtvaardig, want Ik zoek niet Mijn wil, maar de wil van de Vader, Die Mij gezonden heeft.

Johannes 6:38 zegt: "Want Ik ben uit de hemel neergedaald, niet opdat Ik Mijn wil zou doen, maar de wil van Hem Die Mij gezonden heeft."

Ja, het is duidelijk dat Jezus wist waarom Hij op aarde was. Hij was gezonden door de Vader om Zijn wil te doen. Hij moest Zijn taak volbrengen. En dat was niet makkelijk voor Hem. Er waren vele dingen in het leven van Jezus die Hem hadden kunnen afleiden van de opdracht die Hij moest vervullen.

Lukas 4:42 zegt: "Toen het dag geworden was, ging Hij naar buiten en begaf Zich naar een eenzame plaats. De menigten zochten Hem en kwamen bij Hem en probeerden Hem tegen te houden, opdat Hij niet van hen weg zou gaan." In dit vers lezen we hoe de mensen Hem probeerde te verhinderen om bij hen weg te gaan. Jezus daar willen houden, was niet verkeerd. Ze hadden honger naar meer, daarom probeerden ze Hem tegen te houden. We vinden het antwoord van Jezus in de daaropvolgende verzen. In vers 43-44 staat: "Maar Hij zei tegen hen: Ik moet ook andere steden het Evangelie van het Koninkrijk van God verkondigen, want daarvoor ben Ik uitgezonden. En Hij predikte in de synagogen van Galilea."

Jezus werd niet geleid door de behoeften van de mensen, en Hij liet zich ook niet zo gemakkelijk door hen afleiden. Hij werd geleid door de Heilige Geest. Hij vervulde de opdracht van Zijn Vader, en dat zou ook ons doel moeten zijn in ons leven. We lezen hier dat Jezus weigerde op hun verzoek in te gaan, ook al leek het op dat moment een goed idee.

Op andere plaatsen in de bijbel, zien we dat Jezus bleef als de mensen vroegen om te blijven. Bijvoorbeeld in Johannes 4:40: Als Jezus de Samaritaanse vrouw bij de put heeft ontmoet, vragen de mensen aan Hem om bij hen te blijven. Hij blijft dan nog twee dagen langer. Het gaat erom dat je luistert naar de Heilige Geest en je niet laat afleiden door alle andere dingen om je heen. Toen Jezus Zijn discipelen uitzond en zei dat ze niemand moesten groeten onderweg, betekent dat dus niet dat je niemand mag groeten onderweg. Als God jou op weg stuurt om op zoek te gaan naar een persoon van vrede, of als Hij zegt dat je naar een bepaalde stad of plaats moet gaan, laat er dan niets tussen komen en jou afleiden van de taak die God je geeft. Het gaat om het gehoorzamen van de Heilige Geest en Jezus is voor ons een fantastisch voorbeeld.

Afleiding komt vaak van mensen die dicht bij ons staan. Daarmee is niet gezegd dat zij van de duivel zijn of dat zij bewust ingaan tegen Gods wil. Velen zijn zich er niet van bewust dat dit gebeurd is. Ik heb gezien hoe velen de opdracht van God ontvingen en op weg gingen, maar dat zij zich plotseling omkeerden en van richting veranderden. Wat is er gebeurd? Wat vaak gebeurt, is dat er iemand komt die hen afleidt van hun doel of van de opdracht van Jezus. Ze luisteren naar de woorden van degene die ze tegenkomen, verliezen hun focus en gaan vervolgens de verkeerde kant op.

> **Wij zijn het lichaam van Christus. Hij is het Hoofd. Als een lichaam niet beweegt zoals het hoofd opdraagt, is het lichaam ziek. Het gaat niet om willekeurig bewegen; het gaat om luisteren naar het Hoofd (Christus) en doen wat het Hoofd wil dat het lichaam (wij) doet.**

Ik herinner mij een keer dat we in Zwitserland waren voor een kickstart weekend met 300 à 400 mensen. Na een bijeenkomst waar ik het Evangelie had gedeeld, kwam er een meisje naar mij toe. Ze zei dat ze echt had nagedacht over hetgeen ze gehoord had. Ze was echt overtuigd van haar zonden en wilde graag gedoopt worden. Terwijl ze daar stond, voelde ik meteen dat er een zware strijd om haar ziel zou zijn en dat de duivel wilde proberen om binnen te komen en dit van haar te stelen. Toen ik dat zo sterk voelde, keek ik om mij heen in de kerk of er een plaats was waar ik haar meteen kon dopen. Ik wilde haar dopen voordat de vijand kans had gezien om binnen te komen en haar zou beroven, maar er was in de kerk geen gelegenheid om haar te dopen. We moesten wachten totdat we elkaar weer zouden ontmoeten bij de zee waar het dopen plaats zou vinden. Ik zei tegen haar: "Dus je komt vandaag naar de zee om gedoopt te worden?" "Ja, ik kom en zal gedoopt worden", zei ze. Ik zei: "Dus je belooft mij dat je vandaag gedoopt zal worden?" Ze zei: "Ja, ik beloof je dat ik vandaag gedoopt zal worden." Maar ik voelde dat dit niet genoeg was omdat ik wist dat iets of iemand zou proberen haar te verhinderen om te dopen en de vrijheid van God te ontvangen. Ik vroeg nogmaals aan haar of ze beloofde dat, wát er ook zou gebeuren, zij zich zou laten dopen vandaag. Ze beloofde het en ze zei erbij dat ze niemand haar zou laten verhinderen om vandaag te worden gedoopt. Dus we stopten hier met het gesprek en spraken af elkaar weer te ontmoeten bij de zee.

We gingen wat eten en na een pauze gingen we richting de afgesproken plek aan zee. Terwijl ik daar op haar wachtte, kwam ze naar mij toe en zei dat ze met mij moest praten. We gingen wat verder bij de anderen vandaag staan en ze zei dat ze zich vandaag toch niet liet dopen. Dat kwam als een grote verrassing voor mij want het was eerst heel duidelijk en ze had beloofd dat ze vandaag hoe dan ook gedoopt zou worden. Ik vroeg aan haar: "Wat is er gebeurd dat je nu niet gedoopt wilt worden?" "Wat heeft jou van gedachten doen veranderen?" Toen vertelde ze mij hoe ze had gesproken met haar moeder en hun priester en dat zij dachten dat het geen goed idee was dat zij zich liet dopen omdat ze als baby al gedoopt was. Toen ik haar dat hoorde zeggen zei ik: "Ik begrijp het. Ik heb een vraag voor jou: Wat zegt God hierover? Ik zeg dat je gedoopt moet worden, zij zeggen dat jij je niet moet laten dopen, maar wat zegt God hierover? Ga en vraag Hem wat Hij wil. Kom over 5 a 10 minuten terug en laat mij weten wat je besloten hebt." Vijf minuten later kwam ze terug met een grote glimlach op haar gezicht en zei: "Ik ga mij vandaag laten dopen". Ik was zo blij dat zij dit zei want ik wist dat het de juiste beslissing was en dat God een heel nieuw leven voor haar had. We liepen naar de zee en ik doopte haar als eerste van alle dopelingen van die dag. Toen ze uit het water opstond, manifesteerde zich een demon die haar verliet. Ze ervaarde een geweldige vrijheid. Direct daarna, kwam de heilige Geest over haar en ze sprak op luide toon in tongen. Het was echt geweldig en daarna hielp ze mij met het dopen van de volgende persoon. Het was een geweldige dag, die ik nooit zal vergeten.

Toen ik zag wat er gebeurde met en in haar en de vrijheid die God voor haar had, begreep ik waarom er zo'n strijd was toen ze zich wilde laten dopen. Dit is een herinnering om waakzaam te zijn naar wie we luisteren. Laat niets of niemand je afhouden van de opdracht die Jezus voor jou heeft. Laat je niet afleiden van de wil van de hemelse Vader, ongeacht waar de afleiding vandaan komt. In haar geval kwam de afleiding van haar eigen ouders en een priester. Maar zij deed het juiste, en dat was dat ze luisterde naar wat God hierover te zeggen had. Als de dag voorbij is, als dit leven voorbij is, gaat het alleen maar om wat God zegt. Als je de woorden van Jezus leest en kijkt naar Zijn opdracht en dit in praktijk gaat brengen, kun je er zeker van zijn dat iets of iemand zal proberen jou af te leiden. Als dit andere mensen zijn of zelfs mensen die dichtbij jou staan, wees dan niet verrast. Blijf gefocust. Ja, dat is vaak moeilijker wanneer het mensen zijn die dichtbij jou staan, Jezus maakte hetzelfde mee.

Een keer, toen Jezus samen was met Zijn discipelen, deelde Hij met hen wat er stond te gebeuren met Hem. Hij vertelde hoe Hij naar Jeruzalem moest gaan om daar te lijden door toedoen van de leiders, hogepriesters en Schriftgeleerden. Hij vertelde hoe hij gedood moest worden door hen en op de derde dag weer zou opstaan uit de dood. (Matth. 16:21) Toen Jezus dit deelde, berispte Zijn goede vriend Petrus Hem, die zei: "Nooit zal dat gebeuren met U Heer!" Wow, dit is heftig als je erover nadenkt. Jezus openbaarde de volmaakte wil van God aan Zijn dierbaarste vrienden, en Petrus, die drie jaar met Hem was opgetrokken, wees Hem terecht en probeerde te verhinderen dat Jezus de wil van God zou doen.

Wij kunnen iets dergelijks ook in ons eigen leven meemaken. We kunnen echt oprechte mensen om ons heen hebben, die het beste met ons voor hebben, maar die niet volledig de wil van God begrijpen. Zij kunnen ons, met hun woorden, op een dwaalspoor brengen, zoals Petrus dat destijds probeerde bij Jezus. Petrus was absoluut niet van de duivel, en als hij beter had geweten, zou hij niet gezegd hebben wat hij destijds gezegd heeft. Hij wilde absoluut niet ingaan tegen de volmaakte wil van God, maar op dat moment, begreep hij niet wat de wil van God was. Daarom hinderde hij Jezus in het doen van de wil van God, net zoals de priester en de ouders van het meisje probeerden te verhinderen dat zij de wil van God zou doen en zij zich zou laten dopen. Toen dit Jezus overkwam, zou je bijna geloven dat er een geest achter dit alles zat, die probeerde Jezus af te houden van het gehoorzamen van de wil van God. Toen Petrus tegen de wil van God inging, keerde Jezus zich niet tegen Petrus, maar tegen de geest die erachter zat. Hij berispte de duivel.

Mattheüs 16:23 zegt: "Maar Hij keerde Zich om en zei tegen Petrus: Ga weg achter Mij, satan! U bent een struikelblok voor Mij, want u bedenkt niet de dingen van God, maar die van de mensen."

Dat zijn krachtige woorden. Het is bijzonder hoe gefocust Jezus was. Hoe vaak zijn wij afgeleid door mensen en dingen die we zien om ons heen? Hoe vaak horen we God tot ons spreken maar luisteren we vervolgens naar menselijke wijsheid, en laten we ons op een dwaalspoor brengen? We moeten echt luisteren naar de woorden van Jezus en niet naar menselijke adviezen. Ik ben niet tegen luisteren naar advies. Ik geloof dat advies goed is en we hebben allemaal mensen nodig in ons leven om te bevestigen wat God tot ons heeft gesproken. Maar het is belangrijk dat we de juiste mensen om ons heen hebben zodat we naar de juiste mensen luisteren.

**Er zijn zoveel goede dingen in het leven, dingen die waarde hebben voor ons. Maar als dit leven voorbij is en we voor God staan, zullen we op dat moment weten wat werkelijk waarde heeft en wat niet.**

Eén van de grootste verleidingen voor veel mensen, in het bijzonder jongeren, is het internet. We kunnen internet voor veel goede dingen gebruiken en we kunnen via internet mensen bij God brengen. Maar het internet kan mensen ook afleiden en wegleiden bij God en Zijn opdracht. Ik heb vele mensen gezien die ontzettend veel tijd besteden aan Facebook en YouTube. Ze vullen zichzelf vooral via deze kanalen, maar gehoorzamen zelf niet de opdracht die Jezus heeft gegeven.

Ik heb veel mensen gezien die goed startten, maar afgeleid werden en uiteindelijk vergaten waar het om moet gaan. Ik ken veel mensen die verstrikt raken in een 'speciale' vorm van onderwijs; ze kijken bijvoorbeeld alleen nog maar naar onderwijs over de eindtijd, complottheorieën, valse profeten in de kerk etc. Ze vergeten helemaal om de opdracht van Jezus te gaan doen. Ze hebben het de hele dag druk met deze video's te bekijken en ze vergeten waarom ze hier zijn. Tegen hen, die urenlang naar eindtijd video's kijken, zeg ik vaak: "Misschien is het waar dat Jezus snel terugkomt, maar als dat zo is, laat Hem jou dan niet voor de computer/tv vinden terwijl je bezig bent om deze eindtijd programma's te bekijken. Zorg dat Hij jou vindt terwijl je bezig bent om discipelen voor Hem te maken." Ik heb andere mensen ontmoet, die God dienden en discipelen maakten, maar toen begonnen zij de bijbel in het Hebreeuws of Grieks te bestuderen en zo vergaten ze plotseling om Hem te gehoorzamen. Ik ben er niet tegen als mensen Hebreeuws of Grieks studeren en ook niet tegen het bestuderen van de bijbel in verschillende talen, maar als we op een dag voor Jezus staan, zal Hij naar ons leven kijken. Ik ben er zeker van dat Hij er niet van onder de indruk zal zijn dat we Hebreeuws of Grieks kunnen zoals Hij dat wel zal zijn als we in gehoorzaamheid discipelen voor Hem hebben gemaakt.

Als ik denk aan Jezus toen Hij zei: "Ga dan heen, onderwijs al de volken, hen dopend ...", moet ik toegeven dat we als kerk zijn afgeleid. Zoveel zendingsreizen lijken meer op humanitaire reizen. Het geven van voedsel en kleding is in zichzelf goed, net als het geven van humanitaire hulp, maar het is niet hetzelfde als het verkondigen van het evangelie en het maken van discipelen. Mensen zegenen met voedsel, kleding en andere hulp is goed, maar het mag niet in de plaats komen van de opdracht die Jezus ons heeft gegeven om het evangelie te brengen en discipelen te maken.

Het verspreiden van het evangelie is aan alle gelovigen toevertrouwd. We moeten allemaal God en Zijn Woord gehoorzamen. Toen Jezus tegen de zeventig, en tegen jou en mij, zei dat we niemand moeten groeten onderweg, deed Hij dat met een reden. Misschien zou Jezus vandaag tegen ons gezegd hebben dat we geen telefoon mee mochten nemen, maar dat erop uit moeten gaan en naar Zijn heilige Geest moeten luisteren. En het zou kunnen dat Hij zegt dat we niet aan iedereen gaan vragen wat zij denken over God gehoorzamen of je laten dopen, waar we naar gekeken hebben.

Ik weet niet waar jij nu in je leven bent en waar je door afgeleid bent, maar zorg dat je focus op Jezus en Zijn opdracht gericht is. Laat God jou leiden. Zoek eerst het koninkrijk van God en doe Zijn wil. Laten we niet vergeten waarom we hier op aarde zijn en waartoe we uitgezonden zijn. Herinner jezelf waarom je hier bent en wat het is waartoe Jezus ons geroepen heeft. Laten we dat doen zonder dat we ons laten afleiden.

# 12

## Persoon van vrede

> **Als je niet weet waar je naar zoekt, zul je het niet vinden. Als je niet weet wat een persoon van vrede is, zul je die niet vinden, hoe lang je er ook naar zoekt.**

Tot dusver hebben we het gehad over de oogst die groot en gereed is, over Jezus die ons uitzend als lammeren onder de wolven en hoe Hij met ons meegaat wanneer we onze eerste stappen in geloof zetten. Ook hebben we gekeken naar wat we meenemen op reis en dat we onderweg niemand moeten groeten. Met andere woorden, we moeten op God leren vertrouwen in alles wat we nodig hebben en niet onderweg afgeleid worden. We moeten zorgen dat we gefocust blijven op de opdracht van Jezus en waarom we uitgezonden zijn.

Nu is de tijd gekomen dat we het moeten gaan hebben over de 'persoon van vrede'. Als jou ook maar één ding bijblijft uit dit boek, dan bid ik dat het is dat je hebt geleerd wat een persoon van vrede is en hoe je ze kunt vinden. En natuurlijk is het ook nodig dat je het evangelie kent, zodat je hen naar Jezus kunt leiden met de ware leer, maar daar kijken we later naar. Eerst gaan we kijken wat een persoon van vrede is.

De vraag is, waar zouden we ons op moeten richten als we de oogst ingaan? Gaan we er gewoon op uit met het idee dat we de hele wereld gaan redden, of heeft Jezus ons heel specifiek verteld waar we naar moeten zoeken? Allereerst moet je inzien dat we er niet toe geroepen zijn om blind de oogst in te wandelen; we zijn ook niet geroepen om de oogst in te gaan om de hele wereld te redden. Dat is niet onze opdracht. Jezus gaf ons een heel eenvoudige opdracht, iets wat iedereen kan doen. Hij gaf ons de opdracht om de oogst in te gaan en op zoek te gaan naar een 'persoon van vrede', 'iemand die op zoek is naar vrede' of een 'zoon van vrede', zoals geschreven is in Lukas 10:5-7. Daar staat: "En welk huis u ook maar binnengaat, zeg eerst: Vrede zij dit huis! En als daar een zoon van vrede is, zal uw vrede op hem rusten. Zo niet, dan zal uw vrede tot u terugkeren. Blijf in dat huis en eet en drink wat u door hen voorgezet wordt, want de arbeider is zijn loon waard. Ga niet van het ene huis naar het andere huis."

Hier lezen we dat Jezus Zijn discipelen uitzond (en jou en mij) om op zoek te gaan naar een specifiek persoon, iemand die op zoek is naar vrede, een zgn. persoon van vrede. Jezus heeft gezegd dat we moeten uitgaan en een persoon van vrede vinden en als we die persoon gevonden hebben, moeten we bij diegene in zijn huis blijven. Jezus heeft ook gezegd dat we niet te snel van de ene naar de andere plaats moeten gaan, we moeten met de persoon van vrede optrekken en bidden dat de vrede van God op hun huis zal blijven rusten.

Wat is een persoon van vrede? Wat zegt Jezus als Hij het heeft over een huis binnengaan, vrede over het huis uitspreken en verder gaan wanneer de vrede weer bij je terug zal keren als er geen persoon van vrede in dat huis is? Het is zo belangrijk dat we de tijd nemen om echt te kijken naar de opdracht van Jezus, wat Hij heeft gezegd, en hoe de discipelen dit deden. Hoe gingen zij uit en hoe vonden zij een persoon van vrede? In Lukas 10 lezen we hoe Jezus hen instrueerde hoe ze erop uit moesten gaan. Zijn discipelen kwamen vol blijdschap terug van hun reis, maar we lezen geen voorbeelden wat zij deden terwijl ze de opdracht vervulden en hoe zij een persoon van vrede vonden. Maar we zien in het boek Handelingen wel vele voorbeelden hiervan toen zij weer verder gingen om de opdracht van Jezus uit te voeren.

Cornelius, Handelingen 10, is een duidelijk voorbeeld van een persoon van vrede. Hij was een man die God zocht met heel zijn hart. Hij zocht naar vrede met God en vrede met mensen. Omdat hij God zocht en een persoon van vrede was, zien we hoe God Petrus naar hem toe leidde. Toen Petrus zijn huis binnenkwam, was Cornelius er klaar voor om het evangelie te horen en zich te bekeren. En niet alleen Cornelius, maar zijn hele huishouding, hoorden het evangelie en bekeerden zich. Dus een persoon van vrede is iemand zoals Cornelius die op zoek was naar God. Een persoon van vrede is op zoek naar de waarheid en is er klaar voor om het evangelie te ontvangen. Een persoon van vrede is iemand die vrede zoekt, iemand die de Heilige Geest trekt. Iemand die niet geïnteresseerd is in het evangelie is geen persoon van vrede. Ook iemand die alleen maar het Evangelie ter discussie stelt en allerlei excuses heeft waarom hij niet gelooft of waarom religie iets vreselijks is, is geen persoon van vrede. Dingen gebeuren makkelijker wanneer je een persoon van vrede vindt omdat God zijn hart naar Hem toe heeft getrokken; hij is er klaar voor om het evangelie te horen als je het met hem deelt. Het kan zijn dat de persoon van vrede zich er niet van bewust is dat God zijn hart naar Hem toetrekt, maar hij zoekt de waarheid en het doel van het leven. De persoon van vrede vraagt vele goede vragen over jouw geloof en God omdat hij echt de waarheid wil weten.

In Handelingen 16 vinden we nog twee voorbeelden van wat een persoon van vrede is. We zien dat er, net als bij Cornelius, niet één persoon tot geloof komt maar een heel huishouden door die ene persoon van vrede. Het eerste voorbeeld wat we hiervan hebben in Handelingen 16, begint in vers 13, waar we lezen over Lydia. We lezen hoe Silas en Paulus naar Filippi gaan (geleid door de Geest, op zoek naar een persoon van vrede) en daar een groep vrouwen vonden die op zoek waren naar God. We moeten ons realiseren dat deze groep vrouwen die God zochten nog niet wedergeboren waren; ze baden tot God zoals ze Hem kenden in het oude testament. Deze vrouwen waren gelovigen, maar ze geloofden nog niet in Jezus Christus en waren nog niet wedergeboren. Terwijl deze vrouwen God zochten, kwamen Paulus en Silas en zij spraken met deze vrouwen. Net als in dit voorbeeld, kunnen we in gesprek raken met een groep zonder dat direct duidelijk is wie de persoon van vrede is. Als je het evangelie met hen begint te delen, kom je er snel achter wie de persoon van vrede is. Zoals we hier in Handelingen 16 kunnen lezen, luisterden alle vrouwen, maar er was één vrouw die meer deed dan luisteren; haar naam was Lydia. Zij hoorde niet alleen het Woord, maar God opende haar hart zodat ze kon ontvangen wat ze hoorde. We lezen ook dat, nadat Lydia de boodschap in haar hart had ontvangen, dat zij Paulus en Silas uitnodigde om bij haar thuis te komen. Dit is een duidelijk teken dat zij een persoon van vrede was. Niet alleen Lydia, ook haar huishouding kwam tot geloof en werd gedoopt en Paulus en Silas bleven geruime tijd bij haar, precies zoals we ook lezen in Lukas 10.

Het is belangrijk om te beseffen dat de geschiedenis van Lydia zich afspeelde om en nabij 50 na Christus, zo'n 20 jaar nadat Jezus op aarde was en Hij deze opdracht had gegeven aan Zijn discipelen. Wat Hij hen had opgedragen in Lukas 10, was niet iets dat ze voor een korte tijd hadden gedaan toen Jezus nog op aarde was. Het was iets waar de discipelen, ook nadat Jezus naar de hemel was gegaan en Zijn Geest had gezonden, nog lange tijd mee door zijn gegaan. Het was ook niet iets wat alleen voor de twaalf of de zeventig was. Paulus en Silas behoorden niet tot deze groepen, maar ook zij gehoorzaamden Jezus' opdracht, opgetekend in Lukas 9 en 10 en Mattheüs 10. Wat Jezus heeft gezegd tegen de twaalf en de zeventig was dat zij later de hele wereld zouden rondtrekken om anderen tot Zijn discipelen te maken. Paulus en Silas deden wat Jezus Zijn discipelen heeft geleerd; ze gingen de wereld in en onderwezen op hun beurt iedereen wat zij van Jezus en/of Zijn discipelen hadden geleerd en wat ik ook doe, onder andere door middel van dit boek. Het is dus belangrijk dat Jezus ook ons nog steeds uitzendt om uit te gaan en de persoon van vrede te vinden, hun huis binnen te gaan en te zien hoe hun hele huis gered wordt. We moeten er dan een tijdje blijven om gemeenschap met hen op te bouwen.

Kort nadat Lydia en haar huishouding tot geloof zijn gekomen, lezen we dat Paulus en Silas in de gevangenis zijn beland. Daar delen zij ook het evangelie en zij vinden de volgende persoon van vrede. Ze waren God aan het lofprijzen in de gevangenis, toen God plotseling kwam. De aarde schokte, de deur van de gevangenis schoot open, en de gevangenen waren op een bovennatuurlijke manier bevrijd. Te midden van al dit tumult, vinden zij de volgende persoon van vrede, de cipier. De cipier nodigde Paulus en Silas uit bij hem thuis te komen, en hij en zijn huishouding kwamen tot geloof, midden in de nacht. Ze werden meteen gedoopt en ontvingen een nieuw leven. Eerst zag het er slecht uit voor Paulus en Silas; ze waren gevangen genomen en zaten vast, maar door deze ervaring vonden zij een persoon van vrede. Als zij niet gevangen genomen waren, hadden zij de cipier niet ontmoet. Als zij hem niet hadden ontmoet, waren hij en zijn huishouding niet tot geloof gekomen. Dit voorbeeld leert ons dat God van ons vraagt om in elke situatie moedig te zijn, Hem te aanbidden en een persoon van vrede te vinden.

We vinden deze geschiedenis in Handelingen 16: 25-34, waar staat: "En omstreeks middernacht baden Paulus en Silas en zongen lofzangen voor God. En de gevangenen luisterden naar hen. En er vond plotseling een grote aardbeving plaats, zodat de fundamenten van de gevangenis bewogen werden; en onmiddellijk gingen alle deuren open en raakten de boeien van allen los. En de cipier, die wakker geworden was en zag dat de deuren van de gevangenis open waren, trok een zwaard en zou zichzelf gedood hebben, omdat hij dacht dat de gevangenen ontvlucht waren. Paulus riep echter met luide stem: Doe uzelf geen kwaad, want wij zijn allemaal hier. En toen hij om licht gevraagd had, sprong hij naar binnen en begon erg te beven, en hij viel voor Paulus en Silas neer; en hij bracht hen naar buiten en zei: Heren, wat moet ik doen om zalig te worden? En zij zeiden: Geloof in de Heere Jezus Christus en u zult zalig worden, u en uw huisgenoten. En zij spraken het Woord van de Heere tot hem en tot allen die in zijn huis waren. En hij nam hen in dat nachtelijke uur met zich mee en waste hun striemen, en hij werd onmiddellijk gedoopt, en al de zijnen. En hij bracht hen in zijn huis en richtte voor hen de tafel aan. En hij verheugde zich dat hij met al zijn huisgenoten tot geloof in God gekomen was."

We zien vele verschillende voorbeelden in het boek Handelingen hoe de eerste discipelen de opdracht van Jezus uitvoerden. Ze gingen de oogst in en vonden een persoon van vrede, en wanneer zij die persoon gevonden hadden, bleven zij bij diegene in huis en zagen hun hele huishouden tot geloof komen. Dit is wat wij ook vandaag moeten doen; er is niets veranderd! Jezus is gisteren, heden en tot in eeuwigheid Dezelfde. Als we beginnen de opdracht van Jezus op te volgen, zullen we het koninkrijk van God zien groeien op een totaal andere manier dan eerst. Op het moment dat je dit boek leest, zijn er in jouw buurt en in jouw stad personen van vrede. Wij moeten uitgaan en hen vinden. Als we weten waar we naar moeten zoeken, is het niet zo moeilijk om hen te vinden, zeker wanneer we ons laten leiden door Zijn heilige Geest.

In Handelingen 22 lezen we hoe Saulus (later Paulus) tot geloof komt. Paulus vertelt hoe hij op een dag op weg was naar Damascus met als doel om hen die in Jezus geloofden, gevangen te nemen. Plotseling was hij omgeven door een fel licht en hij hoorde een stem die hem vroeg: "Saul, Saul, waarom vervolg je Mij?" Na deze bijzondere ervaring, was Saul blind en moest hij door anderen bij de hand genomen worden. Hij kwam in Damascus aan, waar hij vastte en God zocht. Als je naar Saul kijkt ten tijde dat hij geroepen werd door God, zou je niet direct een persoon van vrede in hem zien. Je zou niet geloven dat hij God zocht met heel zijn hart, omdat er in die tijd geruchten over hem gingen dat hij Jezus haatte en Zijn volgelingen doodde. En dat was ook zo; dat was wat Saulus deed. Maar dit alles veranderde in een fractie van een seconde; plotseling was Saulus niet meer tegen God en hij begon Hem ernstig te zoeken. Saulus werd een persoon van vrede, die vastte, bad en wachtte tot er iets zou gebeuren. We zien dus dat de oogst aanwezig is. De oogst is gereed en ze wacht op de arbeiders. In dit voorbeeld, ontmoeten we een man, genaamd Ananias. God sprak tot Ananias en zei dat hij naar Saulus toe moest gaan en voor hem moest bidden zodat hij zijn zicht weer terug zou krijgen. (Hand. 9:11-12) Eerst was Ananias bang, hij had zoveel slechte dingen over hem gehoord. Je kunt je voorstellen dat hij in Saulus geen persoon van vrede zag. Maar ook al kon hij het maar moeilijk geloven, hij gehoorzaamt God en zoekt Saulus op. Tot zijn verrassing, is Saulus echt een persoon van vrede en was hij er klaar voor om het evangelie te ontvangen in zijn hart. Dus Ananias legde hem de handen op en direct kon hij weer zien. Die nacht kwam Saulus tot geloof, werd hij gedoopt water en in de heilige Geest en ontving hij een nieuw leven.

Ik geloof dat er velen zoals Saulus zijn; ze wachten op iemand die aan hen het evangelie vertelt. Misschien is er iets drastisch gebeurd in hun leven wat ervoor gezorgd heeft dat hun kijk op het leven is veranderd. Deze mensen hebben iemand nodig die hen de handen oplegt zodat zij genezing zullen ontvangen. Ze hebben het nodig dat er een discipel van Jezus in hun leven komt, die met hen het evangelie deelt, zodat zij zich kunnen bekeren en wedergeboren kunnen worden. De oogst is groot maar de arbeiders weinig. Er zijn zoveel personen van vrede, zoals Saulus, Lydia, Cornelius, de eunuch uit Handelingen 8. Ook hij was op zoek naar God en had iemand nodig die aan hem het evangelie uit kon leggen. Ik weet dat er veel mensen zijn die, net als de eunuch, iemand nodig hebben om aan hen de bijbel uit te leggen omdat ze niet begrijpen wat ze lezen. We moeten erop uitgaan, geleid door Zijn Geest om deze mensen te vinden. Ik zou vele verhalen kunnen delen over hoe ik, en vele anderen, werden geleid naar een persoon van vrede, precies zoals we het zien in de bijbel.

---

**Ananias was een discipel zoals jij en ik. Hij was geen apostel zoals de twaalf of één van de zeventig die door Jezus werden uitgezonden. Maar God gebruikte hem om Saulus voor Christus te winnen. En God gebruikte Paulus om de hele wereld over te reizen om het werk van een apostel te doen. Maar er zou geen Paulus zijn zonder een Ananias. Wees een Ananias en vind een persoon van vrede in jouw woonplaats.**

---

Ik wil graag een verhaal met jou delen over hoe het vinden van een persoon van vrede er vandaag de dag uit kan zien. Enige jaren geleden in Denemarken, was ik op een christelijk forum. Ik zocht naar een bepaald artikel waar ik over gehoord had. Terwijl ik naar dat artikel zocht, viel mijn oog op een vraag van een jonge vrouw. Ze had een vraag over God gesteld. Ik las de vraag en richtte mij weer op wat ik aan het doen was. Maar plotseling ervoer ik dat God mij tegenhield in mijn zoektocht naar het artikel en zei dat ik moest teruggaan naar het punt waar ik de vraag had gelezen. God zei: "Ga terug, zij is de persoon van vrede die jij vandaag moet vinden." Dus ik stopte met zoeken naar het artikel en ging terug naar het punt waar de vrouw haar vraag had gesteld; ik reageerde op haar vraag. Een korte tijd later, kreeg ik een antwoord terug van haar. Ze was erg verrast dat ik haar had geschreven. Ik was de eerste die reageerde op haar vraag, die ze acht maanden eerder op dit forum had geplaatst. Ze was dan ook compleet vergeten dat ze die vraag had gesteld. Ik vroeg aan haar of zij een christen was, waar ze bevestigend op antwoordde. Vandaag de dag zullen veel mensen "ja" zeggen op deze vraag zonder dat ze precies weten wie Jezus is, of wat het inhoudt om wedergeboren te worden. Dus ik antwoordde op haar antwoord en vroeg of zij God wel eens had ervaren. Ze vertelde dat zij God één keer had ervaren, maar dat ze het daar met niemand over gehad had. Ze vertelde mij vervolgens dat ze vele jaren geleden op de Deense televisie een man had gezien die voor zieken had gebeden. Destijds had zij een gehoorprobleem en ze droeg een hoorapparaat. De man op de televisie had de kijkers geïnstrueerd om hun hand op de plek van gebrek te leggen, terwijl hij voor hen bad. Zij had gedaan wat die man vroeg en haar hand op haar oor gelegd. Er leek niets te gebeuren, maar de volgende dag sprak iedereen zo hard. Ze dacht dat haar hoorapparaat kapot was. Dus ze ging naar de dokter voor een check. Hij zei dat er niets mis was met haar hoorapparaat. Ze was genezen!

Dit was natuurlijk een vreemde ervaring voor deze vrouw, ze was compleet in shock. Ze vertelde mij dat ze dit met niemand had gedeeld omdat ze geloofde dat niemand haar zou geloven. Ik was de eerste aan wie ze dit verteld had.

Toen ik dat las, schreef ik terug: "Ik denk dat ik degene was die voor jou heb gebeden!" en ik gaf haar de link met de bewuste video, die ook op YouTube te zien is. Ze was opnieuw in shock! Ik vroeg haar waar ze woonde en of ze mij wilde ontmoeten om verder te praten. Ze zei dat ze dat wilde en ze bleek maar 15 minuten van mij vandaan te wonen. De volgende dag ontmoette ik haar en haar vriend. Ik nam de tijd om het evangelie met hen te delen. Een paar dagen later, kwamen ze opnieuw, dit keer om hun zonden te belijden, hun leven aan Jezus te geven en wedergeboren te worden!

Omdat deze vrouw tot geloof kwam, werd de deur naar haar familie geopend om ook tot geloof te komen. Haar zus was de eerste die we tot geloof zagen komen. Ze had zich eerst tot de islam bekeerd en ze leefde als een radicale moslima. Maar toen zij het evangelie hoorde, bekeerde zij zich en werd wedergeboren. Toen kwamen haar andere zus en diens man tot geloof en toen haar broer en zijn vriendin! Er ontstond een huisgemeente waar wij enige tijd ook heen zijn gegaan. Het is zo bijzonder om te zien hoe deze gemeenschap ontstond vanuit één enkele bekeerling. Vandaag zijn deze vrouw en haar toenmalige vriend, die nu haar man is, getrouwd en ze hebben drie kinderen.

Wij moeten leren hoe we een persoon van vrede kunnen vinden en wat we moeten doen als we die vinden. De eerste stap is om te begrijpen dat er in de wereld mensen zijn, die de bijbel 'persoon van vrede' noemt. Als je niet weet waar je naar zoekt, is het onwaarschijnlijk dat je diegene zult vinden. Ik ben er écht van overtuigd dat deze boodschap van Jezus niet alleen jouw leven zal veranderen, maar ook de levens van vele anderen. Als we allemaal uitkijken naar een persoon van vrede en weten wat we moeten doen als we die vinden, zal het koninkrijk van God groeien als nooit tevoren. Er zijn ook nu zoveel mensen die personen van vrede zijn in jouw woonplaats die wachten tot de arbeiders hen zullen vinden. Het is onze opdracht om de juiste middelen te gebruiken en hen zo binnen te halen. Als we een persoon van vrede vinden, heeft diegene jouw hulp nodig, zoals Paulus Ananias nodig had, zoals Cornelius Petrus nodig had en de eunuch Filippus nodig had. Ja, zij hebben jou en mij nodig die de waarheid met hen delen, zodat zij de waarheid kunnen begrijpen, zich bekeren en opnieuw geboren worden. En als we dat doen, zien we vaak niet alleen hen, maar ook anderen om hen heen tot geloof komen. We moeten onze ogen openen en zien hoe groot de oogst is en hoeveel mensen van vrede er om ons heen zijn.

We moeten erop uitgaan en hen zoeken, en we zullen hen vinden. Als je hen vindt, hoef je geen tijd te nemen om in discussie te gaan over religie, wetenschap, evolutie en andere zaken omdat God deze mensen roept en ze zijn er klaar voor om Jezus te ontvangen. Ze zijn er klaar voor om hun leven aan Jezus te geven omdat Hij hen heeft geroepen.

Later gaan we nog veel beter kijken naar een persoon van vrede, wie zij zijn, hoe je hen kunt vinden, en wat je moet doen als je hen vindt. Dit is echt zo belangrijk en iets wat de vijand heeft geprobeerd weg te houden van de kerk. Het is tijd dat de kerk wakker wordt en begrijpt wat de opdracht is die Jezus ons heeft gegeven

# 13

## Eet en drink wat men je aanbiedt

> Eten is een belangrijk onderdeel van elke cultuur. Het was ook een belangrijk onderdeel van de eerste gemeente tijdens de momenten dat ze bijeenkwamen en het evangelie met elkaar deelden. Eén van de beste manieren om het evangelie te delen is aan de koffietafel.

Zoals je hopelijk nu wel doorhebt, zegt Jezus veel belangrijke dingen in Lukas 10. Helaas ontgaat velen deze les of ze begrijpen niet hoe belangrijk het is. Eén van deze dingen is wat Jezus zegt over eten en drinken. Jezus zegt in Lukas 10: 7

"Blijf in dat huis en eet en drink wat u door hen voorgezet wordt, want de arbeider is zijn loon waard. Ga niet van het ene huis naar het andere huis."

Laten we beginnen met te kijken naar het eerste gedeelte van dit vers. Jezus zegt dat we moeten eten en drinken wat ons wordt voorgezet. Hij zegt ook dat voor hen, die God dienen en in vertrouwen op Zijn Woord uitstappen, God zal voorzien in hun behoeften. Hier hebben we al eerder naar gekeken. Hier zien we dat het vaak de mensen zijn waar we komen, die voorzien. De mensen die er in de vroegchristelijke kerk werden uitgezonden, werden vaak verzorgd en gezegend door de mensen van vrede die zij hadden gevonden. Voedsel speelt een belangrijke rol binnen de christelijke samenkomsten van de eerste christengemeenten. Als we samen eten en drinken, creëren we saamhorigheid en gemeenschap met elkaar. Dit is belangrijk voor iedereen maar zeker voor de gelovigen. Het is een manier om elkaar nader te komen en de gemeenschap op te bouwen. Eten en drinken is ook belangrijke manier om mensen te bereiken met het evangelie, want als je samen eet en drinkt, ontmoet je elkaar echt en leer je elkaar persoonlijk kennen.

Er is een bekend gezegde dat zegt dat de liefde van de man door de maag gaat, en ik geloof dat daar enige waarheid in zit. Persoonlijk houd ik van eten, en er gaat niets boven samen lekker eten met familie en vrienden. Vaak heb je de beste gesprekken tijdens de maaltijd. Zelfs culturele verschillen en leeftijd doen er niet meer toe als je gezellig met elkaar aan tafel zit en geniet van een lekkere maaltijd. Niets brengt verbinding tussen mensen zoals eten dat kan doen: Of je nu eet en met elkaar om een tafel zit of zelfs op de grond, praten gaat een stuk makkelijker en ontspannen. En door die ontspannen sfeer, openen mensen makkelijker hun hart naar elkaar toe en naar het Evangelie.

Ik heb bijvoorbeeld veel vreemdelingen ontmoet op straat of elders en er was vaak afstand, wantrouwen en scepticisme als ik met hen stond te praten, omdat we elkaar niet kenden. Maar ik weet dat als ik iemand mee kan nemen naar een plek waar we kunnen zitten en wat kunnen eten en drinken, het meteen anders wordt, gezelliger en meer ontspannen. En er is een zeker vertrouwen dat er anders niet is. En als je met iemand ergens gaat zitten, heb je zijn volle aandacht, in tegenstelling tot wanneer je op straat met iemand praat. Als ik op straat ben en daar een persoon van vrede vindt, probeer ik al snel een plek te vinden waar we kunnen zitten en iets kunnen eten of drinken. Ik zeg vaak iets van: "Kijk een leuk koffietentje, zullen we daar even gaan zitten en wat drinken?" Als de ander het goed vindt, heb ik een grotere kans om het hele evangelie te delen met diegene, omdat de conversatie soepeler verloopt en er minder afleiding is. Natuurlijk zou het beter zijn om bij iemand thuis te komen, maar een koffietentje is een eerste stap in de goede richting.

Enige jaren geleden bezocht ik een nieuwe kerk. Ik stond in de foyer voordat de dienst begon en begon te praten met de voorganger over wat God aan het doen was. We hadden een leuk gesprek, vol gelach en interessante verhalen. Maar zodra hij het podium op ging en op de kansel stond en de dienst zou beginnen, veranderde hij compleet. Het was schokkend om te zien hoe hij veranderde in een totaal anders mens. Zijn gezicht werd zeer ernstig en hij sprak op een zeer formele manier. En hij zei bijna om het woord 'halleluja' of 'amen'. Terwijl ik luisterde, kon ik het niet helpen dat ik mij afvroeg wat er was gebeurd met deze man. Hij gedroeg en sprak zo normaal toen ik hem voor de dienst had gesproken, en nu sprak en gedroeg hij zich op zo'n vreemde manier.

> **Als we ons vreemd gedragen in de kerk, jagen we mensen weg. De mensen die we op straat ontmoeten, kennen de kerkcultuur niet, en het is niet normaal om godsdienstig gepraat te horen. Laten we daarom op dezelfde natuurlijke manier over God praten zoals we het ook hebben over andere onderwerpen.**

Wat ik in die kerk meemaakte, was denk ik herkenbaar voor velen. Sommige mensen praten en gedragen zich op een vreemde religieuze manier als ze in de kerk zijn. Ze praten op een andere manier, woorden gebruikend die ongelovigen niet begrijpen. Vanwege deze vreemde manier van doen en spreken, kijken buitenkerkelijken naar hen alsof ze van een andere planeet komen en niet helemaal sporen. Ik heb deze veranderingen ook gezien in christenen die op straat gingen evangeliseren. Zodra ze met ongelovigen praten over godsdienstige zaken, beginnen ze andere woorden te gebruiken en op een manier te praten die vreemd overkomt op de ongelovige ander. Voordat ik met mensen de straat opga, leg ik aan hen uit dat we gewoon praten, ook als we het over God hebben met de mensen die we op straat ontmoeten. De bijbel is geschreven in een stijl en taal die op dat moment gangbaar was; wij moeten ook woorden gebruiken die gangbaar zijn voor deze tijd als we het hebben over het evangelie en het woord van God. (Uiteraard zonder te vervallen in Godonterende woorden).

Jezus heeft gezegd dat wanneer we een persoon van vrede vinden, we moeten blijven bij diegene. Ondanks het feit dat Jezus dit zegt, maken we vaak de fout om de persoon van vrede uit te nodigen voor de kerkdienst, verwachtend dat ze zullen begrijpen wat er dan gezegd wordt en daar dan uit halen wat ze nodig hebben. Dit is vaak een grote denkfout, ik ben jaren geleden al gestopt om mensen uit te nodigen voor een kerkdienst. En in plaats daarvan ben ik gaan uitvoeren wat Jezus zegt in Lukas 10. Ik begon met hen op te trekken en met hen te eten en drinken. Terwijl ik dit deed, kreeg ik vele kansen om voor hen te bidden en het evangelie met hen te delen. Vandaag vertel ik vaak aan mensen dat ze moeten stoppen met ongelovige mensen uit te nodigen in hun kerkdiensten. In plaats daarvan zouden ze met deze mensen moeten gaan zitten en persoonlijk het evangelie met hen moeten delen. Het is onze taak, en niet die van de voorganger, om het evangelie met hen te delen. We moeten hen dus niet uitnodigen vanuit de gedachte dat de voorganger het evangelie moet verkondigen en dat hij de enige is die weet hoe dat moet. Als jij niet weet hoe je het evangelie moet delen met een ander, leer het dan. Als je er niet mee begint, zul je het sowieso niet leren.

Er was een tijd in mijn leven dat ik eigenlijk heel veel mensen ontmoette die open stonden voor Jezus. Vandaag zou ik hen personen van vrede noemen. Meestal nodigde ik hen gewoon uit om naar de kerk te komen. Een enkeling kwam echt. Tussen de openheid die er op straat is en de bereidheid om naar een kerk te gaan, zit een wereld van verschil. Ik moet dit opnieuw tegen je zeggen zodat je het goed begrijpt hoe belangrijk dit is. Het is één ding om een persoon van vrede te vinden op straat die het evangelie wil horen van jou. Het is iets heel anders om die persoon zover te krijgen dat hij naar de kerk komt.

Waarom wil je diegene uitnodigen voor een kerkdienst? Jezus nodigde niemand uit om naar de kerk te komen, en dat lees je ook nergens in het boek Handelingen. Dus waarom niet doen wat Jezus zegt dat we moeten doen? Ga met een persoon van vrede zitten, eet en drink met elkaar wat je aangeboden krijgt (of wat je zelf aanbiedt als je in een koffietentje gaat zitten), genees de zieken en verkondig het evangelie. Ik dacht destijds dat het mijn taak was om hen mee te nemen naar de kerk op zondag en dat het de taak van de dominee was om het evangelie te verkondigen, zodat ze gered zouden worden. Sindsdien heb ik veel geleerd. Eén van de eerste dingen die ik leerde, was dat een persoon van vrede open stond voor het evangelie, maar de stap om naar de kerk te gaan erg groot was. Ja, voor velen is het eng. Velen keren als ik iemand had uitgenodigd en voor de kerk stond te wachten, hopend dat de persoon van vrede zou komen, werd ik teleurgesteld omdat ze meestal niet kwamen opdagen. Maar wie kan het ze kwalijk nemen? Heb jij wel eens een kerk bezocht waar je niemand kende? Als dat zo is, weet je hoe eng dat kan zijn.

Toen ik voor het eerst ging geloven, was ik erg nieuwsgierig (en dat ben ik nog steeds). Ik probeerde op vele manier anderen te bereiken met het evangelie. Ik heb zelfs een keer een dienst van Jehova getuigen meegemaakt om zo het evangelie aan hen te kunnen uitleggen. Ik wil graag zeggen dat, ook al heb ik dat vroeger gedaan, ik het niemand nu zou aanraden om dat te doen, want er zijn daar misleidende geesten die ervoor zorgen dat mensen blind zijn voor de waarheid. Ik herinner mij nu nog steeds hoe moeilijk het was om naar de Jehova getuigen toe te gaan. Ik had met een vriend afgesproken voor de deur om samen naar binnen te gaan. Ik herinner mij dat ik veel vragen had. Ik vroeg mijzelf af wat ik aan zou trekken, hoe ik mij moest gedragen, waar ik zou gaan zitten. Het was een totaal nieuwe wereld voor ons. Toen mijn vriend en ik elkaar ontmoetten voor de dienst, wilde ik wegrennen, maar omdat we afgesproken hadden dat we samen zouden gaan, besloot ik moedig te zijn en toch de dienst mee te maken. Toen we het gebouw binnen gingen, was iedereen erg aardig en ze verwelkomden ons. Maar het was voor iedereen duidelijk dat wij daar niet hoorden. Iedereen keek naar ons, we hadden het idee dat iedereen het over ons had. Als ik niet had afgesproken met mijn vriend, was ik weggerend, hoe aardig ze ook waren. Toen het tijd was dat de dienst zou gaan beginnen, voelden we ons overdonderd omdat we niet wisten waar we moesten gaan zitten of hoe we ons moesten gedragen tijdens de dienst. Toen de dienst eindelijk voorbij was, voelden we ons zo opgelucht dat we weg mochten en de normale, bekende wereld weer in konden. Die dag deelden we met niemand het evangelie.

Misschien denk je nu bij jezelf dat het niet verrassend is dat ik mij niet op mijn gemak voelde daar, omdat het een dienst van Jehova getuigen was en geen christelijke dienst. Het is waar dat het zeker geen christelijke dienst was in een christelijke kerk. Het was nieuw voor ons, net zoals onze kerken nieuw zijn voor iemand die niet gewend is om een christelijke dienst te bezoeken. Voor ons is alles wat we doen tijdens een dienst normaal en natuurlijk gedrag; we vergeten vaak dat het dat absoluut niet is voor mensen die nooit een kerk hebben bezocht.

Een paar maanden nadat ik tot geloof was gekomen, nodigde ik een vriendin van mij om met mij mee te gaan naar de kerk. Ik herinner mij dat de dienst startte met aanbidding, wat normaal een half uur duurde, En ik sloot mijn ogen en ging God aanbidden zoals ik gewend was. Maar toen ik mijn ogen opende en naar haar keek, zag ik dat zij rondkeek naar al die mensen die daar stonden met hun armen omhoog en gesloten ogen. Ze keek op haar horloge en het was duidelijk dat zij zich niet op haar gemak voelde. Dus ik zei tegen haar dat ze kon ontspannen en dat het zingen zo voorbij zou zijn. Eindelijk was de aanbidding voorbij, maar toen kwam er iemand het podium op die alle activiteiten die gepland stonden begon op te noemen. Het duurde behoorlijk lang. Daarna was het tijd voor de collecte, het moment dat mensen hun gift aan de kerk kunnen doneren, en het leek wel of ze die dag veel langer over geld praatten dan normaal. Maar ik zag plotseling de hele dienst door de ogen van de persoon naast mij en besefte hoe raar dit allemaal op haar over moest komen. Ik wilde dat zij een goede ervaring zou hebben, maar ik zag haar ogen steeds groter worden, naarmate de tijd verstreek en de man op het podium nog steeds over geld praatte. Het was bijna alsof ik haar kon horen denken: "Dit is een sekte. Het gaat alleen maar om geld. Ik moet hier snel weg zien te komen." Dus ik probeerde haar opnieuw gerust te stellen en zei dat de kerkdienst niet alleen maar ging over zingen en geld geven.

Nadat de collecte voorbij was, werd ik enthousiast, want ik dacht dat nu eindelijk de preek zou gaan beginnen. In plaats daarvan kwamen de muzikanten weer in actie. Het was tijd voor nog meer aanbidding. Dit keer werd het haar bijna te veel. Ze keek alsof ze elk moment weg wilde, omdat zij totaal niet begreep wat er gebeurde. Eindelijk, na nog eens een half uur van aanbidding, ging de preek beginnen. Ik was zo opgelucht! Ik dacht: "Yes, kom op, verkondig het evangelie aan haar zodat ze gered kan worden!" Maar toen begon de voorganger op dramatische toon te vertellen hoe Abraham zijn zoon Izaäk wilde gaan offeren aan God. Ik keek naar haar en zag opnieuw haar ogen steeds groter worden. Ik kon zien dat ze dacht:" Wat is dit voor een gestoorde plek?!? Ik moet hier weg, nu!" Ik keek naar de voorganger terwijl ik dacht: "Stop met preken, vertel haar het evangelie!" Na 45 minuten preken, zei de voorganger eindelijk dat iedereen die Jezus wilde aannemen in zijn hart, zijn hand omhoog moest doen.

Als ik terugkijk op deze ervaring, zie ik dat we veel mensen van vrede hebben verloren, omdat we hen voor een kerkdienst hebben uitgenodigd, terwijl we persoonlijk aan hen het evangelie hadden moeten vertellen. Ik had haar niet mee moeten nemen naar de kerk, omdat ze er niets van begreep en er niet het evangelie hoorde. Het evangelie eist meer dan 5 minuten aan het einde van een preek, waar de voorganger vraagt of er mensen zijn die Jezus willen aannemen in hun hart. Toen ik mijn vriendin meenam naar de kerk, werd er niet gesproken over het kruis, zonde, bekering en de doop in water en in de heilige Geest. Maar deze dingen waren voor haar zo belangrijk om te horen. Ze had het nodig om te horen dat Jezus voor haar zonden was gestorven en waarom Hij dat heeft gedaan. Ik weet dat voor sommige mensen een bezoek aan een kerk een fantastisch nieuw begin kan zijn van bekering en wedergeboorte. Maar dat was het niet voor mijn vriendin. Ze ging weg zonder te weten wie Jezus is, en wat zij in de kerk zag en hoorde, maakte haar zo bang, dat ze waarschijnlijk geen persoon van vrede zou zijn als iemand haar een volgende keer zou benaderen om over Jezus te praten.

Ik zou zoveel dingen anders gedaan hebben als ik destijds had geweten wat ik nu weet. In plaats van haar uit te nodigen voor een kerkdienst, zou ik de tijd genomen hebben om met haar te gaan zitten, misschien bij haar thuis, bij mij thuis, in een cafeetje, om aan haar het evangelie uit te leggen. Ik zou het ook met een vriend samen hebben kunnen doen.

Als ik terugkijk op mijn leven, heb ik zoveel mensen ontmoet die open stonden voor God. Er waren zoveel personen van vrede waar ik mee had kunnen gaan zitten bij de Burger King of de McDonalds, of ik had hen thuis kunnen ontmoeten, en aan hen het evangelie kunnen uitleggen. Maar in plaats daarvan nodigde ik hen uit om naar de kerk te komen. De meesten die ik daarvoor uitnodigde, kwamen niet, omdat de duivel tijd had om gedachten van angst in hen te plaatsen en hen redenen te laten bedenken waarom ze niet zouden moeten gaan. De mensen die wel kwamen, hoorden niet eens het evangelie.

Ik zou met deze mensen zijn gaan zitten om hen het evangelie te delen zoals Jezus het ons opdraagt. Als je bij de Burger King zit of bij iemand thuis, hoef je niet eerst een half uur God te aanbidden, of een collecte te houden. Je hoeft ook niet te praten met hen over zaken die voor hen niet relevant zijn. Als je met deze mensen gaat zitten en aan hen persoonlijk het evangelie uitlegt, kun je diegenen jouw volle aandacht geven en aan hen het evangelie uitleggen op een begrijpelijke manier. En als ze iets niet begrijpen, kunnen ze jou direct om opheldering vragen. Als ze bijvoorbeeld niet begrijpen wat bekering precies is, kun je dat aan hen uitleggen totdat ze het wel begrijpen.

Het probleem van vandaag is dat we de kerken gebruiken als een plek waar we mensen uitnodigen om gered te worden. Het zou een plek moeten zijn waar discipelen training krijgen om de wereld in te gaan en het evangelie prediken. Een ander groot probleem is dat de kerken vandaag zich richten op zoeker-gevoelige mensen. In plaats dat de kerken zich meer en meer richten op het binnenbrengen van ongelovigen, zouden ze de gelovigen moeten trainen en hen uit moeten zenden, uitgerust en vaardig om mensen naar Jezus te leiden. En als mensen dan tot geloof komen, zich bekeren, gedoopt worden in water en met de heilige Geest, dan kunnen we hen uitnodigen naar de kerk te komen, waar ze stevig voedsel krijgen en een training ontvangen die ze nodig hebben zodat zij in Christus kunnen groeien. Het is belangrijk voor mij om te vertellen dat, op het moment dat ik met mensen ging zitten om zelf aan hen het evangelie te vertellen, ik vruchten in mijn leven begon te zien die ik daarvoor nooit gezien had. Sindsdien heb ik vele andere christenen mogen onderwijzen om hetzelfde te doen, en we hebben duizenden mensen tot Christus zien komen.

De oogst is echt gereed en groot, maar we moeten niet gaan staan schreeuwen naar de oogst dat ze in de schuur (de kerk) moet komen. Nee, wij moeten het kerkgebouw verlaten en de oogst ingaan met de middelen die we van Jezus hebben ontvangen. Nogmaals, soms zien we iemand die naar de kerk gekomen is tot bekering komen en natuurlijk kunnen mensen God daar ook ontmoeten. Maar ik ben ervan overtuigd dat we zoveel meer mensen tot Christus kunnen leiden als we het doen op de manier zoals Jezus het ons leert. En ik geloof ook dat als we het zo zouden doen zoals Hij het ons geleerd heeft, het christenen zou helpen om te groeien en voldoening zouden hebben in hun leven. Het maakt jou en andere christenen gelukkig als je mensen naar Christus kunt leiden. Je zou ervaren dat je echt leeft. Wanneer je dan iemand naar Christus leidt, zou je de kans hebben om hen op een natuurlijke manier te discipelen. Dat is veel beter dan hen naar een voorganger te brengen, zodat hij het evangelie kan delen met hem/haar. De voorganger is waarschijnlijk te druk met vele andere zaken, zodat hij niet de tijd heeft om hem/haar te discipelen.

> **Als we het evangelie gaan prediken en mensen gaan bereiken zoals Jezus het deed, zouden we zien hoe groot de oogst is. We zouden duizenden mensen tot geloof zien komen in hun eigen huizen, in een koffietentje of waar dan ook. Het zou het begin zijn van een beweging die niet te stoppen is.**

Ik weet dat velen van jullie wellicht denken: "Ja, dat klinkt zo goed, Torben, maar ik kan geen mensen tot Jezus leiden. Dat doe ik normaal niet. Ik heb nooit eerder iemand naar Jezus geleid en ook niet gedoopt met water of met de heilige Geest." Ik begrijp jullie. Ik ben ook op dat punt in mijn leven geweest, en toen dacht ik hetzelfde. Toen ik net begonnen was, had ik nooit het evangelie aan iemand verteld of iemand met water of in de Geest gedoopt. Maar dit is discipelschap en het is de reden waarom ik dit boek schrijf. Ik ben hier om jou te helpen, zodat je het van mij kunt leren en het zelf kunt gaan doen.

We zijn geroepen om mensen tot Christus te leiden. We zijn niet geroepen om naar Afrika te gaan en daar voor groepen van 50 000 mensen te staan. We zijn geroepen tot een eenvoudig leven waarin we steeds op zoek gaan naar een persoon van vrede, en diegene tot Christus te leiden zodat we het koninkrijk zien groeien. Dit kan ook normaal worden voor jou. Jij kunt dit ook allemaal leren. Soms is de beste manier om het te leren om erin te springen en de eerste kleine stappen te zetten. Ik weet dat ik erg dankbaar ben dat ik op een bepaald moment, de verantwoording voor mijzelf heb genomen en besloot deze weg in te slaan. Ik wilde leren om te wandelen zoals Jezus ons heeft opgedragen, en ik leer nog steeds. Als ik het kan leren, kunnen we allemaal leren het leven te leven waartoe Jezus ons geroepen heeft.

Zoals ik al eerder zei, is het triest om terug te kijken en te zien hoeveel mensen we gemist hebben, omdat we Jezus niet opgevolgd hebben wat Jezus heeft gezegd. Dus ik bemoedig jou, als je een persoon van vrede vindt, blijf dan bij diegene en familie. Nodig hen niet meteen de volgende zondag uit in de kerkdienst. Dan weet je dat de duivel veel tijd heeft om angst in hun hart te leggen en hen allerlei redenen laat bedenken om niet te hoeven gaan. En als ze wel gaan, weet je niet wat zij dan te horen krijgen. Doe daarom wat Jezus je heeft opgedragen. Als je een persoon van vrede vindt, ga met hem zitten, eet en drink met hen. Leer ze zo beter kennen. Bouw een relatie met hen op en deel met hen het evangelie. En genees de zieken. Als we christenen trainen om het te gaan doen zoals Jezus deed, zal er een beweging ontstaan, zoals we nooit eerder gezien hebben, en zullen duizenden mensen tot geloof komen.

# 14

## GA NIET VAN HET ENE HUIS NAAR HET ANDERE.

---

**We zijn niet alleen geroepen om het evangelie te prediken en mensen tot geloof te zien komen, maar ook om mensen te discipelen zodat ze groeien in hun geloof. We zouden niet hier en daar iemand tot geloof moeten zien komen, we zouden hele gezinnen tot geloof moeten zien komen.**

---

In dit hoofdstuk gaan we kijken naar deel twee van de tekst uit Lukas 10:7. "Ga niet van het ene huis naar het andere." Deze laatste woorden uit dit vers, zijn erg belangrijk in het licht van het bereiken van de wereld met het evangelie en het maken van discipelen van Jezus.

Als je een persoon van vrede vindt, moet je niet gelijk op zoek gaan naar de volgende persoon van vrede. Zoals Jezus in Lukas 10: 7 zegt, moeten we enige tijd in dat huis blijven. Als personen van vrede tot geloof zijn gekomen, zijn zij geestelijk een nieuwe schepping en hebben zij melk nodig. Ze kunnen nog geen vast voedsel aan. Dat betekent dat zij nog niet zelfstandig kunnen overleven; ze hebben iemand nodig die hen van (geestelijk) voedsel voorziet. Daarom instrueert Jezus ons dat we bij diegene moeten blijven. Het is onze taak om hen te helpen in het ontvangen van onderwijs, zodat ze kunnen groeien tot volwassenheid. Dat hoeven wij niet alleen te doen; het is ook de taak van de heilige Geest om hen te onderwijzen en hen naar de Waarheid te leiden. In Johannes 14:26 staat: "Maar de Trooster, de Heilige Geest, Die de Vader zenden zal in Mijn Naam, Die zal u in alles onderwijzen en u in herinnering brengen alles wat Ik u gezegd heb."

In Mattheüs 28: 18-20 staat: "En Jezus kwam naar hen toe, sprak met hen en zei: Mij is gegeven alle macht in hemel en op aarde. Ga dan heen, onderwijs al de volken, hen dopend in de Naam van de Vader en van de Zoon en van de Heilige Geest, hun lerend alles wat Ik u geboden heb, in acht te nemen. En zie, Ik ben met u al de dagen, tot de voleinding van de wereld. Amen."

Het is niet alleen onze taak om het evangelie te prediken en te dopen, maar ook om hen te leren om Jezus gehoorzaam te zijn. Wanneer mensen erg evangelistisch zijn, gaan ze vaak erg snel weer door, op zoek naar iemand anders die ze naar Jezus kunnen leiden. Ze zijn vaak erg blij en enthousiast wanneer iemand tot geloof komt en dan gaan ze weer verder zoeken naar een persoon van vrede.

Ik ben zeker meer evangelistisch dan pastoraal. Het is soms erg moeilijk voor mij om met mensen te gaan zitten en urenlang te luisteren naar hun levensverhaal. Persoonlijk vind ik het moeilijk om jarenlang te werken met dezelfde mensen en hun problemen. Maar ik hoef hier niet goed in te zijn, want ik ben niet alleen. We zijn allemaal deel van het lichaam, net zoals de vijf vingers aan een hand moeten samenwerken om een deur open te doen of een kopje op te pakken, geeft God ons verschillende bedieningen waarin we samen kunnen werken. Enkele van deze bedieningen kunnen we vinden in de brief aan de Efeziërs. In hoofdstuk 4:11-16 staat:

"En Hij heeft sommigen gegeven als apostelen, anderen als profeten, weer anderen als evangelisten en nog weer anderen als herders en leraars, om de heiligen toe te rusten, tot het werk van dienstbetoon, tot opbouw van het lichaam van Christus, totdat wij allen komen tot de eenheid van het geloof en van de kennis van de Zoon van God, tot een volwassen man, tot de maat van de grootte van de volheid van Christus, opdat wij geen jonge kinderen meer zouden zijn, heen en weer geslingerd door de golven en meegesleurd door elke wind van leer, door het bedrog van de mensen om op listige wijze tot dwaling te verleiden maar dat wij, door ons in liefde aan de waarheid te houden, in alles toe zouden groeien naar Hem Die het Hoofd is, namelijk Christus. Van Hem uit wordt het hele lichaam samengevoegd en bijeengehouden door elke band die ondersteuning geeft, overeenkomstig de mate waarin ieder deel werkzaam is. Zo verkrijgt het lichaam zijn groei, tot opbouw van zichzelf in de liefde."

In deze verzen lezen we dat de belangrijkste taak van de apostelen, profeten, evangelisten, herders en leraren is om de heiligen toe te rusten in het doen van hun bedieningen, zodat zij mensen kunnen helpen te ontwikkelen tot een volwassen christen, zodat ze geen baby blijven en vatbaar zijn voor misleidende dwaalleren.

Ik weet dat velen van jullie een aantal verschillende leringen over de vijfvoudige bediening hebben gehoord, leringen die niet bijbels zijn. Ik heb veel mensen horen praten over de vijfvoudige bediening op zo'n manier dat mensen in hokjes geplaatst werden, ze zeggen: "Jij bent een evangelist, dus jij zou alleen maar op straat moeten zijn. Jouw taak is om mensen te bereiken en mijn taak is om mensen te onderwijzen." En soms hoor je: "Ik ben een herder, dus ik hoef niet te evangeliseren," of "Jij bent evangelist, dus jij bent niet bevoegd om een nieuwe kerk te starten." Er zijn zovele voorbeelden hoe de mensen de vijfvoudige bediening gebruiken om mensen in hokjes te plaatsen of om zichzelf te verheffen boven anderen. Maar daar is de vijfvoudige bediening niet voor bedoeld; ik geloof ook dat het niet bedoeld is om voor andere mensen te beslissen wat zij wel of niet kunnen doen, omdat mensen veranderen. Ook al werk je nu misschien met een bepaalde gave, dat wil niet zeggen dat je in de toekomst niet in een andere bediening aan het werk kunt zijn of gaan.

We zijn geroepen om als discipelen van Jezus Hem te volgen, zoals we in Gods Woord lezen, maar er zijn er die, als ze volwassen zijn in Christus, beginnen te werken in deze verschillende functies en de heiligen gaan toerusten. Ze dienen Jezus in het gebied waar hun kracht ligt en waar ze voor geroepen zijn. Zij die als evangelist werken, zullen voorgaan, als het gaat om het bereiken van mensen, en zij zullen ook hun gave gebruiken om de heiligen toe te rusten, zodat zij beter worden in het bereiken van mensen met het evangelie in hun alledaagse leven. We zijn niet allemaal geroepen als evangelist, maar we kunnen allemaal leren om te evangeliseren. Dit principe geldt ook voor de andere gaven. Zij die volwassen zijn en bijvoorbeeld als leraren werken, kunnen nu anderen helpen en leren hoe ze krachtig kunnen zijn in het Woord, zodat zij in hun dagelijks leven aan anderen het evangelie goed kunnen uitleggen. We kunnen allemaal leren hoe we Jezus en Zijn Woord bekend kunnen maken en profeteren, waar we ook zijn, ook als we niet één van de vijf bedieningen hebben ontvangen. Er zijn mensen in de kerk met een bijzondere gave die vaak goed past bij hun talenten. We moeten hen herkennen en hun ontvangen gave gebruiken ter opbouw van de gemeente.

Als ik onderwijs geef over de vijfvoudige bediening in onze Pionier Training School, vraag ik vaak aan de mensen om bij één van de vijfvoudige gaven groepen te gaan zitten waar zij van denken dat deze gave het sterkste aanwezig is in hen. Dus gaan ze zitten bij het groepje van de apostelen, profeten, evangelisten, herders of de leraren. Dan vraag ik aan elke groep: "Wat zien jullie als de belangrijkste, de grootste behoefte in de kerk van vandaag?" De herders antwoorden dan vaak: "We moeten leren beter zorg te dragen voor elkaar en elkaar meer helpen." De leraren antwoorden: "De grootste behoefte is een ware leer; we moeten terugkeren naar Gods Woord." De profeten zeggen dat het nodig is om te leren Gods stem te verstaan. Dat het belangrijk is dat de kerk leert te luisteren en terugkeert naar het horen van Gods stem. Een relatie met God is zeer belangrijk zodat we Hem kennen, God tot ons zal spreken en we Zijn stem leren te verstaan. Dan vallen de evangelisten hen in de rede en zeggen: "Ja dat is allemaal belangrijk, maar het allerbelangrijkste is dat we de verloren mensen gaan bereiken met het evangelie, ze hebben redding nodig. Al die dingen zijn goed maar er zijn buiten mensen die verloren gaan, we moeten iets doen om hen te bereiken." De apostelen hebben het allemaal aangehoord en denken: "Hoe kunnen we al deze dingen laten samenwerken, want alles wat is opgenoemd, hebben we nodig." Het is interessant om te zien hoe verschillend mensen er tegenaan kijken. Het is als het DNA in hen. We moeten erkennen dat we niet allemaal hetzelfde zijn. Ja, we zijn allemaal geroepen om Jezus te volgen, maar voor elk van ons, zijn er dingen die ons makkelijker afgaan dan anderen.

Het is waar dat we moeten uitgaan en de verlorenen moeten bereiken, maar het is ook nodig dat we helpen bouwen aan een goede fundering in Christus. We moeten ook nieuwkomers leren hoe zij de stem van God kunnen verstaan en we moeten zorgdragen voor elkaar zodat we niet afhaken. Het is duidelijk dat alle gaven nodig zijn en samen moeten werken voor de opbouw van het koninkrijk van God. Als de gemeente alleen zou bestaan uit evangelistische mensen, zouden er velen bereikt worden met het evangelie, maar ze zouden niet volwassen worden in het geloof en waarschijnlijk afhaken. Als de gemeente alleen uit pastorale mensen bestond, zouden we veel mensen hebben die voor elkaar zorgen en elkaar liefhebben, maar er zouden weinig mensen gered worden. Zo geldt dit voor elke bediening. God heeft iedereen een uniek DNA gegeven. We zijn allemaal verschillend. Sommigen zijn sterk gericht op het bereiken van de ongelovigen, terwijl anderen sterk gericht zijn op het zorgen voor elkaar en het elkaar opbouwen. En dat is geweldig! We hebben elkaar nodig.

Ongeacht welke gave we ontvangen hebben, onthoudt dat we, als eerste en vooral, geroepen zijn om discipelen te zijn. We zijn geroepen om de persoon van vrede te vinden, hen naar Christus te leiden, en hen op te bouwen in Christus. Er zijn sommige mensen die in verschillende gebieden krachtig zijn, dus als we elkaar kunnen helpen om te groeien in de gebieden waar we nog zwak in zijn, zal het makkelijker worden voor ons allemaal. Sommigen zijn krachtig in de evangelistische bediening; zij zijn goed in het vinden van personen van vrede wanneer ze de straat opgaan. Zij kunnen ons helpen om beter te worden in het bereiken van mensen, al zullen we misschien nooit zo vaardig worden als zij. Hun zwakte is dat ze de neiging hebben om te snel weer gericht te zijn op het vinden van een persoon van vrede. Als zij te snel verder gaan, zal de persoon van vrede snel weer afhaken; ook de vrienden en familie van deze persoon van vrede krijgen dan soms niet de kans om het evangelie te horen. Het is echt een probleem als hij/zij te snel weer verder gaat, want nieuwe gelovigen zijn als baby's in het geloof en ze hebben melk nodig om te overleven. Ze hebben iemand nodig die hen helpt te groeien, en dit is een geweldige mogelijkheid om ook anderen in hun netwerk te bereiken. Het zou goed kunnen dat de persoon van vrede veel andere mensen in hun netwerk hebben die Jezus nodig hebben, en door hen, is het mogelijk om deze mensen te bereiken.

**We zijn niet alleen geroepen om te zien hoe mensen Jezus aannemen maar ook om hen op te bouwen in Christus en hen te leren gehoorzamen wat Jezus ons heeft opgedragen.**

We moeten nieuwe gelovigen leren om een fundament te leggen in hun geestelijk leven. Hebreeën 6: 1-2 zegt het volgende: "Laten wij daarom het eerste onderwijs met betrekking tot Christus laten rusten, en doorgaan tot de volmaaktheid, zonder opnieuw het fundament te leggen van bekering van dode werken en van geloof in God, van de leer van de dopen, van de handoplegging, van de opstanding van de doden en van het eeuwig oordeel." De schrijver heeft het over een fundament. Hij heeft het over de bekering van dode werken, geloof in God enz. Paulus heeft het ook over hoe hij een fundament heeft gelegd en hoe anderen daarop verder bouwen. Hij schrijft in de eerste brief aan de Korintiërs, hoofdstuk 3:10: "Overeenkomstig de genade van God die mij gegeven is, heb ik als een wijs bouwmeester het fundament gelegd en een ander bouwt daarop. Ieder dient er echter op toe te zien hoe hij daarop bouwt."

Deze verzen laten ons zien dat het nodig is dat mensen een goed fundament in hun leven hebben, iets wat niet altijd het sterkste punt is van evangelistische gelovigen. Ik geloof daarom dat de apostelen een hechte relatie hadden met Filippus. We kunnen in Handelingen 8 lezen hoe Filippus naar Samaria gaat en daar vrijmoedig het evangelie predikt. In de verzen 4-8 van dit hoofdstuk staat het volgende: "Zij dan die overal verspreid waren, trokken het land door en verkondigden het Woord. En Filippus daalde af naar de stad van Samaria en predikte hun Christus. En de menigten hielden zich eensgezind aan wat door Filippus gezegd werd, omdat zij luisterden en de tekenen zagen die hij deed. Want bij velen die onreine geesten hadden, gingen die er, onder luid schreeuwen uit; en veel verlamden en kreupelen werden genezen. En er ontstond grote blijdschap in die stad."

En in de verzen 14-17 staat: "Toen de apostelen die in Jeruzalem waren, hoorden dat Samaria het Woord van God aangenomen had, stuurden zij Petrus en Johannes naar hen toe, en toen die aangekomen waren, baden zij voor hen dat zij de Heilige Geest mochten ontvangen. (Want Hij was nog op niemand van hen gevallen, maar zij waren alleen gedoopt in de Naam van de Heere Jezus.) Toen legden zij hun de handen op en zij ontvingen de Heilige Geest."

Hier lezen we hoe Filippus aan velen het evangelie verkondigde en hoe velen daarop tot geloof kwamen en zich bekeerden. Maar hij had hulp nodig om een fundament te leggen in het leven van deze mensen. Dat is wat de apostelen hebben gedaan; zij gingen verder waar Filippus was gebleven. Ze legden de nieuwe gelovigen de handen op en zij ontvingen de heilige Geest. Filippus was vrij om weer verder te trekken toen de apostelen naar de nieuwe gelovigen toekwamen en een fundament in hen legden, zodat zij konden groeien in Christus. Als de apostelen niet waren gekomen om af te maken wat hij was begonnen, had Filippus de eunuch niet ontmoet, die misschien dan niet tot geloof was gekomen.

We zijn allemaal nodig in het koninkrijk van God en samenwerken met elkaar is noodzakelijk. Probeer je een wereld voor te stellen waar verschillende bedieningen met elkaar samenwerken, niet bezig met het bouwen van hun eigen kerk of organisatie, maar bezig met het bouwen van Gods koninkrijk. Als jij net als Filippus een evangelistische gelovige bent en vaak mensen tot geloof ziet komen, heb je mensen om je heen nodig die jou kunnen aanvullen in de gebieden waar je niet goed in bent. Dat zal jou ook de ruimte geven om door te gaan met het bereiken van mensen met het evangelie, maar het is ook nodig dat jij andere gelovigen helpt om beter te worden in evangeliseren. En dat principe geldt voor elke gave. Het is nodig dat iedereen doet waar hij/zij goed in is en dat zij anderen helpen om beter te worden. We hebben de hele vijfvoudige bediening nodig zodat we de kerk goed op kunnen bouwen en het juiste fundament kunnen leggen.

Op 18 oktober 1999, ontving ik een profetie die mij erg aansprak en heeft mijn leven beïnvloed. Ik denk er nog steeds aan. De profetie die ik ontving was:

"Jij zult demonen uit gaan drijven. Jij bent een evangelist. Jij gaat bolwerken in de hoofden van mensen neerhalen en Mijn Woord onderwijzen. Ik ga jou leren hoe je Mijn Woord moet onderwijzen zegt de Heer. Je gaat een strategie leren en plannen ontwikkelen hoe je mensen vrij kunt zetten. Ik ga jou trainen. Je zult uit Mijn Lichaam gaan en weer teruggaan naar Mijn Lichaam. Vele evangelisten zijn onafhankelijk geworden, maar jij zult samenwerken met een apostolisch team. Herinner jij je hoe de relatie tussen de apostelen en Filippus was en hoe mensen dagelijks gered werden? Je zult wonderen meemaken. Je zult vooruitgaan als een grote, slingerende bijl. Je zult volledige gezinnen en steden winnen voor het evangelie, en je zult de kracht ervaren van de toekomstige wereld."

Wow, wat een krachtig woord heb ik ontvangen! Toen ik dit woord kreeg, dacht ik bij mezelf: "Wow, ik ga een super evangelist worden die de hele wereld over gaat reizen en stadions vol mensen tot geloof zien komen." Nu, begrijp ik dat God het zo niet in gedachten had. Ik begon de profetie beter te begrijpen, meer gedetailleerd, toen ik een paar jaar later opnieuw een profetie ontving.

"Je zult een DNA in een nieuwe generatie gaan leggen, een DNA die zal overgaan van generatie op generatie. Je zult mensen op gaan voeden van niets naar geestelijke reuzen, en zij zullen huizen en complete steden winnen voor het evangelie."

Nadat ik dit woord had gehoord, besefte ik dat ik geen super evangelist zou zijn, die, alleen, huizen c.q. gezinnen en complete steden zou gaan winnen voor het evangelie. Nee, ik besefte dat het nieuwe DNA dat was vastgelegd in een nieuwe generatie de huizen en complete steden zou gaan winnen voor het evangelie. Dit DNA, bestaande uit een sterk fundament in Christus, is wat ik onderwijs in dit boek.

Ik geloof echt dat het woord dat ik ontvangen heb een woord van God is. Het probleem is dat we elkaars gaven niet herkennen, en we hebben niet hetzelfde doel of dezelfde visie. We zijn ver afgedwaald van de opdracht die Jezus ons heeft gegeven en van Zijn visie voor de Gemeente. We zijn niet op aarde om de kerk van de voorganger te bouwen of om evangelisten te helpen met het organiseren van evangelisatie campagnes. We zijn hier om Jezus te gehoorzamen in wat we lezen in Zijn Woord en in, waar we naar kijken in dit boek, mensen van vrede vinden en hen opbouwen. Als we dat inzien, is het ook duidelijk hoezeer we evangelisten nodig hebben om gelovigen toe te rusten. Want we zijn allemaal geroepen om een persoon van vrede te vinden in ons dagelijks leven. We gaan niet allemaal de straat op, zoals de evangelisten, maar we kunnen allemaal een persoon van vrede ontmoeten. Evangelisten moeten hun broeders en zusters trainen in hoe ze dat kunnen doen. Evangelisten moeten ook zelf erop uitgaan om te evangeliseren en hen die begiftigd zijn met andere gaven hem laten helpen om bij deze nieuwe gelovige te blijven. Dit is belangrijk als we niet alleen mensen tot geloof willen zien komen, maar ook om een goed fundament te leggen wat ervoor zal zorgen dat iemand volwassen wordt in Christus. Samenwerken met alle bedieningen c.q. gaven van de Geest is belangrijk als we willen dat het evangelie zich verspreid onder de familie van de persoon van vrede of zelfs in de hele stad.

> **Als we in staat zouden zijn om de vijfvoudige bediening te herkennen in elkaar, en zouden samenwerken in het vervullen van de opdracht van Jezus, zouden we dingen zien waar de meeste mensen alleen maar van dromen. We zouden hele gezinnen en hele steden tot geloof zien komen.**

Leraren moeten ook de gelovigen helpen om het fundament te leggen. We hebben hen nodig, want we zijn niet allemaal zoals zij; we hebben niet allemaal de moed om voor veel mensen te gaan staan om hen te onderwijzen. Maar we hebben allemaal het Woord nodig in ons leven. We kunnen wel allemaal het evangelie uitleggen aan iemand. Zo kunnen en moeten we elkaar opbouwen, met de gave(n) die we ontvangen hebben en worden wat God van ons vraagt. Als we gaan samenwerken, zullen we een groei in het koninkrijk van God zien als nooit tevoren. Dus als je een persoon van vrede vindt, doe dan wat Jezus heeft gezegd en blijf bij diegene. Het maakt niet uit of je een evangelist bent of niet, omdat je het niet alleen hoeft te doen. Je kunt mensen vinden die jou kunnen bijstaan in de gebieden waar jij zwak bent. Ben je totaal niet goed in evangeliseren? Vindt dan iemand die er wel goed in is en trek met diegene op. Je zult beiden van elkaar leren en samen kun je veel vrucht dragen. Neem iemand die je nog maar net hebt ontmoet niet meteen mee naar de kerk en laat ze ook niet zomaar alleen. Blijf bij hen en bouw een relatie op en zorg dat er ook andere gelovigen om jou heen zijn waar je het samen mee kunt doen.

Realiseer je dat de persoon van vrede ook een netwerk heeft dat ook Jezus nodig heeft.

Jaren geleden ontmoette ik in Denemarken een jonge vrouw tijdens een bijeenkomst. Ze was een persoon van vrede. Ik bad voor haar been en zij genas. Ze was zo blij want ze voetbalde heel graag, maar vanwege haar blessure had ze al heel lang niet meer gespeeld. Nu kon ze weer voetballen. Na deze genezing ontmoette ik haar en haar moeder en ik deelde het evangelie met hen. De jonge vrouw bekeerde zich, liet zich dopen en ontving de heilige Geest. Haar moeder stond ook open voor het evangelie maar zij was nog lid van de Lutherse staatskerk, dus toentertijd was zij nog niet wedergeboren. Ik vroeg aan haar hoe ze het zou vinden als ze nog meer mensen uitnodigde, ik bij haar thuis met hen het evangelie zou delen en met hen zou bidden, zoals ik ook met haar dochter had gebeden. Ze was hier erg enthousiast over maar ze gaf aan dat ze niet wist of die mensen dan wel zouden komen, want ze had haar vrienden al vele malen uitgenodigd om naar de kerk te komen, en niemand wilde mee. Ik zei tegen haar dat ik begreep waarom haar vrienden niet mee wilden naar de kerk, maar dat het anders zou zijn voor hen als ze bij haar thuis konden komen en het evangelie zouden horen. Het is een grote stap voor vrienden om naar een kerk te gaan waar ze nog nooit geweest zijn. Het was geen grote stap om bij hun vriendin thuis te komen, want daar kwamen ze regelmatig. Dus ze stemde ermee in om een mail naar al haar vrienden te sturen met een uitnodiging om het evangelie te horen en te horen hoe haar dochter was genezen en God had ontmoet. Ze stuurde deze mail naar zeventien vrienden en tot haar verrassing kwamen er zestien! Ze was in shock want ze had haar vrienden al zo vaak uitgenodigd om met haar naar de kerk te gaan, maar niemand ging met haar mee. En nu waren er zestien geïnteresseerd om bij haar thuis het evangelie te horen. Waarom?

Zoals ik al gezegd heb, was naar de kerk gaan een te grote stap voor haar vrienden. Haar huis was bekend terrein. Het enige verschil was dat ik er was om het evangelie uit te leggen. Tijdens deze bijeenkomst kwam God met Zijn kracht; ze hoorden het evangelie en velen ontvingen genezing en bevrijding. Het was geweldig. Het probleem was, dat in die tijd van mijn leven, ik niet begreep dat de vijfvoudige bedieningen moeten samenwerken. Ik had geen tijd om met één van deze nieuwe gelovigen op te trekken, dus er waren geen andere bijeenkomsten meer. Ik had het te druk en was alweer op zoek naar een volgende persoon van vrede.

Vandaag zie ik in, dat als ik mensen met andere bedieningen mee had genomen, zij wellicht een beter contact met hen hadden kunnen opbouwen. Dan hadden we meer vrucht hieruit voort zien komen. In plaats van maar een klein groepje tot geloof te zien komen, die nu andere bijeenkomsten bezoeken, hadden we met hen een nieuwe gemeente kunnen starten. Ik geloof dat dit wat ik onderwijs waar is. Het is zo fantastisch want we beginnen te zien hoe verschillende bedieningen met elkaar gaan samenwerken. We zijn begonnen Jezus te gehoorzamen en blijven bij mensen van vrede en bouwen met hen een gemeenschap. Ga dus niet van het ene huis naar het andere. Laten we samenwerken met alle bedieningen en laat ze samenkomen en een fundament bouwen voor de nieuwe gelovigen zodat zij zich kunnen ontwikkelen tot volwassenen discipelen van Jezus Christus. En we moeten zo ook samenwerken in het bereiken van het netwerk van de persoon van vrede.

Laten we bidden dat God ons samen zal brengen met mensen met andere gaven van de vijfvoudige bediening die hetzelfde doel en dezelfde focus hebben. Mensen die ons kunnen aanvullen. Samen kunnen we makkelijker Jezus gehoorzamen in de opdracht die Hij ons gegeven heeft. Samen kunnen we mensen van vrede tot geloof zien komen en verder opbouwen in het geloof, en zelfs hele steden zien veranderen.

# 15

## VEEG HET STOF AF

**Als we echt effectief willen zijn in het vinden van een persoon van vrede, moeten we dat doen wat Jezus zegt, en wat we moeten doen als we niet welkom zijn ergens. We moeten het stof van onze voeten vegen en verder gaan. We moeten zijn als de boer die op zoek is naar vruchtbare grond om in te zaaien.**

In dit hoofdstuk maken we een sprongetje naar de verzen 10 en 11 van Lukas 10. We zullen later naar vers 9 kijken, waar Jezus spreekt over het genezen van de zieken en het verkondigen van het evangelie. In Lukas 10: vers 10 en 11 staat het volgende: "Maar welke stad u ook maar binnen gaat en men ontvangt u niet, ga naar buiten, de straat op, en zeg: Zelfs het stof uit uw stad dat aan ons kleeft, schudden wij tegen u af. Maar weet dit, dat het Koninkrijk van God dicht bij u is gekomen."

De reden dat we nu eerst naar deze verzen kijken, is omdat ze verbonden zijn met het vinden van een persoon van vrede, waar we in de afgelopen hoofdstukken al naar gekeken hebben. In vers 10 en 11 staat hoe we moeten reageren wanneer iemand geen persoon van vrede blijkt te zijn. Dit is net zo belangrijk als Zijn instructies aangaande wat we moeten doen wanneer we wel een persoon van vrede vinden. Anders gezegd: Als we niet doen wat Jezus zegt dat we moeten doen met mensen die geen persoon van vrede zijn (zij die het evangelie niet willen horen), zullen we nooit effectief zijn in het vinden van personen van vrede, en we zullen dan met moeite het koninkrijk van God zien groeien. Als we iemand ontmoeten die geen persoon van vrede blijkt te zijn, moeten we direct het stof van onze voeten vegen en verder gaan. We zullen mensen ontmoeten die wel open staan voor het evangelie en ons willen ontvangen in hun huis. Helaas willen de meeste mensen ons niet ontvangen en het evangelie niet horen.

Soms als ik de straat op ga om te evangeliseren, zijn er wel veertig of vijftig mensen die ik benader voordat ik een persoon van vrede vind, die bereid is om te luisteren naar het volledige evangelie. Als ik al mijn tijd zou stoppen in iemand die niet open staat voor het evangelie, ontmoet ik degene die er wel voor open staat niet. Natuurlijk kunnen we in discussie gaan en debatteren met mensen die geen persoon van vrede zijn. We kunnen al onze tijd en energie daarin stoppen, maar zo vinden we niet de persoon die bereid is om het evangelie te ontvangen, de persoon die al door God is geroepen. De meeste mensen die ik op straat en in mijn dagelijkse leven ontmoet, noem ik geen persoon van vrede. Vaak ben ik in de gelegenheid om iets met hen te delen, maar ze zijn niet klaar om het hele evangelie te ontvangen. Er is een groot verschil tussen mensen die naar je willen luisteren omdat zij aardig zijn en mensen die bereid zijn het evangelie te ontvangen in antwoord op Gods roepen. We moeten volhouden in het vinden van die persoon, ook al zijn er veertig of meer mensen die ons en het evangelie afwijzen.

Toen ik vele jaren geleden begon met evangeliseren, wist ik niet wat ik nu weet. Als ik toen had geweten wat Jezus bedoelde in Lukas

10, zou er zoveel meer vrucht zijn geweest op mijn werk voor het koninkrijk van God. Het zou er ook voor gezorgd hebben dat mij heel veel discussies en onplezierige gebeurtenissen bespaard waren. Ik dacht destijds dat iedereen die ik tegenkwam het hele evangelie moest horen, of ze dat nu wilden of niet. Ik heb dus veel tijd verspild met het delen van het evangelie aan mensen die niet wilden luisteren of geloofden wat ik hen vertelde. Daardoor belandde ik ook vaak in lange discussies over dingen als 'welke religie is de beste', 'of alle religies hetzelfde waren of niet'; wetenschap en evolutie waren ook populaire onderwerpen en vaak ging het over hoe stom het was om in een God te geloven. Ik dacht op een gegeven moment dat de mensen het evangelie niet wilden aannemen omdat ik hen niet de juiste antwoorden gaf op al hun vragen. Dus ik begon allerlei onderwerpen en religies te bestuderen. Ik bestudeerde religies, evolutie en de bigbangtheorie. Ik bestudeerde wat de jehova getuigen, de mormonen en wat moslims geloofden. Ik was er echt van overtuigd dat als ik antwoorden had op al hun vragen en argumenten, zij zich zouden bekeren en in Jezus zouden gaan geloven. Maar ik kwam erachter dat ze helemaal niet geïnteresseerd waren in het antwoord. Wanneer zij met al hun argumenten kwamen waarom mijn geloof en de bijbel onzin waren, deden ze dat niet omdat ze het antwoord wilden weten. Het was slechts een excuus voor hen zodat ze in hun zonden konden blijven. De waarheid is dat zondaren die hun zonden liefhebben, niet geïnteresseerd zijn in bekering. Er is niemand wedergeboren vanwege de discussies; ze wilden zichzelf rechtvaardigen in plaats van bekeren, daarom hadden ze al die argumenten. Alle tijd die ik gestopt heb in het bestuderen van bovengenoemde onderwerpen, zodat ik antwoorden had op hun argumenten, was tijd waarin geen enkele vrucht werd voortgebracht.

Vandaag gebruik ik niets van wat ik destijds bestudeerde; het meeste ben ik zelfs al vergeten. Maar vandaag zie ik meer vrucht dan ooit. Ik zie veel meer mensen tot geloof komen en dat komt omdat ik sneller het stof van mijn voeten veeg en verder zoek naar mensen van vrede. En met deze mensen hoef je niet te discussiëren en te debatteren over evolutie, wetenschap en religie, omdat de heilige Geest hen reeds getrokken heeft en zij echt op zoek zijn naar de waarheid. Dus als je hen ontmoet, zijn ze direct bereid om naar je te luisteren en klaar om te ontvangen. Je kunt direct het evangelie aan hen uitleggen, je hoeft niet allerlei vragen te beantwoorden die ze misschien wel hebben. Dat komt eventueel later wel, als zij Jezus al hebben aangenomen en God hun ogen reeds heeft geopend. Ze zullen wellicht de antwoorden vinden op vragen die ze hadden, maar het is niet meer belangrijk voor hen. Ze hebben de waarheid al gevonden en alles wat ze nodig hebben.

Een fout die veel gelovigen vandaag maken, is dat ze zich richten op een klein groepje mensen en met hen het evangelie delen. Jaar in, jaar uit, proberen zij hen tot geloof te brengen, ook al zijn zij niet bereid om echt naar hen te luisteren. Dit zijn vaak mensen die dichtbij hen staan, vrienden en familie. Ze verliezen zo heel veel tijd, terwijl ze in diezelfde tijd mensen hadden kunnen bereiken die wel bereid zijn om het evangelie te ontvangen. Jezus zegt dat we het stof van onze voeten moeten vegen, wanneer mensen de boodschap niet willen ontvangen. De opdracht is niet om dan jaren met deze mensen op te gaan trekken, terwijl ze niet willen luisteren. Daarom komen er zo weinig mensen tot geloof in de kerken. We zaaien het zaad in de verkeerde grond.

Zoals de discipelen gehoorzaamden in alles wat Jezus hen opdroeg in Lukas 10, zien we dat ook de eerste christengemeenten hiermee doorgingen in het boek Handelingen. In Handelingen 13: 50-51 lezen we: "Maar de Joden stookten de godvrezende en aanzienlijke vrouwen en de vooraanstaanden van de stad op en ontketenden een vervolging tegen Paulus en Barnabas, en zij verdreven hen uit hun gebied. Maar zij schudden tegen hen het stof van hun voeten af en gingen naar Ikonium." We zien hier hoe ze probeerden de mensen te bereiken, maar zij wilden niet ontvangen en daarom trokken ze verder naar de volgende stad. In het volgende vers, Hoofdstuk 14:1, staat: "En het gebeurde in Ikonium dat zij samen de synagoge van de Joden binnengingen, en zo spraken, dat een grote menigte, zowel van Joden als van Grieken, geloofde."

Wow. In plaats van veel tijd te stoppen in mensen die niet open staan voor het evangelie, handelden zij als Jezus, en trokken ze verder. Als zij dat niet hadden gedaan, hadden zij in Ikonium niet de grote menigte tot geloof zien komen.

**Als jij effectief wilt zijn, neem dan het zaad (je tijd en het Woord van God) en gebruik het slim. Gooi je tijd en het evangelie niet in grond wat niet vruchtbaar is. Als je het eenmaal gezaaid hebt, is het voorgoed verloren.**

Je moet begrijpen dat wanneer je probeert om Jezus te delen met dezelfde mensen die er niet voor open staan, hun harten alleen maar meer dicht gaan ten opzichte van Jezus en het evangelie. Dus het evangelie prediken aan mensen die niet willen luisteren, zal hen niet helpen. Het zal hen eerder schaden. Nu zijn er miljoenen mensen die hard en bitter zijn geworden in hun hart, omdat wij niet gedaan hebben wat Jezus ons heeft opgedragen. Ik kom ze overal tegen. Mensen die vrienden en familie hadden die probeerden hen te bekeren, terwijl ze daar niet klaar voor waren. Deze mensen hadden moeten luisteren naar Jezus, en de heilige Geest de ruimte moeten geven om in hen te werken, zodat ze een persoon van vrede zouden worden. Maar nu hebben ze zozeer hun hart verhard dat ze niet willen luisteren naar iets of iemand wat met God te maken heeft.

Een andere fout die mensen vaak maken, is dat ze denken dat ze iemand voor Christus kunnen winnen door vrienden te worden met hen. Mensen proberen anderen voor het evangelie te winnen door jaren met iemand op te trekken in de hoop dat zij plotseling op een dag zullen zeggen: "Wat heb jij wat ik niet heb?" En ja, ik heb enkele verhalen gehoord over mensen die op deze manier voor Christus zijn gewonnen. Maar ik heb anderzijds ook verhalen gehoord van mensen die juist door de vrienden die zij voor Christus wilden winnen, werden beïnvloed. Ik zie het vrij vaak zo eindigen, dat de mensen die op deze manier evangeliseren, uiteindelijk lauw worden, beïnvloed door hun ongelovige vrienden, en zelfs van hun geloof afvallen.

Ik heb helaas velen afvallig zien worden door wat we noemen 'vriendschap evangelisatie'. Deze vorm kan goed zijn als mensen oprecht zoekend zijn naar de waarheid. Maar als wedergeboren christenen gaan omgaan met vijanden van het evangelie en ze ook niet geïnteresseerd zijn in het evangelie, eindigt het vaak in een afdwalen van de waarheid. En ik heb het hier niet alleen over mensen die schaamteloos tegen God zijn, maar de gevaarlijkste mensen om door beïnvloed te worden, zijn zij die heel aardig lijken en de juiste dingen zeggen, maar in hun levenswandel God ontkennen. Als jij niet de mensen beïnvloedt waar je mee omgaat, zullen zij jou gaan beïnvloeden. Het is zo eenvoudig, en iets waar we ons allemaal van bewust moeten zijn. Het is extreem belangrijk dat we doen wat Jezus ons heeft geïnstrueerd. We moeten het stof van onze voeten vegen en verder gaan, zodat we niet worden beïnvloed door hen, die van hun zonden houden. We moeten beter worden in het luisteren naar de heilige Geest, en gaan doen wat God ons heeft opgedragen.

Ik herinner mij een keer dat ik een gezin naar de Heer had geleid. Kort nadat ik dit had gedaan, nodigde de moeder mij en mijn familie uit om bij haar en haar familie te komen eten. Ze nodigde ook haar broer uit in de hoop dat ik haar broer over Jezus zou kunnen vertellen, en hem ook naar de Heer zou leiden. Dus tijdens de maaltijd zat ik tegenover hem en ik begon over Jezus te praten. Ik kon direct zien dat hij niet geïnteresseerd was en geen persoon van vrede was. Dus in plaats van door te gaan met preken, veranderde ik van onderwerp en hadden we een gesprek over andere dingen. Na de maaltijd legde ik aan zijn zus uit, dat hij op dit moment er niet klaar voor was om Jezus te accepteren, en dat het daarom beter was dat ik van onderwerp veranderde, zodat hij niet geïrriteerd raakte. Ik zei ook tegen haar dat we voor hem moesten bidden en hem aan God over moesten geven, zodat God aan het werk kon gaan in zijn leven. Ondertussen zouden wij het evangelie delen met mensen die er wel open voor stonden, die er klaar voor waren om te ontvangen.

Een jaar later ging ik terug om deze familie te bezoeken en haar broer was er ook. Dit keer was alles anders. Nu was hij een persoon van vrede en klaar om zijn leven aan Jezus te geven. Hij was er zo klaar voor, dat hij bijna niet kon wachten tot ik klaar was met het delen van het evangelie. Wat was er gebeurd? Wel, in zijn geval, ging hij door een moeilijke periode in zijn leven wat hem nederig maakte en hem op een moment in zijn leven had gebracht, waar hij klaar was om Jezus te ontvangen in zijn leven. Hij had zijn vrouw verlaten en hij was bij een jonge vrouw ingetrokken. Maar kort daarna kreeg hij spijt van zijn beslissing, verliet de jonge vrouw en keerde terug naar zijn vrouw.

Zijn vrouw wilde hem een tweede kans geven totdat ze erachter kwam dat de jonge vrouw zwanger was van hem. Toen wilde ze niets meer met hem te maken hebben en zo was hij bij zijn zus in de kelder terecht gekomen. Hij was met zijn leven op een punt van wanhoop en hij besefte dat hij hulp nodig had. Vanwege de wanhoop zag hij in dat hij niet zonder Jezus kon leven. Hij zag wat er van zijn leven was geworden en was wanhopig voor bevrijding van zijn zonden en wanhopig voor Jezus in zijn leven. Dus die dag gaf hij zijn leven aan God. Hij werd gedoopt en ontving de heilige Geest, samen met een nieuwe schepping!

We moeten God tijd geven om in het leven van mensen te werken. We zullen geen vrucht zien, hoeveel we ook tegen de mensen preken, als God niet in hen aan het werk is en als ze nog niet klaar zijn om het evangelie te ontvangen. We kunnen tegen zondaren aan blijven praten die zich niet willen bekeren, maar het zal er alleen maar toe leiden dat iemands hart harder en harder wordt en zij zich steeds verder zullen afsluiten voor het evangelie. In plaats van dat te doen, moeten we snel kunnen onderscheiden waar mensen in hun leven staan op dat moment, zodat we doorhebben of iemand een persoon van vrede is of niet. Als ze dat niet zijn, moeten we snel het stof van onze voeten vegen en verder gaan, maar we moeten bij de mensen blijven die open staan voor God en Zijn Woord. Deze mensen moeten we tot Jezus leiden en discipelen van hen maken.

Als ik mensen ontmoet, vertel ik hen een beetje over mijn geloof en wat God in mijn leven heeft gedaan, en dan kijk ik hoe ze daarop reageren. Als ze er open voor staan, vertel ik hen meer, maar als ze niet geïnteresseerd zijn, vertel ik niet meer en ga ik verder naar de volgende. Soms geef ik ze alleen een kaartje met daarop een link naar De Laatste Reformatie film en vertel erbij dat als ze interesse hebben, deze film kunnen kijken. Natuurlijk ontmoet je soms mensen waarvan je denkt dat ze maar één kans hebben om het evangelie te horen. Als dat gebeurt, moet je luisteren naar wat de heilige Geest zegt. De heilige Geest zou kunnen zeggen dat je erg direct en duidelijk moet zijn en je door niets moet laten tegenhouden. Elke keer is het anders, maar over het algemeen besteed ik weinig tijd aan mensen die niet willen luisteren.

In het verleden sprak ik in twee uur maar vier of vijf mensen omdat ik lange discussies met hen had. En wanneer ik al die discussies had beëindigd, ging ik terug naar huis zonder dat ik een persoon van vrede had gesproken. Ik dacht dat er iets schortte aan de oogst omdat degene die ik ontmoette niet open stonden. Omdat degene waar ik mee sprak meestal niet geïnteresseerd waren in God, dacht ik dat de oogst niet groot noch gereed was ook al had Jezus dat wel gezegd. Dit was wat ik ervaarde, totdat ik het stof van mijn voeten begon te vegen en verder ging zoals Jezus had opgedragen. Toen zag ik dat het precies zo was als Jezus had gezegd. Als jouw ervaring is dat de oogst niet groot en gereed is, kijk je op de verkeerde plek. Misschien is het tijd om verder te gaan en niet al je tijd aan de verkeerde mensen te besteden.

Nu zie ik dat de oogst gereed is, omdat als ik mensen aanspreek en zie dat ze niet open zijn, ik snel verder ga. En soms vraag ik het wel aan vijftig mensen, voordat ik een persoon van vrede vind. Als ik die persoon vind, ga ik met diegene zitten en dan praten we. Het is iets heel bijzonders om met iemand het evangelie te delen waar God in heeft gewerkt, waarvan je weet dat hij/zij wedergeboren zal worden en Jezus zal gaan volgen de rest van zijn/haar leven. Ik houd gewoon van dit leven! Er is echt niets zo speciaal als blijvend vrucht dragen. Dus verspil je tijd niet aan de verkeerde mensen.

Nu, op dit moment, zijn er mensen zoals Paulus in jouw buurt, die 'blind' thuis zitten. Deze mensen hebben het Licht gezien en hopen iemand als Ananias te ontmoeten, die kan komen en met hen kan praten. Ja ze wachten op een discipel van Jezus die met hen praat en hen de handen oplegt, zodat ze genezen worden en het evangelie kunnen horen en ontvangen. Eens was ik zo iemand. Ik heb een tijd in mijn leven gehad dat ik Jezus niet kende. Ik was gedoopt en bevestigd in de Deense Lutherse Kerk, net als 90% van de Deense bevolking in die tijd, maar het was slechts religie. Het was alleen maar traditie en geen leven. Ik begreep niets van de Bijbel of wie Jezus was. Ook al begreep ik er niets van, ik had wel een honger in mij. Toen ik 18 jaar oud was, was ik er klaar voor om de waarheid te vinden. Ik herinner mij de eerste keer dat iemand mij het evangelie uitlegde. Ik ontving direct wat zij zeiden en ik gaf mijn leven aan Jezus en sindsdien heb ik nooit meer omgekeken. Een week voordat ik voor het eerst het evangelie hoorde, werkte ik een nachtdienst in een bakkerij, toen ik plotseling omhoog keek in de lucht en schreeuwde: "God, als U daar bent, kom en neem mij mee! Ik wil U kennen!" Ja ik wilde wanhopig graag de waarheid ontdekken, maar ik wist toen niet dat Jezus de Waarheid is. Toen ik deze woorden uitschreeuwde, dacht ik dat er misschien een UFO zou komen die mij omhoog zou stralen en zou wegvliegen met mij. Ik dacht zelfs dat er misschien een grote engel zou verschijnen of dat er plotseling een handschrift op de muur zou verschijnen. Ik had echt geen idee waar ik naar op zoek was, maar ik was op zoek naar de waarheid. Ik was op zoek naar iets dat echt was. Ik was op zoek naar een doel in mijn leven. Als ik terugkijk op die tijd in mijn leven, zie ik dat de heilige Geest, zonder dat ik het wist, mij trok en klaarmaakte. Het enige wat ik nodig had was iemand die zou komen en mij over Jezus zou vertellen. De persoon was mijn vriend die ook zijn leven aan Jezus had gegeven. Zodra mijn vriend mij vertelde over Jezus, ontving ik het als de waarheid en ik gaf mijn leven aan Jezus. Waarom deed ik dat? Omdat ik een persoon van vrede was. En er zijn meer mensen zoals ik daarbuiten op dit moment.

Ik ben niet opgegroeid in een christelijk gezin en ik had tot dan toe, nooit eerder iemand ontmoet die wedergeboren was. Ik kende niets anders dan religie en de Lutherse kerk. Later, terwijl ik opgroeide, ontdekte ik dat er veel christenen in mijn stad woonden en er was zelfs een bijbelschool. Ja, ik ontdekte dat ik was opgegroeid in een stad met misschien wel de meeste christenen van heel

Denemarken. Maar helaas was er niemand die mij had benaderd en over God had verteld. Waarom? Dit was zo omdat zij waarschijnlijk erg druk waren met hun kerkelijke activiteiten en het ontmoeten van hun eigen vrienden. Ondanks dat, zond God toch iemand om mij het evangelie te vertellen en op 5 april 1995 heb ik mijn leven aan Jezus gegeven. Ik was er zo klaar voor. Als iemand mij een maand eerder of zelfs jaren eerder had verteld over het evangelie, was ik er ook klaar voor geweest. Ja, ik was eigenlijk al lange tijd klaar om mijn leven aan Jezus te geven.

---

**Er zijn daarbuiten op dit moment miljoenen mensen die zoekende zijn. Ze zoeken iets maar zijn er niet zeker van wat het is. Ze zijn op zoek naar God en ze hebben jouw hulp nodig om te helpen Hem te vinden.**

---

Ik wil zeggen dat er veel mensen zijn, die er klaar voor zijn om hun leven aan Jezus te geven. Maar als alle christenen zich de komende vijf tot tien jaar zouden richten op drie of vier vrienden, hoe moet het dan met hen die niet zo fortuinlijk zijn een vriend te hebben die hen over Jezus kan vertellen? Als we al onze tijd stoppen in dezelfde mensen, zullen we niet doen wat de Bijbel zegt als het gaat over het stof van je voeten vegen en verder gaan. Anders kunnen we de mensen die echt op zoek zijn naar de waarheid en die personen van vrede zijn niet vinden. Onthoud dat als je effectief wilt zijn in het vinden van een persoon van vrede en je wilt effectief zijn in het koninkrijk van God, je de woorden van Jezus moet gehoorzamen. Veeg het stof van je voeten en ga verder als mensen je boodschap afwijzen. Besteed geen vijf of zelfs tien jaar aan mensen die niet willen luisteren naar het evangelie. De oogst is groot en gereed en dáár zijn zij die honger hebben en op je komst wachten.

# 16

## GENEES DE ZIEKEN EN VERKONDIG HET EVANGELIE

---

**Jezus is dezelfde, gisteren, heden en tot in eeuwigheid. Toen Jezus op de aarde wandelde, ging Hij de huizen van de mensen binnen, omdat de zieken een dokter nodig hadden en zondaars vergeving. Nu zijn jij en ik Zijn lichaam, we brengen genezing en vergeving bij de mensen.**

---

De oogst is groot en er zijn weinig arbeiders. We moeten bidden dat God meer arbeiders uitzendt in de oogst. Jezus zegt vele malen welke twee dingen we zouden moeten doen als we de oogst ingaan;. Dat zijn het verkondigen van het evangelie en het genezen van de zieken. Jezus betaalde een hoge prijs aan het kruis zodat wij in staat zijn om genezing te brengen aan de zieken en vergeving van zonden voor de zielen. Dit is wat Jezus deed, waar Hij voor gestorven is, en wat Hij nu nog door ons Zijn lichaam heen doet.

We hebben reeds gekeken naar de oogst, dat die gereed is en vol met mensen van vrede. Ook hebben we gekeken naar het feit dat er heel veel mensen zijn, die de boodschap die we hebben, niet willen ontvangen en dat wanneer dat gebeurt, we het stof van onze voeten moeten vegen en moeten doorgaan. In de komende hoofdstukken gaan we kijken naar wat Jezus heeft gezegd over het prediken van het evangelie en het genezen van de zieken.

Lukas 10: vers 9 is een belangrijk vers om te bestuderen, er staat: "genees de zieken die daar zijn, en zeg tegen hen: Het Koninkrijk van God is dicht bij u gekomen." Wat Jezus hier zegt, is eigenlijk heel interessant. Jezus zegt dat we de zieken moeten genezen en dat we daarna moeten zeggen dat het koninkrijk van God dichtbij is gekomen. De volgorde is belangrijk; Hij zegt dat we eerst de zieken moeten genezen en daarna het evangelie moeten prediken. Wij denken vaak dat we het in een andere volgorde moeten doen; het is ook wat we in veel kerken zo zien gebeuren. Eerst wordt er gepreekt en daarna is er eventueel ruimte voor gebed. Jezus zegt hier dat de volgorde moet zijn: eerst genezen en dan het evangelie prediken.

Vele jaren geleden ging ik naar een kerk waar de voorganger 45 minuten tot een uur moest preken voordat iemand kon bidden voor zieken. Sindsdien heb ik ontdekt dat het niet op die manier hoeft. Nee, het is niet nodig om eerst te preken of geloof in mensen te creëren, voordat je voor hen kunt bidden. Tegenwoordig begin ik vaak met gebed voor genezing van de zieken, en als ze genezen zijn, vertel ik aan hen het evangelie en leg ik aan hen uit wat er zojuist gebeurd is. Ik zie veel positieve punten in eerst genezen en dan prediking. Ja, wanneer mensen genezing meemaken, staan ze er echt open voor wat je te vertellen hebt. Er is geen betere manier om iemands aandacht te winnen dan wanneer ze net bevrijding of genezing hebben ervaren in hun lichaam. Het is echt geweldig om met iemand het evangelie te delen, die net is genezen, want alles wat je vertelt, komt gelijk tot leven voor diegene.

Misschien denk je: "Ja maar wat gebeurt er dan wanneer je voor iemand hebt gebeden die niet geneest?" Misschien denk je dat het voor hen dan veel moeilijker zal worden om naar het evangelie te luisteren, omdat ze niet meteen genezen zijn. Maar dat is niet het geval. Zelfs als je aan hen laat zien dat je bereid bent om voor hen te bidden, is dat al een getuigenis, zelfs al worden ze niet genezen. Wanneer we uitstappen in geloof, en voor iemand bidden die niet genezen wordt, toont dit dat we in genezing geloven, dat dit reëel is voor ons.

Ik wil geen enorme theologie bouwen op de volgorde waarop we de dingen zouden moeten doen, of we eerst de zieken moeten genezen en dan het evangelie moeten prediken of andersom. Elke plaats en elk mens zijn anders, en we hebben in elke situatie de leiding van de heilige Geest nodig. Op verschillende plaatsen in de bijbel zegt Jezus dat we eerst de zieken moeten genezen en daarna het evangelie moeten prediken, maar we vinden ook een volgorde van eerst prediken en dan genezen. Dus de volgorde waarop we het doen is niet cruciaal. Wat wel cruciaal is, is dat we het beiden doen. Er is geen plaats in het Nieuwe Testament waar je Jezus alleen de opdracht tot prediking of alleen de opdracht om te genezen hoort geven. Hij roept ons op om beide te doen en we zien door het hele Nieuwe Testament dat genezing en prediking hand in hand gaan. Het is niet bedoeld als een suggestie, zo van, als we dat willen, zijn we ertoe uitgenodigd om dat te doen maar zo niet, dan hoeven we het niet te doen. Het is een opdracht. Jezus heeft ons - wij die van Hem houden en Hem volgen- opgedragen om Hem te gehoorzamen. Hij heeft ons onder andere opgedragen om de zieken te genezen en de mensen het evangelie te vertellen. Als je van Hem houdt, houd je je aan Zijn geboden. (Joh.14:15) Als discipelen van Jezus, kunnen we moedig voor de zieken bidden, omdat we weten dat het de wil van God is. Jezus heeft het ons opgedragen, zowel het bidden voor de zieken als het prediken van het evangelie. Zowel voor genezing van de zieken als voor de prediking van het evangelie heeft Jezus betaald met Zijn leven, toen Hij stierf aan het kruis.

In Jesaja 53: 1-6 staat: "Wie heeft onze prediking geloofd, en aan wie is de arm van de HEERE geopenbaard? Want Hij is als een loot opgeschoten voor Zijn aangezicht, als een wortel uit dorre aarde. Gestalte of glorie had Hij niet; als wij Hem aanzagen, was er geen gedaante dat wij Hem begeerd zouden hebben. Hij was veracht, de onwaardigste onder de mensen, een Man van smarten, bekend met ziekte, en als iemand voor wie men het gezicht verbergt; Hij was veracht en wij hebben Hem niet geacht. Voorwaar, onze ziekten heeft Híj op Zich genomen, onze smarten heeft Hij gedragen. Wíj hielden Hem echter voor een geplaagde, door God geslagen en verdrukt. Maar Hij is om onze overtredingen verwond, om onze ongerechtigheden verbrijzeld. De straf die ons de vrede aanbrengt, was op Hem, en door Zijn striemen is er voor ons genezing gekomen. Wij dwaalden allen als schapen, wij keerden ons ieder naar zijn eigen weg. Maar de HEERE heeft de ongerechtigheid van ons allen op Hem doen neerkomen."

Ik ben niet iemand die helemaal idolaat is van genezing, op een manier dat het fanatiek is, alleen maar gericht op genezing en alle boeken lezend over genezing. Genezing is niet wat mij het meest interesseert. Ik vind onderwerpen als evangelisatie en discipelschap veel interessanter. Ik heb zoveel meer boeken over deze onderwerpen gelezen dan boeken over hoe we de zieken moeten genezen, maar ik houd van Jezus en ik wil een goede en trouwe dienstknecht van Hem zijn. Ik wil een discipel zijn waar Hij op kan rekenen en daarom bid ik voor de zieken. Dat is waarom het genezen van zieken onderdeel is van mijn leven en bediening. Ik houd van Jezus, daarom houd ik mij aan Zijn geboden. 1 Joh.2:4 zegt: "Wie zegt: Ik ken Hem, en Zijn geboden niet in acht neemt, is een leugenaar en in hem is de waarheid niet." Dus ik bid voor de zieken en verkondig het evangelie omdat ik van Jezus houd en Hem wil gehoorzamen. Het verkondigen van het evangelie en genezen van de zieken zijn niet twee speciale roepingen die voor een klein groepje gelden. Het is onderdeel van het gehoorzamen van Jezus. Als je de tijd neemt om de vier evangeliën door te lezen, zul je zien dat het genezen van de zieken en het uitdrijven van demonen maar een klein deel was van Jezus' leven. Als je kijkt naar Jezus en ziet hoe Hij leefde, hoeveel tijd Hij nam voor het genezen en bevrijden van mensen, en hoeveel tijd Hij nam voor onderwijs en het verkondigen van het evangelie, weet je hoe wij het moeten doen. Ik zeg niet dat iedereen de wereld moet gaan rondreizen en precies moet gaan handelen zoals Jezus. Ik weet dat er verschillende bedieningen zijn, maar we zijn geroepen om op de plek waar we geplaatst zijn, deel van het lichaam van Christus te zijn. Bidden voor de zieken en het verkondigen van het evangelie is wel een opdracht die voor al Zijn discipelen geldt.

Voordat ik verder ga: Als je bij jezelf denkt dat jij niet het soort mens bent die kan evangeliseren en kan bidden voor zieken, wil ik tegen je zeggen dat het voor mij in het begin ook heel moeilijk was in om dit te gaan doen. Ja, het was echt super eng voor mij, maar weet je, het is nu een stuk makkelijker. Dus geef het tijd en laat God werken in jouw leven.

Ik wil je wijzen op de woorden uit Mattheüs 11: 28-30, waar staat: "Kom naar Mij toe, allen die vermoeid en belast zijn, en Ik zal u rust geven. Neem Mijn juk op u, en leer van Mij dat Ik zachtmoedig ben en nederig van hart en u zult rust vinden voor uw ziel; want Mijn juk is zacht en Mijn last is licht." Ja, Zijn juk is zacht en Zijn last is licht, ook als het aankomt op het genezen van zieken en het verkondigen van het evangelie.

We moeten sterven aan onszelf. Dit is onderdeel van het discipelschap. Ben je bereid om te sterven aan jezelf? Ben je bereid om een discipel te zijn? Ben je bereid om te leren en dingen stap voor stap te doen? Als dat zo is, relax dan. Zieken genezen en het evangelie vertellen kan net zo natuurlijk voor jou zijn als dat het voor mij en vele anderen is. Je staat er niet alleen voor. We zijn hier om jou te helpen. Eerst is het nodig dat je begrijpt, dat het genezen van zieken en het vertellen van het evangelie, onderdelen zijn van de opdracht van Jezus aan al Zijn discipelen. Satan, onze vijand, is druk geweest om Gods kinderen af te laten dwalen. Hij heeft gezorgd dat er veel verschillende dwaalleringen zijn als het gaat over genezen van zieken en hoe het evangelie gepredikt moet worden. Als het gaat om het genezen van zieken, heeft onze vijand veel mensen laten geloven, dat we, als christenen of discipelen, een zeer speciale gave nodig hebben voordat we zieken kunnen gaan genezen, en dat er maar een paar mensen deze gaven hebben ontvangen.

Laten we kijken naar wat de bijbel zegt over de gave van genezing. In 1 Korinthe 12:30 staat: "Hebben zij soms allen genadegaven van genezingen? Spreken zij soms allen in talen? Zijn zij soms allen uitleggers?" Dit vers heeft het over de 'gave van genezingen' en als we het in de context lezen, weten we dat niet iedereen deze gave heeft in de zin zoals de gave hier bedoeld wordt. Niet iedereen heeft de gave van genezingen, maar dat wil niet zeggen dat er door jou heen geen genezingen kunnen gebeuren, ook al heb je die gave niet. Je hebt de gave van genezingen niet nodig om zieken te genezen en dat is wat veel mensen verkeerd begrepen hebben, wat betreft deze gave. Als we kijken naar Lukas 9 en 10 en Mattheüs 10, waar we lezen hoe Jezus de twaalf en de zeventig uitzond en hoe zij allemaal de opdracht kregen om uit te gaan en de zieken te genezen: Betekende dit dat zij allemaal de gave van genezingen hadden ontvangen? Nee, natuurlijk niet.

In Markus 16:15-18 staat het volgende: "En Hij zei tegen hen: Ga heen in heel de wereld, predik het Evangelie aan alle schepselen. Wie geloofd zal hebben en gedoopt zal zijn, zal zalig worden, maar wie niet geloofd zal hebben, zal verdoemd worden. En hen die geloofd zullen hebben, zullen deze tekenen volgen: in Mijn Naam zullen zij demonen uitdrijven; in vreemde talen zullen zij spreken; slangen zullen zij oppakken; en als zij iets dodelijks zullen drinken, zal het hen beslist niet schaden; op zieken zullen zij de handen leggen en zij zullen gezond worden."

Hier lezen we dus dat deze tekenen de gelovigen zullen volgen. Ja, genezing van zieken, spreken in vreemde talen en demonen uitdrijven, zijn tekenen die de gelovigen zullen volgen. Dus niet een enkeling die daarvoor een speciale gave van de heilige Geest heeft ontvangen. Laat mij uitleggen hoe dit werkt. We lezen over verschillende gaven en bedieningen in de brieven aan de Korintiërs en de Efeziërs en ook wat het doel is van deze gaven en bedieningen. Namelijk om de heiligen toe te rusten in de bedieningen, zodat de gemeente verder opgebouwd kan worden. Efeziërs 4:12 zegt: "om de heiligen toe te rusten, tot het werk van dienstbetoon, tot opbouw van het lichaam van Christus,"

God heeft ons, Zijn lichaam, deze verschillende gaven en bedieningen gegeven, zodat we kunnen worden toegerust om te worden zoals Jezus, en we mensen kunnen helpen in het reine te komen met God. Deze gaven en bedieningen stellen de heiligen dus in staat om Zijn discipelen te zijn, Zijn lichaam hier op de aarde. De gaven en bedieningen zijn er dus om ons toe te rusten in evangelisatie, profeteren, het helpen van mensen, zieken te genezen, in het geven van onderwijs enzovoort. De bijbel is er duidelijk over dat elke gelovige kan profeteren, kan leren zieken te genezen enzovoort.

Probeer je de werkelijkheid eens voor te stellen als we alleen maar konden doen waar we een speciale gave voor hebben ontvangen. Als er dan iemand naar je toekomt die aan jou vraagt of je hem kunt helpen met de keuken, zeg je dan: "Sorry, ik kan je niet helpen, ik heb niet de gave van helpen, ontvangen?" Of als iemand aan je vraagt om geld te doneren voor een bepaald werk of organisatie, zeg je dan: "Sorry, ik kan je geen geld geven want ik heb niet de gave van geven ontvangen?" Of als iemand je vraagt om de kinderen te helpen met huiswerk, kun je dat dan niet doen als je niet de gave van onderwijzen hebt ontvangen? Begrijp je het punt wat ik nu duidelijk probeer te maken?

Dit is niet hoe het zou moeten zijn, want de gaven zijn er om de heiligen mee toe te rusten, zodat zij hun bediening kunnen doen. Ze zijn er niet om ons te begrenzen. Omdat we de heilige Geest hebben ontvangen, zijn we bekwaam om elke gave in de praktijk te brengen. Als we willen leren profeteren bijvoorbeeld. God heeft mensen op de aarde geplaatst die krachtige profeten zijn, zij kunnen jou leren te profeteren. Als je het verlangen hebt om meer liefde te hebben voor de ander, kun je dit leren van de herders die God op aarde heeft geplaatst. Wil je beter kunnen evangeliseren, ga dan in de leer bij een evangelist, die kan jou daarbij helpen. Dus laten we ons focussen op Jezus en doen wat we in de bijbel lezen. Ja, jij kunt de zieken genezen, het evangelie verkondigen, demonen uitdrijven, mensen onderwijzen, en alles doen in Christus Jezus die jou kracht geeft. Misschien word je wel zo goed in een bepaalde gave, dat je anderen gaat trainen en onderwijzen hoe ze hetzelfde kunnen doen. Als dat gebeurt, kunnen we zeggen dat je gezegend bent met die gave. Dus als het gaat over het genezen van de zieken, heb je niet de gave van genezing nodig. Je moet het gewoon doen. Je moet geloven in Gods Woord, uitstappen, en voor de zieken gaan bidden. Als je uitstapt, zul je zien dat Gods Woord waar is, en je zult mensen zien genezen.

Veel christenen staan in hun kerken te wachten op een bijzondere gave of gevoel, maar ze moeten stoppen met afwachten, uitstappen en het gaan doen. Ze moeten luisteren naar het Woord van God, het geloven en het gaan doen. Als jij één van hen bent, denk je misschien wel dat het erg moeilijk is om in vertrouwen uit te stappen om te gaan doen wat Jezus zegt. Maar je kunt altijd mensen om je heen vinden die jou kunnen trainen, helpen en toerusten, zodat je een effectieve arbeider bent in Zijn koninkrijk. Wanneer je mensen ontmoet die ziek zijn, wees moedig en bid voor hen, en je zult zien hoe God geneest. Ja, we kunnen ook voor mensen bidden die niet (meteen) genezen; de discipelen ervaarden dat ook. We zijn slechts een discipel; we zijn hier om te leren, om meer en meer op onze Meester, Jezus, te gaan lijken, en we moeten leven bij de dag. In Mattheüs 10:24 staat: "De discipel staat niet boven de meester en de dienaar niet boven zijn heer." En in Lukas 6:40 staat: "Een discipel staat niet boven zijn meester, maar iedere volmaakte discipel zal net als zijn meester zijn." Wij staan niet boven Jezus, maar als we voldoende training en discipelschap hebben ontvangen, zullen we zijn als Hij.

Verderop in Mattheüs lezen we dat de discipelen bidden voor een jongen met een demon, en ze waren niet bij machte om de demon uit te drijven. Toen Jezus zich bij Zijn discipelen voegde en zag dat het de discipelen niet was gelukt om de demon uit te drijven, berispte Hij de discipelen voor hun gebrek aan geloof, en Hij bevrijdde de jongen van de demon.

We lezen dit in Mattheüs 17: 14-20, waar staat: "En toen zij bij de menigte gekomen waren, kwam er iemand bij Hem, die voor Hem op de knieën viel en zei: Heere, ontferm U over mijn zoon, want hij is maanziek en heeft veel te lijden, want dikwijls valt hij in het vuur en dikwijls in het water. En ik heb hem bij Uw discipelen gebracht, maar zij konden hem niet genezen. Jezus antwoordde en zei: O ongelovig en ontaard geslacht, hoelang zal Ik nog bij u zijn, hoelang zal Ik u nog verdragen? Breng hem hier bij Mij.

En Jezus bestrafte hem, en de demon ging van hem uit; en het kind was vanaf dat moment genezen. Toen kwamen de discipelen bij Jezus en zeiden, toen zij alleen waren: Waarom konden wij hem niet uitdrijven? Jezus zei tegen hen: Vanwege uw ongeloof, want voorwaar, Ik zeg u: Als u een geloof had als een mosterdzaad, u zou tegen deze berg zeggen: Verplaats u van hier, naar daar! En hij zou gaan, en niets zou voor u onmogelijk zijn."

21 "Maar dit soort gaat niet uit dan door bidden en vasten." (Dit vers is niet in alle vertalingen ingevoegd)

Dus het komt aan op eenvoudig geloof. Als we geloven, is niets onmogelijk. Maar we moeten onze geloofsspier trainen. We moeten stappen nemen en het geloof wat we hebben, praktiseren. Als we trouw zijn in de kleine dingen, zal God ons meer geven. Dus in plaats van te denken dat het allemaal afhangt van bijzondere gaven, moeten we ons focussen op discipelschap, want we kunnen alles doen door Christus Jezus, die ons kracht geeft. Als ik in Mattheüs 17 lees hoe de discipelen van Jezus de demon niet konden uitdrijven en hoe Jezus hen berispte, denk ik terug aan de tijd dat ik een stagiaire was bij een bakkerij, aan alle keren dat ik fouten maakte en hoe mijn baas gefrustreerd schreeuwde tegen mij, zoals Jezus tegen Zijn discipelen deed. Maar zo leerde ik het vak, en ook de discipelen leerden hiervan. We zien ook bij de discipelen van Jezus hoe zij groeien; later lezen we hoe allen die bij hen kwamen wel werden genezen. Ik geloof dat het vandaag nog steeds zo werkt. We moeten beginnen op de plek waar we nu zijn en groeien in geloof, gehoorzaamheid en relatie met God. Als je gaat beginnen met bidden voor genezing, kan het zijn dat niet iedereen geneest, maar al doende zullen we leren en groeien, we zullen sterker worden.

## HOOFDSTUK 16: GENEES DE ZIEKEN EN VERKONDIG HET EVANGELIE

Mijn theologie over geloven is een eenvoudige; Ik geloof dat genezing altijd Gods wil is, zoals het ook Zijn wil is dat iedereen gered wordt. Toen Zijn discipelen de demon niet konden uitdrijven, hadden zij met allerlei excuses kunnen komen die verklaarden waarom de jongen niet werd genezen. Ze hadden kunnen zeggen: "Misschien waren er nog zonden in zijn leven, daarom is hij niet genezen', of: "Misschien is het niet Gods wil dat hij geneest", of ze hadden het excuus wat vaak door veel mensen vandaag wordt gebruikt, dat genezing niet meer voor vandaag is. Toentertijd was Jezus fysiek nog op aarde en Hij berispte Zijn discipelen vanwege hun gebrek aan geloof, en Hij bevrijdde de jongen. Nu is Jezus niet meer in levenden lijve aanwezig op aarde, daarom komen we weer met veel valse theologie als mensen niet genezen, als verklaring waarom diegene niet is genezen. Er zijn vele boeken uitgegeven die beschrijven waarom genezing niet meer gebeurt, maar veel van wat er is onderwezen in die boeken is niet bijbels. Als Jezus vandaag fysiek op aarde zou zijn, zou Hij iedereen genezen, net zoals Hij dat eertijds deed, en we zouden veel van onze theologie moeten veranderen, en al die boeken vol valse theologie aangaande genezing weg moeten gooien. Mijn theologie is eenvoudig. Jezus wil iedereen genezen, iedereen die bij Hem kwam, werd genezen. Niet iedereen kwam bij Hem, maar zij die wel kwamen, werden allemaal genezen. Velen zullen zeggen dat dit niet correct is, omdat Jezus niet veel mensen kon genezen in zijn woonplaats, vanwege hun ongeloof. Maar Jezus genas iedereen die bij Hem kwam. We lezen op vele plaatsen hoe de mensen bij Hem werden gebracht, en Hij genas iedereen. In Zijn woonplaats keken ze naar Hem en zeiden ze: "Is dit Jezus, de zoon van Jozef?" en daarom werden er weinig zieken bij Hem gebracht, maar die weinigen legde Hij de handen op en genas Hij.

In Markus 6: 4-6 staat: "En Jezus zei tegen hen: Een profeet is niet ongeëerd, behalve in zijn vaderstad en bij zijn familie en in zijn huis.

En Hij kon daar geen kracht doen, maar Hij legde slechts enkele zieken de handen op en genas hen. En Hij verwonderde Zich over hun ongeloof. En Hij trok de dorpen in de omgeving rond en gaf er onderwijs."

Hier lezen we dus ook dat iedereen genas die bij Hem kwam, al waren het er niet veel vanwege hun ongeloof. Vandaag is het ons doel om te zijn zoals Jezus. We zijn er nog niet, maar als we doorgaan met leren en groeien, geloof ik dat er een dag komt, dat we als lichaam van Christus het punt zullen bereiken, dat we iedereen zien genezen. Zoals we dat ook zien in Handelingen 5: 14-16, waar staat: "En er werden er steeds meer toegevoegd die in de Heere geloofden, menigten van zowel mannen als vrouwen, zodat zij de zieken naar buiten droegen op de straten en hen op bedden en ligmatten legden, opdat, wanneer Petrus voorbijkwam, ook maar zijn schaduw op iemand van hen zou kunnen vallen. En ook de menigte uit de steden in de omgeving kwam gezamenlijk naar Jeruzalem. Men bracht zieken en hen die door onreine geesten gekweld werden, en zij werden allen genezen."

In het laatste hoofdstuk van het boek Handelingen, lezen we dat Paulus in Malta aankwam, en hij genas daar eerst één oude man. Toen de rest van dat eiland dat hoorde, kwamen alle zieken en zij werden genezen. Handelingen 28:8-9: "En het gebeurde dat de vader van Publius, door koorts en buikloop bevangen, op bed lag. Paulus ging naar hem toe, en nadat hij gebeden had, legde hij hem de handen op en maakte hem gezond. Toen dit nu gebeurd was, kwamen ook de anderen op het eiland die ziekten hadden naar hem toe en zij werden genezen."

Het is eigenlijk heel eenvoudig. Als we bidden voor mensen die niet genezen, geloof ik dat dit niet hun schuld is omdat ze zonden in hun leven hebben of iets dergelijks. Ik geloof ook niet dat het Gods schuld is.

Ik denk dat het eigenlijk onze schuld is. Wij, als het lichaam van Christus, zijn niet waar wij horen te zijn vandaag de dag. We moeten nog veel leren en groeien. We lijken nu niet bepaald op Jezus, of op de eerste leerlingen in het boek Handelingen. Maar ook al lijken we niet op Christus op dit moment, we zouden wel meer op Hem moeten zijn gaan lijken dan een jaar geleden. Ik heb er persoonlijk geen moeite mee dat als ik voor iemand bid, diegene niet altijd geneest, vanwege mijn gebrek aan geloof. Het is okay dat ik nog niet ben waar ik zou moeten zijn, omdat ik weet dat ik een discipel ben, die nog meer moet leren en groeien. God weet dat we discipelen zijn, dat we moeten groeien en fouten maken. Dat is altijd zo. Onze taak is om trouw te zijn in kleine dingen die God aan ons geeft, en als we dat doen, geeft Hij ons meer.

Het is okay om fouten te maken, maar het is niet okay om het niet te proberen. Zie jezelf als een leerling of als een stagiair, die nog niet is zoals zijn meester, maar ook als iemand die leert en elke dag meer en meer wordt zoals de Meester. Dit is waarom ik van Mattheüs 17 houd. We lezen hier dat de discipelen niet in staat waren om de demon uit te drijven, maar in Handelingen, lezen we telkens weer dat alle zieken die bij de discipelen kwamen, genezen werden. Dus in die tussentijd, zijn de discipelen gegroeid, want ze deden grotere wonderen dan in het begin. Ik weet dat als mensen het verhaal in Mattheüs 17 lezen, velen denken dat Jezus sprak over een bepaald soort demon, die alleen verdreven kon worden door gebed en vasten. Maar we zien dat dit niet waar is als we het boek Handelingen of de rest van Gods Woord lezen. Nergens lees je over een speciaal soort demon die alleen uitgedreven kunnen worden door gebed en vasten. Ook Jezus hoefde niet eerst te bidden en te vasten voordat Hij de demon uitdreef. Nee, Jezus had dit al gedaan aan het begin van Zijn bediening en Hij was niet zo ongelovig als velen van ons. De demon werd niet verdreven vanwege het ongeloof van de discipelen. Jezus doelde met 'dit soort' niet op de demon, maar op het ongeloof. Soms komen we in ons leven op een punt waar zoveel twijfel en ongeloof in ons is, dat we moeten doen wat Jezus hier zegt. Neem tijd om te bidden en te vasten en laat God jou bevrijden van de geest van ongeloof.

Ik was al zes jaar een christen en ik had nog nooit een zieke genezen of een demon uitgedreven, maar toen ging ik doen wat Jezus in Mattheüs 17 zegt. Ik ging vasten. Nadat ik veertig dagen had gevast, zag ik de doorbraak die ik nodig had. Mensen ontvingen genezing en demonen werden uitgedreven. Deze doorbraak gebeurde niet omdat ik plotseling een speciale gave had ontvangen door te vasten, maar het vasten bevrijdde mij van mijn ongeloof. Het vasten hielp mij om uit te stappen en dingen te zien, die ik nooit eerder had gezien. Dus ik wil je bemoedigen om te bidden voor een persoon van vrede als je die tegenkomt. Ja, wees moedig, bid voor hem/haar en drijf demonen uit als die er zijn. Dit is wat Jezus ons opdraagt te doen. En als je voor mensen bidt en iemand geneest niet direct, bid dan opnieuw en opnieuw. We moeten blijven bidden voor iemand tot diegene genezing ontvangt of totdat iemand niet langer wil dat je voor hem bidt. Maar geef niet op, want het zijn de mensen die volharden die genezing zullen zien.

In het begin, als je voor het eerst ziet dat mensen worden genezen, zul je groeien in geloof. Het wordt makkelijker, en je zult grotere genezingen gaan zien. Dus je hoeft geen gave van genezing te hebben om zieken te genezen. Je moet uitstappen op Gods Woord, handen opleggen op de zieken en zij zullen genezen. En als je er zo goed in bent geworden dat je ook anderen kunt leren en onderwijzen hoe ze zieken kunnen genezen, heb je de gave van genezing. Deze 'gave' van genezing, is niet iets dat jou in een bepaalde positie boven andere mensen plaatst. Het is een functie in het lichaam van Christus die bedoeld is om anderen toe te rusten en te trainen zodat zij hetzelfde als jij kunnen doen.

Als je op een punt komt in je leven, waar je ervaart dat je er niet doorheen kunt breken, dan raad ik je aan om een tijd van vasten en bidden in te lassen. Ik zie dat de keren dat ik veertig dagen vastte, tijden zijn geweest waarin ik doorbraken heb gezien in mijn persoonlijk leven en echt ben gegroeid in mijn geloof.

We lezen dat Jezus rondtrok, zieken genas demonen uitdreef en het evangelie over het koninkrijk van God verkondigende. Maar de oogst is groot en de arbeiders weinigen. Hij riep eerst de twaalf, toen de zeventig, en nu roept Hij jou en mij. Op geen enkele plaats in de bijbel vind je dat je alleen maar zou moeten prediken of alleen maar zieken zou moeten genezen of alleen maar demonen zou moeten uitdrijven. Nee, we worden geroepen om het allemaal te doen. Markus 16: 15-18 verteld ons de tekenen die de gelovigen zouden moeten volgen.

In Markus 16:15-18 staat het volgende: "En Hij zei tegen hen: Ga heen in heel de wereld, predik het Evangelie aan alle schepselen. Wie geloofd zal hebben en gedoopt zal zijn, zal zalig worden, maar wie niet geloofd zal hebben, zal verdoemd worden. En hen die geloofd zullen hebben, zullen deze tekenen volgen: in Mijn Naam zullen zij demonen uitdrijven; in vreemde talen zullen zij spreken; slangen zullen zij oppakken; en als zij iets dodelijks zullen drinken, zal het hen beslist niet schaden; op zieken zullen zij de handen leggen en zij zullen gezond worden."

Laten we erop uitgaan en het evangelie verkondigen, en we zullen zien dat deze tekenen ons zullen volgen. We zullen demonen uitdrijven, zieken genezen en spreken in nieuwe talen. Ja, als er iets gebeurt en een slang bijt ons, zoals Paulus overkwam op Malta, zullen we de slang afschudden, en als we een dodelijk vergif drinken, zal God ons beschermen. Dit zijn tekenen die alle gelovigen zullen volgen. Geloof jij? Laten we er dan op uitgaan en het gaan doen. Dan zullen we ervaren dat het de waarheid is! Deze tekenen zullen echt volgen!

# 17

## HET KONINKRIJK VAN GOD IS DICHTBIJ U

---

**We moeten ons nooit schamen voor het evangelie van Jezus Christus, want het is de reddende kracht voor iedereen die dit gelooft. Het evangelie van Jezus Christus is de enige kracht die een persoon van binnenuit kan veranderen.**

---

Het is de satan gelukt om in de kerk velen te misleiden wat betreft het evangelie. Er zijn helaas vele mensen, zowel binnen als buiten de kerken, die het evangelie nooit goed hebben begrepen. Het zou kunnen dat ze gehoord hebben dat Jezus voor hen is gestorven aan het kruis, maar voor veel mensen, stopt het daar. Veel mensen begrijpen eigenlijk niet waarom Jezus aan het kruis moest sterven, en ze begrijpen niet wat ze moeten doen om Zijn vergeving te ontvangen. Veel mensen hebben talloze diensten meegemaakt, maar ze begrijpen nog steeds niet wat geloof werkelijk is, en wat het betekent om wedergeboren te zijn. De waarheid is, dat je jarenlang naar de kerk kunt gaan zonder het evangelie te horen. Je kunt zondag aan zondag in de kerk zitten in de veronderstelling dat je bent wedergeboren, maar de waarheid is, dat je misleid bent. Misleid door iets wat lijkt op het evangelie, maar het niet is. Of je hebt wel het evangelie van Jezus Christus gehoord, maar er zijn leugens aan je verteld over hoe je moet handelen om het te ontvangen.

In de laatste jaren, heb ik talloze christenen wedergeboren zien worden die een heel nieuw leven kregen. Ja, je leest het goed. Ik heb talloze christenen wedergeboren zien worden, en deze christenen waar ik het over heb, zijn mensen die jaren naar de kerk zijn gegaan, hun bijbel lezend en preken horend, zonder werkelijk te begrijpen wat het betekent om wedergeboren te zijn. Het is echt beangstigend om te denken aan het aantal mensen dat in de kerken zit, die niet wedergeboren zijn. De waarheid is dat we in een tijd leven waarin het verkondigen van zonde, bekering en het kruis, is vervangen voor een feelgood boodschap. Je kunt naar zo'n boodschap luisteren, het ontvangen en geen verandering doormaken. Je hebt het waarschijnlijk wel eens eerder gehoord: "Je wordt geen christen door op zondag in de kerk te gaan zitten, zoals je geen hamburger wordt als je regelmatig naar de McDonalds gaat." Ik wil hieraan toevoegen dat als je maar lang genoeg naar de McDonalds gaat en eet wat zij serveren, je kunt gaan lijken op een hamburger.

Het is echt een fantastische transformatie om een christen, die jarenlang in de kerk heeft gezeten, wedergeboren te zien worden nadat hij eindelijk het evangelie begrijpt en zich bekeert. Als dat gebeurt, zorgt dat voor zo'n zichtbare verandering, dat andere christenen om hem heen beginnen te vragen, wat er met hem gebeurd is. We hebben een groot zendingsveld voor ons, niet alleen buiten, maar ook binnen de kerken. We moeten begrijpen dat het er niet om gaat dat mensen voor een paar uur elke zondag in de kerk komen, maar dat het doel is om discipelen te maken die Jezus elke dag volgen. Ons doel is om mensen wedergeboren te zien worden en dat ze Jezus gaan volgen met alles wat in hen is. Jezus is de enige die kan redden.

Hij zou niet alleen onze Redder, maar ook Heer moeten zijn. We zouden van Hem moeten houden met ons hele hart, en samen met Hem, ons uitstrekken naar de stervende wereld om ons heen.

In de tijd van Jezus deden de Farizeeën, wat vele kerkelijke leiders vandaag nog steeds doen. Ja, ze geven veel onderwijs en regels, maar geen redding. Ze dienen religie in plaats van dat ze een persoonlijke relatie met Jezus hebben. Jezus zegt in Mattheüs 23: 25 "Wee u, Schriftgeleerden en Farizeeën, huichelaars, want u reinigt de buitenkant van de drinkbeker en van de schotel, maar vanbinnen zijn ze vol van roofzucht en onmatigheid." Zoals Jezus hier zegt, waren de religieuze Farizeeën (en ook vele christenen vandaag), zo druk met hoe ze er van buiten uitzagen. Jezus was niet gekomen om hun uiterlijk te veranderen, maar om de binnenkant te veranderen. Ja, Hij kwam om vanbinnen een nieuwe schepping te creëren wat zichtbaar zou worden aan de buitenkant. Hij kwam om ons een geheel nieuw leven te geven, en dat ontstaat door een relatie met God. Dit is een 24/7 leven, niet iets wat je slechts twee uur per zondag beleeft. Jezus had weinig mededogen met de Farizeeën. Hij was erg scherp tegen hen, omdat Hij zag dat zij andere mensen verhinderden het koninkrijk van God binnen te gaan. Matth.23:13 zegt: "Maar wee u, Schriftgeleerden en Farizeeën, huichelaars, want u sluit het Koninkrijk der hemelen voor de mensen; u gaat er immers zelf niet binnen, en zij die naar binnen willen gaan, laat u er niet binnengaan."

Jezus vervolgt dan in vers 25-27: "Wee u, Schriftgeleerden en Farizeeën, huichelaars, want u reinigt de buitenkant van de drinkbeker en van de schotel, maar vanbinnen zijn ze vol van roofzucht en onmatigheid. Blinde Farizeeër, reinig eerst de binnenkant van de drinkbeker en de schotel, zodat ook de buitenkant daarvan rein wordt. Wee u, Schriftgeleerden en Farizeeën, huichelaars, want u bent als de witgepleisterde graven, die van buiten wel mooi lijken, maar vanbinnen zijn ze vol doodsbeenderen en allerlei onreinheid."

Dit zijn slechts een paar van de dingen die Jezus tegen de religieuze leiders van die tijd heeft gezegd. De waarheid is dat we, in vele opzichten, het evangelie zijn kwijtgeraakt. We prediken iets dat goed klinkt in de oren van de mensen- iets wat niet het evangelie is, en wat geen levens verandert. De waarheid is dat, net als in de tijd van Jezus, er ook nu velen zijn die met hun onderwijs de deur van het koninkrijk der hemelen in het gezicht van de mensen sluiten. Het kan zijn dat ze het zelf niet weten, ze zijn als een blinde die de blinden leidt. Ja, velen zijn blind als het om het evangelie gaat. Wat ik hier deel, kan overkomen als iets nieuws, maar het is niets nieuws, want we lezen hier al over in de bijbel. Als het vreemd op je overkomt, geloof mij niet op mijn woord, pak je bijbel en onderzoek of wat ik zeg waar is. Wees niet blind zoals de Farizeeën in de tijd van Jezus.

Laten we de tijd nemen om te kijken naar wat het evangelie is. Als ik aan mensen vraag: "Waar in de bijbel kun je vinden dat het evangelie gepredikt werd zoals het ook nu gepredikt zou moeten worden?", maken veel mensen de fout dan te antwoorden met: "In de evangeliën, in Mattheüs, Markus, Lukas en Johannes vinden we het evangelie gepredikt". Het kan zijn dat mensen dit denken omdat deze vier boeken ook wel 'de evangeliën' genoemd worden. Maar het is het verkeerde antwoord, want we vinden in de evangeliën niet het volle evangelie gepredikt zoals we het nu zouden moeten prediken. Toen Jezus in Lukas 10 de discipelen uitzond, deelden zij niet het evangelie zoals wij het nu moeten prediken. In die tijd, vertelden de discipelen niet dat Jezus aan het kruis gestorven is en dat Hij is opgestaan, want dit was nog niet gebeurd. Destijds begrepen zij ook niet wat het kruis inhield, zoals wij dat nu begrijpen. Ze maakten het mee, maar begrepen toen niet direct ten volle wat Gods plan was met het lijden, sterven en opstaan van Jezus. Ze twijfelden zelfs of Jezus wel echt was opgestaan uit de dood. Ze begrepen ook niet waarom Jezus voor hen was gestorven. Petrus had in de hof van Getsemane zelfs geprobeerd Jezus van gedachten te laten veranderen, maar Jezus wist wat de wil van God was en Hij berispte Petrus daarom. Toen Jezus de discipelen uitzond, moesten zij prediken dat het koninkrijk van God dichtbij gekomen was; Hij zond hen niet uit om het evangelie van het kruis te verkondigen, dat kwam later.

Als je mensen nu vraagt wat het evangelie is, citeren veel mensen 1 Korinthe 15: 3-4, waar Paulus zegt; "Want ik heb u ten eerste overgeleverd wat ik ook ontvangen heb, dat Christus gestorven is voor onze zonden, overeenkomstig de Schriften, en dat Hij begraven is, en dat Hij opgewekt is op de derde dag, overeenkomstig de Schriften, en dat Hij verschenen is aan Kefas, enz. daarna aan de twaalf." Ja, dat is het centrum van wat we vandaag moeten prediken, maar dit vind je niet gepredikt in de vier evangeliën, want dat was vóór het kruis. Zij hebben het nog over het evangelie van het koninkrijk. Het evangelie gaat over het koninkrijk der hemelen en de Koning is Jezus.

In de tijd van Jezus begrepen de discipelen nog niet het volle evangelie zoals wij dat nu kunnen. Ze predikten ook niet het kruis zoals wij dat zouden moeten doen. Ze vertelden dat het koninkrijk van God dichtbij gekomen was en ze predikten dat mensen zich moesten bekeren van hun zonden. Ze vertelden over Jezus en hoe ze Hem allemaal moesten volgen als Zijn discipelen. Dus destijds konden ze alleen vertellen dat het koninkrijk van God dichtbij gekomen was. Wij kunnen nu vertellen dat het koninkrijk van God in ons midden is, en dat is een groot verschil. De vier evangeliën vinden plaats tijdens het oude testament en was een bijzondere tijd tussen het oude en het nieuwe verbond. In de vier evangeliën zie je een overgang tussen het oude en het nieuwe verbond. We zien soms dat Jezus sprak met mensen die onder de wet waren van het oude verbond terwijl Hij ook onderwees over het nieuwe verbond en wat er later zou gebeuren, in de tijd waarin wij nu leven. De eerste discipelen leefden dus voor het kruis en zij predikten een boodschap voor het kruis. Wij leven na het kruis en verkondigen het volle evangelie.

> **Het kruis heeft alle verschil gemaakt. Toen Jezus stierf en weer opstond, is er iets nieuws begonnen. Het is zo belangrijk dat we als gelovigen begrijpen onder welk verbond, en in welke context de verzen in de bijbel zijn geschreven.**

Toen Jezus Zijn discipelen uitzond in Lukas 9 en 10, gaf Hij hen niet de opdracht om het kruis te prediken en de mensen te dopen in Jezus' naam, in water en met de Heilige Geest, zoals we later zien in Handelingen 2, 8, 10 en 19. Jezus kon hen nog niet op deze wijze uitzenden omdat deze uitzending voor de kruisiging was. Dit is ook de reden dat Jezus hen bij hun uitzending niet zegent door handoplegging met de Heilige Geest. De Heilige Geest is pas naar deze aarde gestuurd om met ons te zijn in plaats van Jezus, nadat Hij was teruggegaan naar de Vader. We kunnen dit lezen in Handelingen. In plaats daarvan, gaf Jezus hen autoriteit en kracht om hun opdracht te kunnen vervullen.

Lukas 9:1-2 zegt: "Hij riep Zijn twaalf discipelen bijeen en gaf aan hen kracht en macht over alle demonen, en om ziekten te genezen, en Hij zond hen op weg om het Koninkrijk van God te prediken en de zieken te genezen." Destijds was de Heilige Geest dus nog niet uitgestort, maar nu kunnen we allemaal de Heilige Geest ontvangen, en in Hem hebben we dezelfde autoriteit en kracht die aan de discipelen werd gegeven. Ook doopten de discipelen niemand in Jezus' naam zoals wij dat nu doen. Zowel van de doop in Jezus' naam als van de doop met de heilige Geest, als van het prediken van het volle evangelie, lezen we niets in de vier evangeliën.

Maar nu, na het Kruis, en nadat de Heilige Geest is uitgestort, kunnen en moeten we prediken wat er in Handelingen 2:38 staat. "... Bekeer u en laat ieder van u gedoopt worden in de Naam van Jezus Christus, tot vergeving van de zonden; en u zult de gave van de Heilige Geest ontvangen." Ja, vandaag is de dag van redding, nu kun je wedergeboren worden. Het Koninkrijk van God is hier nu. Dus ook al kon Jezus geen mensen in Zijn naam dopen of mensen met de Heilige Geest dopen, Hij kon er wel onderwijs over geven. En Jezus sprak vaak over de Heilige Geest, wat Zijn discipelen en vele anderen later zouden begrijpen. Nadat Jezus was opgestaan uit de dood, zei Hij tegen Zijn discipelen: Handelingen 1: 4-5: "En toen Hij met hen samen was, beval Hij hun dat zij niet uit Jeruzalem weg zouden gaan, maar de belofte van de Vader zouden verwachten, die u, zei Hij, van Mij gehoord hebt; want Johannes doopte wel met water, maar u zult met de Heilige Geest gedoopt worden, niet lang na deze dagen." Nu hoeven we de mensen niet meer te vertellen om in Jeruzalem – of waar dan ook- te wachten om de Heilige Geest te ontvangen, want de Heilige Geest is reeds op aarde. Wachten is dus niet meer nodig. Je kunt de Heilige Geest elk moment ontvangen. Zoals ik al eerder heb gezegd, konden ze niet eerder mensen dopen in Jezus' naam, want de doop in Jezus' naam, in Christus, is een symbool van het kruis. In de doop sterven we met Christus, we zijn begraven met Christus en we staan op met Christus. (Romeinen 6) In de evangeliën lezen we dat er gedoopt werd met de doop van Johannes. In Handelingen 19 kunnen we lezen dat deze mensen later gedoopt werden met de 'juiste' doop, de doop in Jezus' naam.

Wanneer ik mensen vertel dat het nodig is om in Christus te worden gedoopt, vragen mensen mij steeds opnieuw, "Ja, maar hoe zit het dan met de moordenaar aan het kruis? Hij werd niet gedoopt dus zo belangrijk kan het niet zijn." Hierop wil ik het volgende zeggen. Ja, het klopt dat de moordenaar aan het kruis niet in Christus werd gedoopt, net als de vrouw bij de waterput, net als iedereen waarover we lezen in de evangeliën en in het oude testament. Niemand ontving de doop in Christus, noch werden ze gedoopt met de Heilige Geest, omdat ze leefden voor het kruis. Maar we zien dat iedereen die tot geloof kwam na de kruisiging, in Christus is gedoopt, en iedereen die nu tot geloof komt, moet op die manier gedoopt worden. Ook de gave van de Heilige Geest is voor iedere gelovige.

De eerste woorden die Jezus sprak, kunnen we lezen in Markus 1: 15 "en Hij zei: De tijd is vervuld en het Koninkrijk van God is nabijgekomen; bekeer u en geloof het Evangelie." In Johannes 3 geeft Jezus onderwijs over het koninkrijk van God; als iemand het koninkrijk van God binnen wil gaan, moeten zij opnieuw geboren worden uit water (de doop met water) en Geest (de doop met de Heilige Geest).

Johannes 3: 1-7 "En er was een mens uit de Farizeeën; zijn naam was Nicodemus, een leider van de Joden. Deze kwam 's nachts naar Jezus en zei tegen Hem: Rabbi, wij weten dat U van God gekomen bent als leraar, want niemand kan deze tekenen doen die U doet, als God niet met hem is. Jezus antwoordde en zei tegen hem: Voorwaar, voorwaar, Ik zeg u: Als iemand niet opnieuw geboren wordt, kan hij het Koninkrijk van God niet zien. Nicodemus zei tegen Hem: Hoe kan een mens geboren worden als hij oud is? Hij kan toch niet voor de tweede keer in de buik van zijn moeder ingaan en geboren worden? Jezus antwoordde: Voorwaar, voorwaar, Ik zeg u: Als iemand niet geboren wordt uit water en Geest, kan hij het Koninkrijk van God niet binnengaan. Wat uit het vlees geboren is, is vlees; en wat uit de Geest geboren is, is geest. Verwonder u niet dat Ik tegen u gezegd heb: U moet opnieuw geboren worden." In deze verzen zien we Jezus voor het eerst praten over de nieuwe geboorte, en wat we moeten doen om het koninkrijk van God binnen te kunnen gaan. We moeten ons bekeren, zoals Hij heeft gezegd, en dan moeten we wedergeboren worden, of 'geboren worden van boven', zoals het Grieks het zegt. We moeten geboren worden uit water en Geest, wat inhoudt dat we worden gedoopt in water en worden gedoopt met de Heilige Geest. Vandaag de dag onderwijzen velen dat het water waar Jezus hier over spreekt, de natuurlijke geboorte is, want een baby komt uit de baarmoeder met (vrucht)water. Ze zeggen dat de doop in water niet belangrijk is ten aanzien van het opnieuw geboren worden en het kunnen binnengaan in het koninkrijk van God. Ze onderwijzen ook dat de Heilige Geest ons automatisch gegeven worden als we gaan geloven. Dit is helaas 'normaal' onderwijs geworden, maar het is niet bijbels en niet in lijn met de rest van het nieuwe testament. We kijken hier later naar.

---

**Het probleem met misleid worden, is dat je niet inziet dat je misleid bent. Laten we niet bang zijn om de Bijbel aan te nemen zoals het geschreven is, ongeacht in welke traditie we opgegroeid zijn en ongeacht wat anderen om ons heen zeggen of denken.**

---

Het zou heel onlogisch zijn als Jezus, in Johannes 3, het had over de natuurlijke geboorte, waar een kind geboren wordt uit het water van de baarmoeder van de moeder. Dan zou Jezus eigenlijk dit zeggen "Voorwaar, Ik zeg je, niemand kan het koninkrijk van God binnengaan, tenzij iemand geboren wordt (op natuurlijke wijze) en de Geest." Waarom zou Hij zeggen dat het belangrijk was om eerst in het natuurlijke geboren te worden en dan in de Geest, als voorwaarden om het koninkrijk van God binnen te kunnen gaan? Iedereen die Hem hoorde, en iedereen die Zijn woorden zal lezen, zijn reeds geboren in het natuurlijke. Anders had Jezus wel gezegd: "Voorwaar, Ik zeg je, niemand kan het koninkrijk van God binnengaan, tenzij iemand uit de Geest geboren is."

Wat zien we na de kruisiging als het nieuwe verbond ingaat? Als Jezus is gekruisigd, opgestaan en opgevaren naar de hemel, zend God de Heilige Geest naar de aarde. En tijdens dat moment zien we hoe alles wat Jezus gedaan heeft, voor het eerst samenkomt. Toen de mensen aan Petrus en de andere discipelen vroegen wat ze moesten doen, antwoordde Petrus met de tekst uit Handelingen 2:38 "... Bekeer u en laat ieder van u gedoopt worden in de Naam van Jezus Christus, tot vergeving van de zonden; en u zult de gave van de Heilige Geest ontvangen." Dit is geweldig. Hier zien we voor het eerst het Evangelie gepredikt worden, zoals wij het ook nu nog moeten prediken. Hier zien we waar Jezus over sprak, werkelijkheid worden, dat we ons moeten bekeren en dan worden wedergeboren door het water van de doop en met de Heilige Geest. Het is zo mooi om te zien hoe het nieuwe verbond werd gevestigd en hoe alles van de grond kwam. Petrus vervolgd in Handelingen 2:39 met "Want voor u is de belofte en voor uw kinderen en voor allen die veraf zijn, zovelen als de Heere, onze God, ertoe roepen zal". Zij die geroepen zijn, daar horen jij en ik ook bij.

We moeten eerst onze zonden erkennen en deze belijden aan God de Vader Dan moeten we gedoopt worden in God de Zoon, Jezus Christus, en gedoopt worden met de Heilige Geest. Satan heeft gelogen en probeert verwarring te zaaien onder de mensen wat betreft het evangelie. Hij misleidt veel mensen met de leugen dat de doop alleen een symbool is, dat de Heilige Geest niet voor iedereen is, en dat je de Heilige Geest automatisch ontvangt als je gaat geloven of het zogenaamde 'zondaarsgebed' bidt. Ik heb veel mensen ontmoet die al heel snel met iemand een gebed bidden, en direct nadat het gebed klaar is, zeggen ze "Gefeliciteerd, u bent nu wedergeboren" Maar dit gebed noch mensen die wedergeboren worden door een gebed te bidden, vinden we terug in de bijbel. Het idee dat mensen een speciaal gebed bidden en dan plotseling wedergeboren zijn, is een idee dat pas sinds een paar honderd jaar bestaat. Je ziet dit nergens in de bijbel. Misschien denk je "Ja maar in Romeinen 10 staat dat je Jezus in je hart moet vragen".

In Romeinen 10: 9 staat "Als u met uw mond de Heere Jezus belijdt en met uw hart gelooft dat God Hem uit de doden heeft opgewekt, zult u zalig worden."

Ja, het kan erop lijken dat dit er staat in Romeinen 10, maar dan zou je de woorden uit de context halen. Deze woorden zijn niet geschreven aan zondaars die je tegenkomt op straat en het evangelie niet kennen, maar aan christenen. Ze zijn geschreven aan mensen die al gedoopt zijn (Romeinen 6) en reeds de Heilige Geest hebben ontvangen (Romeinen 8). In Romeinen 10 bemoedigd Paulus de gelovigen om te blijven geloven en te blijven getuigen dat Jezus Heer is. Als de volgelingen van Jezus Christus dit doen, zullen zij op een dag gered worden. In deze context moet vers 9 begrepen worden. Maar hoe je het ook opvat, in het boek Handelingen kun je lezen hoe de discipelen het evangelie verkondigden, en je vindt er niet één keer het 'zondaarsgebed'.

Zoals ik al eerder aanhaalde, bestaat het idee van het zondaarsgebed slechts een paar honderd jaar. Charles Finney (1792-1875) en Dwight Moody (1837-1899) zijn hiermee begonnen. Later werd het meer bekend door Billy Graham en de Campus Crusades for Christ. Nu bidt bijna iedereen het zondaarsgebed. Ik zeg niet dat God een gebed niet zou kunnen gebruiken en ik zeg ook niet dat een gebed niet het begin kan zijn van een nieuw leven met God. Maar het is verkeerd om tegen mensen die dit gebed gebeden hebben te zeggen "gefeliciteerd, nu ben je wedergeboren". Dat is niet bijbels en niet iets wat de eerste christenen deden. Als je de eerste christengemeenten bestudeert en hoe zij het evangelie van Christus predikten, zie je in hoe ver satan de Kerk van de waarheid heeft weggeleid. Ondanks de succesvolle misleiding van de kerk door satan, waardoor er op een verkeerde fundering werd gebouwd, prijs ik God, omdat Hij mensen terugbrengt naar het ware evangelie, zoals de bijbel het beschreven heeft. We zijn tegen een aantal tradities in de kerk die er al vele jaren zijn en het is niet eenvoudig om deze tradities te veranderen.

De kinderdoop is bijvoorbeeld een belangrijk onderdeel van de Lutherse kerk waarin ik opgroeide. Als je kijkt naar een kerkelijke traditie als deze, zou het ontzettend moeilijk, zo niet onmogelijk zijn voor de kerk, om deze traditie los te laten. Er zou een kerkscheuring door komen, ook al is de kinderdoop geen goede traditie.

Toen ik een baby was, ben ik gedoopt in de Lutherse kerk in Denemarken, net als 99% van de bevolking van Denemarken destijds. Terwijl we opgroeiden, geloofden we allemaal dat we wedergeboren waren omdat we als kind gedoopt waren. Waarom ben ik als baby gedoopt? Staat het in de bijbel dat baby's gedoopt moeten worden? Nee, het staat niet in de bijbel, maar honderden jaren geleden legde een Romeinse Keizer, Constantijn, het fundament voor wat de zogenaamde Katholieke kerk is geworden. Door de jaren heen, is de Katholieke kerk geworden wat het nu is. Op een gegeven moment, hebben zij de doop veranderd. Van onderdompeling werd besprenkeling op het voorhoofd gemaakt. Ook werd de doelgroep veranderd; werden eerst de volwassenen en de oudere kinderen op grond van hun eigen geloof gedoopt, nu werden alle kinderen als baby gedoopt. Later, in 1517, keerde Maarten Luther zich tegen de Katholieke kerk, wat uitmondde in de oprichting van de Lutherse kerk. Ook al was hij tegen een aantal ketterijen in de Katholieke kerk, hij veranderde nooit de kinderdoop weer naar de Bijbelse doop. En dus werd ik, net als vele anderen, als baby gedoopt, door toedoen van Constantijn, Maarten Luther en honderden jaren geschiedenis. Maar als we teruggaan naar de tijd van Jezus en de eerste discipelen, bestond er geen Katholieke of Lutherse kerk of kinderdoop. Veel van de tradities die we nu nog in de kerken zien, bestonden niet in die tijd. Zij hadden het evangelie. (Voor meer studie van dit onderwerp, lees Mattheüs 15:1-9, Markus 7:8 en 13). De eerste christenen hadden een geweldig leven, Jezus volgend, en ze zagen dat Hij leefde en onder hen aanwezig was door de Heilige Geest.

Nu is het moeilijk voor veel mensen om de bijbel te begrijpen op de manier zoals ze de bijbel moeten verstaan, vanwege alle bestaande tradities en wat ik noem 'de religieuze bril'. We lezen de bijbel door deze bril, het onderwijs wat we door de jaren heen hebben gekregen. Nog een gebied waar de satan de wijze waarop we de bijbel lezen en begrijpen, succesvol heeft vernietigd, is de aangebrachte nummering van hoofdstukken en verzen. Toen de bijbel is geschreven, waren er geen hoofdstukken en verzen. De bijbel werd geschreven van boek tot boek en van brief tot brief. (Dus een boek in zijn geheel en een brief in zijn geheel). Het is nooit de bedoeling geweest om één vers uit een boek of brief te halen, bijvoorbeeld Johannes 3:16 en Romeinen 10:9, en daar een preek over te gaan maken. Ik ben niet tegen het citeren van verzen uit de bijbel, maar we moeten altijd de context waarin het vers geschreven is in gedachten houden. Veel mensen begrijpen de context waarin deze verzen zijn geschreven niet, en veel christenen leven met een, wat ik noem 'knip en plak christendom'. Mensen vinden een paar verzen in de bijbel, halen deze uit de context, koppelen die verzen aan elkaar, zodat de bijbel zegt wat zij willen horen. Maar nogmaals, het is nooit de bedoeling geweest om de bijbel op een dergelijke manier te lezen. We moeten het grote geheel begrijpen. De bijbel moeten we begrijpen van het begin tot het einde.

Dus in de komende hoofdstukken gaan we kijken naar de bijbel en wat het evangelie is, zodat we het ware evangelie zullen prediken. Het evangelie dat mensen zowel van binnen als van buiten verandert.

# 18

## HET BOEK VAN DE APOSTELEN

> We leven in een geweldige tijd, een tijd waar de profeten naar uitgekeken hebben. Ja, we leven in de tijd waar zij over hebben geprofeteerd, maar die zij zelf nooit meegemaakt hebben. We leven in een tijd waar we als discipelen van Jezus kunnen wandelen, vervuld met de Heilige Geest, zieken genezend en demonen uitwerpend en verkondigend dat het koninkrijk van God hier is!

"Het is volbracht." Dit waren de laatste woorden die Jezus uitsprak voordat Hij Zijn leven gaf aan het kruis. (Joh.19:30) Toen Jezus zijn laatste adem uitblies en stierf, markeerde Hij het begin van het nieuwe en geweldige tijdperk waar wij nu in leven. Over deze tijd hebben de profeten in het oude testament geprofeteerd. We leven in de tijd waar Ezechiël en Jeremia over hebben geprofeteerd, zo'n vijfhonderd jaar voor Christus.

Ezechiël profeteerde het volgende (11:19-20) "Ik zal hun één hart geven en een nieuwe geest in uw binnenste geven. Ik zal het hart van steen uit hun vlees wegdoen en hun een hart van vlees geven, zodat zij in Mijn verordeningen gaan en Mijn bepalingen in acht nemen en die houden. Dan zullen zij Mij een volk zijn, en zal Ík hun een God zijn."

Jeremia profeteerde (31:33-34) "Voorzeker, dit is het verbond dat Ik na die dagen met het huis van Israël sluiten zal, spreekt de HEERE: Ik zal Mijn wet in hun binnenste geven en zal die in hun hart schrijven. Ik zal hun tot een God zijn en zíj zullen Mij tot een volk zijn. Dan zullen zij niet meer een ieder zijn naaste en een ieder zijn broeder onderwijzen door te zeggen: Ken de HEERE, want zij zullen Mij allen kennen, vanaf hun kleinste tot hun grootste toe, spreekt de HEERE. Want Ik zal hun ongerechtigheid vergeven en aan hun zonde niet meer denken."

We leven in een tijd waarin we wedergeboren kunnen worden en kunnen ervaren hoe God ons stenen hart vervangt voor een vlezen hart. We kunnen Zijn Heilige Geest in ons hart en leven ervaren. We kunnen een leven hebben waarin we God mogen kennen en met Hem mogen wandelen. Dit is het evangelie waar Paulus zich niet voor schaamde en wat hij heeft gepredikt.

Ik wil iets uit het boek Handelingen delen; uit dit boek kunnen we zoveel leren over hoe we dit nieuwe leven kunnen leven. Het boek Handelingen is een bijzonder boek; alleen in dit boek zien we hoe de discipelen het nieuwe leven onder het nieuwe verbond leven, een leven na de kruisiging van Jezus. De apostelen waren drie jaar met Jezus opgetrokken en hadden veel bijzondere dingen meegemaakt. Ze hadden Jezus horen spreken over het koninkrijk van God, en zij waren door Hem uitgezonden naar de mensen om hen heen om later weer terug te keren en nog meer van Hem te leren. Ze hadden een driejarige training in discipelschap doorlopen.

Ze hadden meegemaakt hoe Jezus was gekruisigd, hoe Hij weer was opgestaan uit de dood en later hadden ze gezien hoe Hij ten hemel was opgevaren. Ze waren erbij toen de Heilige Geest werd uitgestort en hen allen vervulde. Ze maakte het begin van het nieuwe verbond mee, waar ruim vijfhonderd jaar eerder over was geprofeteerd. Ze waren er allemaal bij. En het boek Handelingen laat ons zien hoe zij dit nieuwe leven leefden. Zij waren de eerste ware discipelen van Jezus. Het is het enige boek in de hele bijbel waar we echt kunnen zien hoe de mensen, die er vanaf het begin bij waren, leefden en hoe zij met Jezus samenwerkten, geleid door de Heilige Geest. In dit boek kunnen we zien hoe zij het evangelie predikten, hoe de mensen hierop reageerden en hoe mensen wedergeboren werden. We kunnen dus veel leren van het boek Handelingen, en moeten aandacht besteden aan hoe de discipelen het evangelie verkondigden. Soms lees je niet in detail wat ze zeiden maar door de reactie van de aanhoorders, kun je toch een idee vormen over wat er gezegd is. Als we kijken naar voorbeelden hiervan, komen we bij Handelingen 8 uit, waar Filippus in gesprek is met de eunuch uit Ethiopië.

Handelingen 8:26-39 zegt het volgende "En een engel van de Heere sprak tot Filippus en zei: Sta op en ga naar het zuiden, de weg op die van Jeruzalem afdaalt naar Gaza, die eenzaam is. En hij stond op en ging op weg; en zie, een Ethiopiër, een kamerheer en een machtig heer van de kandakè, de koningin van de Ethiopiërs, die heel haar schatkist beheerde en gekomen was om in Jeruzalem te aanbidden, keerde terug, en hij zat op zijn wagen en las de profeet Jesaja. En de Geest zei tegen Filippus: Ga ernaartoe en voeg u bij deze wagen. En Filippus snelde ernaartoe, hoorde hem de profeet Jesaja lezen en zei: Begrijpt u ook wat u leest? Maar hij zei: Hoe zou ik dat kunnen, als niemand mij de weg wijst? En hij verzocht Filippus op de wagen te klimmen en bij hem te komen zitten. En het Schriftgedeelte dat hij las, was dit: Hij is als een schaap naar de slachting geleid en zoals een lam stemloos is bij de scheerder, zo doet Hij Zijn mond niet open. In Zijn vernedering is Zijn oordeel weggenomen en wie zal over Zijn geslacht vertellen? Want Zijn leven wordt van de aarde weggenomen. En de kamerheer antwoordde Filippus en zei: Ik vraag u, over wie zegt de profeet dit? Over zichzelf of over iemand anders? En Filippus deed zijn mond open en, uitgaande van dat Schriftwoord, verkondigde hij hem Jezus. En terwijl zij onderweg waren, kwamen zij bij een water. En de kamerheer zei: Kijk, daar is water; wat verhindert mij gedoopt te worden? En Filippus zei: Als u met heel uw hart gelooft, is het geoorloofd. En hij antwoordde en zei: Ik geloof dat Jezus Christus de Zoon van God is. En hij liet de wagen stilhouden, en zij daalden beiden af in het water, zowel Filippus als de kamerheer, en hij doopte hem. En toen zij uit het water opgekomen waren, nam de Geest van de Heere Filippus weg; en de kamerheer zag hem niet meer, want hij vervolgde zijn weg met blijdschap."

Je kunt lezen dat hier niet in detail wordt weergegeven wat Filippus heeft gezegd tegen de eunuch, maar we lezen de reactie van de eunuch op wat hij hoorde. We lezen dat deze ontmoeting door de Heilige Geest geleid is. Filippus moest naar Gaza gaan en daar ontmoet hij deze eunuch, zittend op zijn wagen, lezend uit het boek Jesaja. We lezen in Handelingen 8 niet letterlijk dat Filippus het kruis predikte. Maar in vers 35 legde hij aan hem het evangelie uit vanuit het Schriftgedeelte wat de eunuch had aangeschaft. Omdat de eunuch reageert met de vraag of er iets op tegen is dat hij gedoopt zal worden in het water waar ze voorbijkwamen, weten we dat Filippus aan hem heeft uitgelegd hoe hij wedergeboren kan worden. Deze reactie zien we telkens weer op de prediking van het evangelie in het boek Handelingen. Het zou ook nu de reactie moeten zijn als we aan mensen het evangelie vertellen.

We moeten onszelf afvragen hoe vaak we deze vraag horen nadat we het evangelie hebben verkondigd aan iemand. De eunuch wilde direct gedoopt worden, en we zien dit door heel het boek Handelingen heen, dat mensen in antwoord op de prediking meteen gedoopt wilden worden. Als we dit vandaag de dag niet doen, is er iets niet goed, en het is niet de bijbel. Op andere plaatsen in Handelingen zien we meer details van de prediking inhoudelijk en hoe de mensen reageerden. Als we het hele boek Handelingen nemen en alle ervaringen waar we over lezen –wat er is gezegd en hoe mensen reageerden op hetgeen ze hoorden- en dat alles samenvoegen, krijgen we een heel duidelijk beeld van de manier waarop de vroege kerk het evangelie deelde en hoe de eerste christenen leefden. Hoe ze werden vervolgd, hoe ze elkaar liefhadden en samenwoonden en het evangelie verkondigden.

Dus het boek Handelingen is uniek. Het is geen theologie maar theorie en praktijk ineen, een soort handleiding voor hoe wij als christenen vandaag de dag ook zouden moeten leven. In Handelingen hebben de eerste discipelen ons voorgeleefd hoe wij Zijn discipelen nu kunnen zijn. Jezus is Dezelfde, en ook de Heilige Geest is Dezelfde tot in eeuwigheid. Ik ben erg geïnspireerd door de manier waarop de eerste discipelen leefden in het boek Handelingen omdat we hier het echte leven zien voordat het werd vernietigd door al onze tradities. Ze leefden en predikten het evangelie voordat de Katholieke, de Lutherse of de Baptistenkerken etc. bestonden. Zij leefden voor de honderden jaren van kerkgeschiedenis en voordat er allerlei menselijke tradities bij kwamen, die het eenvoudige maar krachtige leven in Jezus vervingen. In het boek Handelingen zie je een puurheid, en een echt leven waarvan ik denk dat we dat zouden moeten imiteren.

> **God heeft ons het boek Handelingen gegeven als een inkijkje in het leven van de eerste discipelen. Hier kunnen we zien hoe zij het evangelie verkondigden en hoe de mensen daarop reageerden. Zo zou het ook nu moeten zijn.**

In Handelingen 2 hou ik ervan hoe de drieduizend mensen op één dag werden gedoopt. In hoofdstuk 8 houd ik ervan hoe Filippus naar Samaria ging, er mensen genas en vrijzette en er een kleine opwekking gebeurde. Ik hou van Handelingen 10, waar we kunnen lezen hoe Petrus naar het huis van Cornelius ging en hoe hij, en allen die bijeen waren, tot geloof kwamen. En ik vind het ook geweldig hoe Paulus en Silas op een bovennatuurlijke manier weer uit de gevangenis komen, en hoe de gevangenisbewaarder met zijn hele huishouden midden in de nacht tot geloof komt, en meteen worden gedoopt in Handelingen 16. Geweldig hoe Paulus in hoofdstuk 19 aankomt in Efeze, waar hij een aantal gelovigen ontmoet. Hij vraagt aan hen of zij de Heilige Geest hebben ontvangen toen ze tot geloof kwamen. Toen zij dit ontkenden, doopte Paulus hen met water in Jezus' naam en door handoplegging met de Heilige Geest, en zij begonnen te spreken in tongen en profeteerden. Ik houd van het hele boek en van al deze voorbeelden, die een goed beeld geven van hoe zij de opdracht van Jezus gehoorzaamden en wat wij nu zouden moeten ervaren. Ik houd ervan om al deze hoofdstukken samen te voegen, zodat het een helder beeld geeft van wat er in de tijd van de eerste discipelen gebeurde. Het beeld van hoe de mensen tot geloof kwamen, zich bekeerden, gedoopt werden en de Heilige Geest ontvingen, is heel duidelijk.

Het boek Handelingen is ook bijzonder omdat dit het enige boek is waar we kunnen lezen dat de discipelen deden wat Jezus hen had opgedragen. Alle andere nieuwtestamentische boeken zijn brieven en onderwijs gericht aan gelovigen. Ze waren al wedergeboren. Veel brieven beginnen daarom met 'aan alle heiligen...' In Filippenzen 1:1 lezen we bijvoorbeeld "Paulus en Timotheüs, dienstknechten van Jezus Christus, aan al de heiligen in Christus Jezus die in Filippi zijn, met de opzieners en diakenen: genade zij u en vrede van God, onze Vader, en van de Heere Jezus Christus." In Kolossenzen 1:2 lezen we "aan de heilige en gelovige broeders in Christus die in Kolosse zijn: genade zij u en vrede van God, onze Vader, en van de Heere Jezus Christus."

Omdat de brieven geschreven zijn aan de gelovigen en we er niet in lezen hoe we het evangelie moeten verkondigen, zijn ze niet zo geschikt als Handelingen om dat te ontdekken. De brieven waren meer bedoeld als verdere onderwijzing en toerusting van de gelovigen. Samen vormen ze een mooi geheel; wat we in Handelingen lezen, zien we bijna niet in de brieven en andersom. Ik onderwijs in dit boek hoe we Jezus moeten gehoorzamen; het boek Handelingen is uniek.

Als we nu naar de kerk kijken, zien we helaas veel mensen die geloven, maar zonder volledig het evangelie te verstaan en zonder dat ze wedergeboren zijn. Ja, ik heb vele mensen ontmoet die in God geloven; maar hun geloof alleen kan hen niet redden. Satan gelooft ook in God en hij is niet gered. Ik heb vele mensen ontmoet die geloven dat Jezus de Zoon van God is en dat Hij is gestorven aan het kruis, maar dat soort geloof gaat hen niet redden, want ze hebben nog niet bijbels gereageerd en ze leven nog steeds in zonden. Ook satan en de demonen weten en geloven dat Jezus de Zoon van God is en dat Hij is gestorven aan het kruis, maar omdat zij niet gered kunnen worden, leven zij nog steeds in zonde, rebellerend tegen God en Zijn Woord. Zij geloven wat er 'over' Jezus gezegd is. Maar het geloof dat ons redt, is geloof dat 'in' Jezus gelooft en in wat Hij zegt. Het is geloof dat de daad bij het Woord voegt, je gaat ernaar handelen. Als iemand iets tegen jou zegt en jij gelooft dat, zul je handelen naar wat hij zegt of vraagt.

Als je midden op de weg staat en iemand die aan de kant van de weg staat, ziet een vrachtwagen aankomen, zal hij "Aan de kant! Er komt een vrachtwagen aan!" roepen. Als je diegene gelooft (niet dat je alleen in deze persoon gelooft, maar ook in wat hij zegt) zul je aan de kant gaan, tenzij je een doodswens hebt. Geloof zonder gehoorzaamheid is een dood geloof. Ik wil dat je het volgende gedeelte van een brief van Jakobus leest. Als je leest over daden en werken, weet dan dat Jakobus het niet heeft over de werken van de wet van Mozes, maar over gehoorzaamheid door geloof. En geloof zonder deze werken is een dood geloof.

In Jakobus 2: 14-26 staat "Wat voor nut heeft het, mijn broeders, als iemand zegt dat hij geloof heeft, en hij heeft geen werken? Kan dat geloof hem zalig maken? Als er nu een broeder of zuster zonder kleding zou zijn en gebrek zou hebben aan dagelijks voedsel, en iemand van u zou tegen hen zeggen: Ga heen in vrede, word warm en word verzadigd, en u zou hun niet geven wat het lichaam nodig heeft, wat voor nut heeft dat dan? Zo is ook het geloof als het geen werken heeft, in zichzelf dood. Maar nu zal iemand zeggen: U hebt geloof en ik heb werken. Laat mij dan uw geloof zien uit uw werken en ik zal u uit mijn werken mijn geloof laten zien. U gelooft dat God één is; daar doet u goed aan. Maar ook de demonen geloven dit, en zij sidderen. Maar wilt u weten, o dwaze (lege) mens, dat het geloof zonder de werken dood is? Is Abraham, onze vader, niet uit de werken gerechtvaardigd, toen hij Izak, zijn zoon, op het altaar offerde? Ziet u wel dat het geloof samenwerkte met zijn werken en dat door de werken het geloof volmaakt is geworden? En de Schrift is vervuld die zegt: En Abraham geloofde God, en het is hem tot gerechtigheid gerekend, en hij werd een vriend van God genoemd. U ziet dus nu dat een mens uit werken gerechtvaardigd wordt en niet alleen uit geloof. En is Rachab, de hoer, niet op dezelfde manier uit werken gerechtvaardigd, toen zij de boden heeft ontvangen en langs een andere weg heeft laten weggaan? Want zoals het lichaam zonder geest dood is, zo is ook het geloof zonder de werken dood."

Jakobus leert ons hier dat als je echt in Jezus Christus gelooft, je Hem gelooft, vertrouwt, Zijn Woord gelooft en wil doen wat Hij zegt. Als je niet doet wat Hij zegt, dan geloof je niet echt in Hem. Je kunt aan iemands levensstijl zien of iemand echt in Jezus gelooft. Het is eigenlijk zo eenvoudig. In het boek Handelingen zie je het vertrouwen, het geloof en de navolging van Jezus in de levens van de gelovigen.

**We moeten niet alleen geloven wat er over Jezus gezegd wordt, we moeten ín Jezus geloven. We moeten Zijn woorden geloven, als een boodschap aan ons; zoals we ook de woorden geloven van mensen om ons heen. We kunnen maar op één manier laten zien en zo bewijzen dat we in Jezus' Woord geloven, en dat is door ons handelen en onze werken.**

Ik heb vele mensen ontmoet die geloven dat ze geloven, maar de manier van leven maakt duidelijk dat ze dat niet doen. Het geloof waar de bijbel over spreekt, is een geloof dat zichtbaar is in de keuzes die iemand maakt. Het gaat niet om het houden van de wet van Mozes, het gaat om leven in gehoorzaamheid aan Jezus en Zijn woorden. De eerste woorden van Jezus riepen op tot bekering en later voegde Hij daar de doop aan toe: als we Jezus geloven, bekeren we ons en laten we ons dopen. Zo eenvoudig is het.

Ik heb ook veel mensen ontmoet die zeggen dat ze van Jezus houden en ze zijn erg oprecht in hun geloof, maar vanwege hun gebrek aan het verstaan van het evangelie en wat discipelschap inhoudt, zijn ze niet vrij en leven ze niet het leven volgens de bijbel. Sommige van hen hebben zich nog niet echt bekeerd noch gedoopt door onderdompeling, dus ze worstelen nog met zonden in hun leven. Of ze hebben de Heilige Geest nog niet ontvangen, dus missen ze de kracht en het leven dat volgt als je de Heilige Geest ontvangt.

Ik houd van de manier waarop Paulus mensen ontmoet, zoals beschreven in Handelingen 19, waar staat hoe hij gelovigen in Efeze ontmoet. Uit de verzen wordt niet duidelijk of ze volgelingen van Johannes of van Jezus waren, maar zij geloofden. Eén ding was zeker, ze moesten wedergeboren worden. Als Paulus hen ontmoet, vraagt hij niet van welke kerkelijke denominatie ze zijn, want dat is niet belangrijk. Ja ik weet dat er destijds nog geen dergelijke denominaties bestonden, maar het is ook nu nog niet belangrijk uit welke denominatie je komt. Je kunt uit een baptistengemeente komen, gedoopt zijn en een nieuw leven hebben ontvangen. Je kunt ook uit een pinkstergemeente komen die nog niet zover is. Paulus vroeg hen niet naar hun afkomst, hij vroeg aan hen of ze de Heilige Geest al hadden ontvangen toen ze tot geloof gekomen waren. Nu zou dit voor velen die geloven dat de Heilige Geest automatisch in je komt wonen als je tot geloof komt, een rare vraag zijn. Maar het gedeelte in Handelingen 19, en ook in Hand.8, laat ons zien, dat dit niet zo werkt. Je kunt je bekeren, geloven en zelfs gedoopt zijn, zonder de Heilige Geest te ontvangen. Hier spreekt Paulus met hen over de nieuwe geboorte en gelijk daarna worden zij in Christus gedoopt. Nadat ze gedoopt waren, legt Paulus hen de handen op en zij ontvangen dan de Heilige Geest. Zo zou het ook nu nog moeten gaan. Als we nu mensen ontmoeten die in God geloven, zouden we hen moeten vragen "Heb je de Heilige Geest ontvangen toen je tot geloof kwam?" En als het antwoord "nee" is, moeten we hen de handen opleggen en voor hen bidden om de Heilige Geest te ontvangen.

In Handelingen 19: 1-7 staat "En het gebeurde terwijl Apollos in Korinthe was, dat Paulus, die de hoger gelegen delen van het land doorgetrokken was, in Efeze kwam. Hij trof daar enige discipelen aan en zei tegen hen: Hebt u de Heilige Geest ontvangen toen u tot geloof kwam? En zij zeiden tegen hem: Wij hebben niet eens gehoord dat er een Heilige Geest is. En hij zei tegen hen: Waarmee bent u dan gedoopt? En zij zeiden: Met de doop van Johannes. Maar Paulus zei: Johannes doopte wel een doop van bekering, maar hij zei ook tegen het volk dat zij moesten geloven in Hem die na hem kwam, dat is in Christus Jezus, en nadat zij dat gehoord hadden, werden zij gedoopt in de Naam van de Heere Jezus. En nadat Paulus hun de handen opgelegd had, kwam de Heilige Geest op hen; en zij spraken in vreemde talen en profeteerden. En het waren bij elkaar ongeveer twaalf mannen."

De volgende hoofdstukken wil ik gebruiken om met jullie te kijken naar het evangelie van het koninkrijk. Ik wil je het grote geheel van begin tot eind tonen, en je helpen te begrijpen wat mensen moeten doen om wedergeboren te zijn, en het koninkrijk binnen te kunnen gaan, waar Jezus over sprak. Later zal ik alles samenvoegen, zodat je in gehoorzaamheid op Jezus woorden kunt uitgaan, zoals we lezen in Lukas 10, en je op zoek kunt gaan naar een persoon van vrede en diegene dan tot Christus kunt leiden.

Het evangelie is de reddende kracht, en we zouden dit evangelie niet verkeerd moeten verstaan. We kunnen alles doen wat Jezus zegt in Lukas 10, maar als het evangelie wat je predikt niet juist is, maakt het niet uit of de rest wel goed is. Daarom wil ik meer tijd nemen voor het uitleggen waar het evangelie over gaat en wat we moeten prediken als we op Jezus' Woord uitgaan.

# 19

## HET HELE VERHAAL

---

**Er is iets dat belangrijker is dan al het andere in dit leven, en dat is dit; onze zonden houden ons gescheiden van God, Jezus heeft voor onze zonden geleden aan het kruis. We moeten de tijd nemen om dit uit te leggen aan de mensen; ze moeten het hele verhaal horen.**

---

"Wat moeten wij doen", vroegen de mensen aan Petrus en de andere apostelen, nadat Petrus het evangelie met hen had gedeeld. Zijn woorden hadden hen diep in het hart geraakt.

De hele tekst in Handelingen 2:37 zegt "En toen zij dit hoorden, werden zij diep in het hart geraakt en zeiden tegen Petrus en de andere apostelen: Wat moeten wij doen, mannenbroeders?" Ik heb vele malen het evangelie uit mogen leggen aan een persoon van vrede. Vaak hebben zij aan mij gevraagd "Wat moet ik doen?", "Hoe kan ik God ontmoeten?" of gezegd dat ze wedergeboren wilden zijn. Het is fantastisch als mensen je deze vragen stellen, en het is zo belangrijk dat we ze de juiste antwoorden geven.

Petrus' antwoord op deze vraag, vinden we in de verzen 38-39

"En Petrus zei tegen hen: Bekeer u en laat ieder van u gedoopt worden in de Naam van Jezus Christus, tot vergeving van de zonden; en u zult de gave van de Heilige Geest ontvangen. Want voor u is de belofte en voor uw kinderen en voor allen die veraf zijn, zovelen als de Heere, onze God, ertoe roepen zal."

Maar Petrus stopte daar niet, en wij mogen daar ook niet stoppen. De verzen 40-41 horen er ook bij.

"En met veel meer andere woorden legde hij getuigenis af en spoorde hij hen aan met de woorden: Laat u behouden uit dit verkeerde geslacht! Zij nu die zijn woord met vreugde aannamen, werden gedoopt; en ongeveer drieduizend zielen werden er op die dag aan hen toegevoegd."

Petrus en de andere discipelen namen de tijd om aan de mensen uit te leggen, dat ze gered moesten worden uit dit verkeerde geslacht, en daarna legden ze het evangelie aan de mensen uit en doopten hen. We hebben gekeken naar de opdracht van Jezus in Lukas 10; we hebben gezien hoe Hij Zijn discipelen leerde om te zoeken naar wat verloren is, door op zoek te gaan naar een persoon van vrede. Maar zoals ik al eerder gezegd heb, is dat allemaal niets waard, als we dat begrijpen en doen, maar niet het evangelie begrijpen. Zo misleiden we onszelf en anderen die naar ons luisteren.

Eén van de dingen die ik door de jaren heen heb moeten veranderen, is mijn beeld en begrip van het evangelie en hoe ik dat moest delen. Vele jaren geleden, reisde ik rond als evangelist en vroeg aan de mensen om naar de kerk te komen, Jezus in hun hart te vragen en het zgn. zondaarsgebed te doen. Zo heb ik velen Jezus zien 'accepteren'. Voor een enkeling betekende dit werkelijk het begin van een nieuw leven; zij werden later gedoopt en ontvingen de Heilige Geest. Maar voor de meeste 'bekeerlingen', volgde er geen echte transformatie. Toen begon God mij mee te nemen in een proces waarin ik tijd nam om de bijbel echt te bestuderen hoe de eerste christengemeenten het evangelie verkondigden, en wat de Bijbel – en niet onze tradities- ons vertelt over het evangelie. Door dit proces begon ik het evangelie anders te delen en dat veranderde alles. De vrucht die ik nu zag was zo'n verschil. Ik zag een geweldig vertrouwen en ik begon te zien wat er ook in Handelingen staat. Mensen begonnen hun zonden te belijden, werden gedoopt en ontvingen de Heilige Geest, soms allemaal op dezelfde dag. Ze werden krachtige volgelingen van Jezus.

Ik smeek je te luisteren naar wat ik hier wil delen; neem je bijbel en onderzoek voor jezelf of het de waarheid is. Doe je tradities weg en wat je voorheen hebt geleerd, kijk met nieuwe ogen ga met mij mee op reis als ik het evangelie uitleg en spreek over zonde, het kruis, bekering, de doop in water en met de Heilige Geest. Misschien zul jij ook ontdekken dat er iets ontbreekt in jouw leven.

Hebreeën 4: 12 vertelt ons dit: "Want het Woord van God is levend en krachtig en scherper dan enig tweesnijdend zwaard, en het dringt door tot op de scheiding van ziel en geest, van gewrichten en merg, en het oordeelt de overleggingen en gedachten van het hart."

Als je het evangelie leert kennen en het met anderen deelt, snijdt het mes aan twee kanten. Ik heb vele malen gezien dat, wanneer iemand leerde het evangelie te delen met anderen, zij voor zichzelf ontdekten dat ze zich zelf nooit echt bekeerd hadden, of dat ze het nodig hadden om op hun eigen geloof gedoopt te worden, in plaats van dat ze dat deden omdat hun ouders dat wilden of omdat de gemeente dat van hen verwachtte. Dus wees voorbereid om je eigen leven te onderzoeken als we naar het evangelie gaan kijken.

Zoals ik al eerder heb aangegeven, geloof ik dat het erg belangrijk is, dat wanneer we een persoon van vrede vinden, we de tijd nemen om het evangelie uit te leggen en aan hen moeten laten zien hoe ze moeten reageren op wat ze gehoord hebben. Als ik het evangelie deel met een persoon van vrede, begin ik vaak bij het allereerste begin, bij Adam en Eva. Dat doe ik omdat het belangrijk is dat ze begrijpen wat zonde is, en waarom de wereld geworden is zoals die er nu uitziet. Het is belangrijk voor mensen dat ze hun eigen zonden zien en begrijpen waarom ze Jezus als hun redder nodig hebben. We moeten niet de oplossing voor het probleem aan mensen geven, voordat ze het probleem begrijpen. We moeten mensen niet proberen medicijnen in te laten nemen, voordat ze doorhebben dat ze ziek zijn. We moeten Jezus niet aan mensen geven die hun eigen zonden niet zien en niet zien dat ze redding nodig hebben. Ze zullen het niet begrijpen en er het nut niet van inzien en daarom je boodschap direct afwijzen.

Probeer je een dokter voor te stellen die een patiënt met kanker heeft. Deze dokter heeft een medicijn die kanker volledig kan genezen, maar dat zal alleen zo zijn, als de patiënt het behandelplan precies navolgt. Stel je voor dat de dokter aan de patiënt gaat uitleggen wat de ernst van de ziekte is; de patiënt wordt zichtbaar ontzet en ongemakkelijk als hij dit hoort. Ook al is het niet fijn dat de patiënt van slag is, het is tegelijkertijd nodig. Het zal de patiënt helpen om de behandeling te accepteren, die de dokter later aan hem voorlegt. Het is belangrijk dat de patiënt inziet hoe hij eraan toe is, zodat hij het medicijn zal aannemen en bereid is om te horen wat hij moet doen om deze behandeling succesvol te doorlopen. De patiënt is daardoor zo blij dat er een mogelijkheid tot genezing is, dat hij bereid is om de voorschriften van de dokter precies op te volgen. Zodra mensen hun zonden zullen zien, zullen ze inzien dat ze een Redder nodig hebben. Ze zullen begrijpen waarom Jezus aan het kruis moest sterven.

Enthousiast zullen ze bereid zijn om te doen wat nodig is om gered te worden.

> **Hoe meer mensen hun zonden inzien, hoe dankbaarder ze zijn voor wat Jezus voor hen heeft gedaan. En hoe meer vergeving ze hebben ontvangen, hoe meer ze van Hem zullen houden. We hebben allemaal gezondigd, maar niet iedereen ziet hoeveel hen is vergeven.**

Ik hoop dat je er klaar voor bent om met mij door het evangelie te gaan, zoals ik het normaal deel. Normaal gesproken vertel ik niet waar ik de teksten uit citeer als ik het evangelie uitleg, maar nu doe ik dat wel, zodat je zelf de teksten kunt nalezen.

In het begin van de bijbel lezen we hoe God de hemel en de aarde heeft geschapen. We lezen hoe Hij over alles wat Hij geschapen had, zegt dat het zeer goed is in Zijn ogen. (Genesis 1:31) Ja, alles wat God geschapen had, was goed. Het was volmaakt. In Genesis 2 lezen we meer gedetailleerd, hoe God de mens schiep en hem in een tuin plaatste, de hof van Eden.

Genesis 2: 9, 15-17 zegt "En de HEERE God liet allerlei bomen uit de aardbodem opkomen, begerenswaardig om te zien en goed om van te eten; ook de boom des levens, in het midden van de hof, en de boom van de kennis van goed en kwaad."

"De HEERE God nam de mens, en zette hem in de hof van Eden om die te bewerken en te onderhouden. En de HEERE God gebood de mens: Van alle bomen van de hof mag u vrij eten, maar van de boom van de kennis van goed en kwaad, daarvan mag u niet eten, want op de dag dat u daarvan eet, zult u zeker sterven."

Dit was Gods plan. God schiep Adam en zijn vrouw, en zij wandelden met Hem in de hof. Het was een volmaakte wereld. Ze waren vrij om te eten van de boom des Levens. De wereld die God had geschapen, was een wereld zonder ziekte, oorlog, verkrachtingen en moord. Ja, alles was goed en de mens wandelde met God en had een innige relatie met Hem. Probeer je het eens voor te stellen; een leven zonder al het kwaad dat we nu om ons heen zien, een volmaakte wereld in gemeenschap met God, waar geen zonde, ziekte etc. is. Maar zo is het niet in de wereld waar we nu in leven; we hoeven maar naar het nieuws te kijken en we zien welke verschrikkelijke dingen er om ons heen zijn gebeurd. Het is duidelijk dat de wereld niet volmaakt is, en dat het alleen maar erger wordt.

De wereld die God schiep, was goed, en het was ook de bedoeling dat het zo zou blijven. Alles veranderde toen Adam en zijn vrouw van de verboden vrucht aten, van de boom van Kennis van Goed en van Kwaad.

In Genesis 3:22-23 staat "Toen zei de HEERE God: Zie, de mens is geworden als één van Ons, omdat hij goed en kwaad kent. Nu dan, laat hij zijn hand niet uitsteken en ook van de boom des levens nemen en eten, zodat hij eeuwig zou leven! Daarom zond de HEERE God hem weg uit de hof van Eden, om de aardbodem te bewerken, waaruit hij genomen was."

Toen de mens en zijn vrouw van de verboden vrucht aten, zondigden zij tegen God, en hun ogen gingen onmiddellijk open. Nadat zij dit gedaan hadden, wilde God niet dat zij van de boom des Levens zouden eten, zodat ze voor altijd zouden blijven leven in hun gevallen status. Als ze dat hadden gedaan, hadden we voor altijd met het probleem van de zonde gezeten. Daarom stuurde God hen weg uit de hof van Eden, weg van de boom des Levens, en weg van de intieme relatie met God.

Nadat Adam en Eva zijn weggestuurd uit de hof van Eden, zien we dat hun ene zoon zijn broer vermoordt. De eerste moord was een feit, maar helaas niet de laatste, want Adam en Eva hadden van de verboden vrucht gegeten en daardoor was de volmaakte wereld die God geschapen had, onherkenbaar veranderd. Ik heb veel mensen horen zeggen: 'Ik kan niet geloven dat God goed is, als ik al het kwaad in de wereld zie". Tot deze mensen zou ik willen zeggen: "Probeer de bijbel te lezen, omdat al het kwaad wat we nu in de wereld zien, precies is wat er volgens de bijbel zou gebeuren. En het wordt alleen maar erger. Maar het is niet de schuld van God." God heeft deze wereld niet zo geschapen. Ja, Hij haat het meer dan wij! God kreeg spijt dat Hij de mens gemaakt had, vanwege al het kwaad wat ze deden.

Genesis 6:5-6 zegt "En de HEERE zag dat de slechtheid van de mens op de aarde groot was, en dat al de gedachtespinsels van zijn hart elke dag alleen maar slecht waren. Toen kreeg de HEERE er berouw over dat Hij de mens op de aarde gemaakt had, en het bedroefde Hem in Zijn hart."

We moeten begrijpen dat niets van al het kwaad Gods schuld is. God haat het kwaad, zelfs meer dan wij. Dit was niet Gods plan. Ook al lezen we dat God er berouw van had dat Hij de mens gemaakt had, toch lezen we dat Hij Noach en zijn familie gunstig gezind was. Vers 8-9 zegt "Maar Noach vond genade in de ogen van de HEERE. Dit zijn de afstammelingen van Noach. Noach was een rechtvaardig, oprecht man onder zijn tijdgenoten. Noach wandelde met God." Daarom gaf God aan Noach de opdracht om een Ark te bouwen, die God gebruikte om de wereld te veroordelen voor al hun slechte daden. God overspoelde de aarde en alleen Noach, zijn familie en een aantal dieren, overleefden dit oordeel in de Ark. Echter, zodra Noach en zijn familie uit de Ark kwamen, was het probleem van de zonde er ook weer. Noach werd dronken, en alles ging opnieuw mis. Waarom? Omdat de zonde niet alleen in de wereld is, maar ook binnenin de mens zit. De zonde zit in onze natuur en helaas is dat een groot onderdeel van ons. Maar in plaats van een nieuwe aarde te scheppen en daarop de oude, tot alle kwaad geneigde, mens te plaatsen, zoals Hij destijds met Noach deed, besloot God een nieuwe mens te scheppen. Hem plaatste Hij ook op de nieuwe aarde. En op dit punt komt Jezus in beeld. Jezus is onze Redder. Hij kwam om ons te redden van onze zonden en onze zondige natuur. Jezus is gekomen, zodat we opnieuw geboren kunnen worden, zodat we een nieuwe schepping worden. Voordat we verder praten over wat Jezus voor ons heeft gedaan, zodat we opnieuw geboren kunnen worden en eeuwig leven ontvangen, moeten we het hebben over zonde.

Misschien denk je dat jij niet zo slecht bent, omdat je bent opgegroeid in de kerk en nooit in de gevangenis hebt gezeten of drugs hebt gebruikt etc. Maar als je zo denkt, heb je een probleem; jouw probleem is je zelfrechtvaardiging. Zelfrechtvaardiging houdt in dat je zo goed bent dat je geen vergeving nodig hebt, of dat je maar een klein beetje vergeving nodig hebt en dan de rest zelf wel kunt. Maar de waarheid is, dat je niet goed genoeg bent. Prediker 7:20 zegt "Voorzeker, er is geen mens rechtvaardig op de aarde, die goeddoet en niet zondigt." En Romeinen 3: 23 "Want allen hebben gezondigd en missen de heerlijkheid van God" Dus laten we kijken naar zonde, en wat de standaard is waar we naar zouden moeten leven.

Mattheüs 5:21-22 zegt het volgende "U hebt gehoord dat tegen het voorgeslacht gezegd is: U zult niet doden; en: Wie doodt, zal door de rechtbank schuldig bevonden worden. Maar Ik zeg u: Al wie ten onrechte boos is op zijn broeder, zal schuldig bevonden worden door de rechtbank. En al wie tegen zijn broeder zegt: Raka!, zal schuldig bevonden worden door de Raad; maar al wie zegt: Dwaas! die zal schuldig bevonden worden tot het helse vuur."

Dit zijn krachtige woorden, gesproken door Jezus. Hij gaat in de verzen 27-30 verder over lust.

"U hebt gehoord dat tegen het voorgeslacht gezegd is: U zult geen overspel plegen. Maar Ik zeg u dat al wie naar een vrouw kijkt om haar te begeren, in zijn hart al overspel met haar gepleegd heeft. Als dan uw rechteroog u doet struikelen, ruk het uit en werp het van u weg, want het is beter voor u dat een van uw lichaamsdelen te gronde gaat en niet heel uw lichaam in de hel geworpen wordt. En als uw rechterhand u doet struikelen, hak hem af en werp hem van u weg, want het is beter voor u dat een van uw lichaamsdelen te gronde gaat en niet heel uw lichaam in de hel geworpen wordt."

Moet ik nog meer zeggen? Als je met begeerte naar iemand kijkt, heb je in je hart reeds overspel gepleegd met diegene. En hoe zit het met liegen? Heb je wel eens gelogen? Of heb je wel eens iets gestolen? De vraag is niet of je een goed mens bent. De vraag is, ben je goed genoeg? Of laat het mij je op deze manier vragen; ben je volmaakt? Heb je altijd Gods geboden gehouden? Jakobus zegt in 2:10 "Want wie de hele wet in acht neemt, maar op één punt struikelt, die is schuldig geworden aan alle geboden."

Ik wil het nog duidelijker voor je maken hoe diep je bent gevallen. Stel je voor dat ik een speciale camera heb, die jouw leven vanaf het begin heeft gefilmd, zonder dat jij dit wist, 24/7, dus ook de momenten waarop jij dacht dat er niemand keek. En stel je voor dat deze camera ook jouw gedachten gefilmd heeft en alle momenten waarop je begerig naar iemand keek en de erotische gedachten die je daarbij had. Ook heeft de camera de haat die je voelde jegens iemand vastgelegd. Deze camera heeft al jouw zonden, niet je goede daden, gefilmd. De goede dingen die je gedaan hebt, heeft de camera niet gefilmd, want die tellen niet mee. De goede dingen die je gedaan hebt, zijn geen plusjes op je rekening, zoals de zonden die je gedaan hebt geen minnetjes zijn op je rekening. Alle goede dingen zijn als een nul op je rekening, omdat het van je verwacht wordt dat je goed doet. Daarom kunnen goede daden nooit slechte daden rechtvaardigen.

**Het idee dat goede daden, slechte daden kunnen rechtvaardigen, zit er bij ons diep ingebakken. Nee, zonden hebben consequenties, en er is geen vergeving zonder bloed. En dit is de prijs die Jezus voor ons betaalde; Hij stierf zodat wij vrij kunnen zijn.**

En stel je nu voor dat ik een compilatie maak van jouw leven, van vijf minuten en dat ik deze video op Facebook en YouTube zou zetten. Al je onreine gedachten, alle egoïstische gedachten en daden en al je slechte gedachten en daden, etc. toon ik aan je familie, je vrienden en aan de wereld. Hoe zou jij je dan voelen? Zou jij jezelf dan nog steeds een goed mens vinden? De waarheid is dat jij zo beschaamd zou zijn als iedereen zou weten welke slechte dingen jij gedaan hebt, en ze zouden zien wie je werkelijk bent, en wat jij hebt gedacht over mensen en over God. Als iedereen die zomaar zou kunnen zien, zou jij je zo schamen dat je weg zou rennen en je nooit meer zou laten zien aan iemand. Ik weet dat ik dat zou doen.

Als jij je al zo beschaamd voor mensen zou voelen, hoe zou jij je dan voelen als je, naakt, tegenover een heilig en rechtvaardig God, voor wie niets verborgen is, zou moeten staan? Op de dag dat jij voor God zal staan, zul jij jezelf niet kunnen rechtvaardigen voor Hem en zeggen: "O, ik ben niet zo slecht. Hoe zit het met hem of haar? Of "Hoe zit het met hen, zij zijn slechter dan ik". Nee, op die dag, zul je maar één ding weten; dat je schuldig bent en dat je de hel verdiend hebt, omdat God goed is en jij niet. Maar dan zal het te laat zijn voor redding. De waarheid is, God kan iedereen naar de hel sturen en nog steeds goed, liefdevol en rechtvaardig zijn, want Hij is niet het probleem. Wij zijn dat. We hebben allemaal gezondigd.

Ik hoop dat je nu inziet en begrijpt dat niemand zichzelf kan rechtvaardigen voor God door zijn goede werken. Niemand kan rechtvaardig worden door de wet te houden. In Romeinen 3: 20 staat "Daarom zal uit werken van de wet geen vlees - d.i. een zondig mens- voor Hem gerechtvaardigd worden. Door de wet is immers kennis van zonde." God heeft iets geweldigs gedaan. God hoefde dit niet te doen, maar Hij deed het toch. Hij zond Zijn enige Zoon Jezus, om voor jou en mij te sterven, zodat we, in Hem, kunnen worden vergeven en een nieuw leven mogen ontvangen. Dat is het goede nieuws, het evangelie van Jezus Christus, daar gaan we in het volgende hoofdstuk naar kijken.

# 20

## Jezus, onze Redder

---

**Het is mogelijk om steeds weer opnieuw verliefd te worden op Jezus. Als je tijd neemt om in te zien hoe verloren je was zonder Hem en wat Hij voor jou heeft gedaan, ben je bereid om van Hem te houden en Hem te dienen voor de rest van je leven.**

---

In het vorige hoofdstuk hebben we bekeken hoe God een volmaakte wereld heeft geschapen en hoe de mens met Hem wandelde in innige verbondenheid met Hem. Het was een volmaakte wereld, zonder alle ellende die we nu in de wereld zien. Zo zou het altijd zijn geweest. Maar toen zondigden Adam en zijn vrouw en ze mochten niet langer in de hof van Eden blijven, zodat ze niet meer van de boom des Levens konden eten. De mens zondigde, en vanwege deze zonde, zijn we gescheiden van God en de wereld was voor altijd veranderd. We leven in een gevallen wereld. Vanwege onze zonde, zou God ons allemaal naar de hel kunnen sturen, Hij zou nog steeds goed, liefhebbend en rechtvaardig zijn, omdat niet Hij, maar wij het probleem zijn. In plaats daarvan, deed God iets bijzonders. We lezen hierover in Johannes 3: 16-18

"Want alzo lief, heeft God de wereld gehad, dat Hij Zijn eniggeboren Zoon gegeven heeft, opdat ieder die in Hem gelooft, niet verloren gaat, maar eeuwig leven heeft. Want God heeft Zijn Zoon niet in de wereld gezonden opdat Hij de wereld zou veroordelen, maar opdat de wereld door Hem behouden zou worden. Wie in Hem gelooft, wordt niet veroordeeld, maar wie niet gelooft, is al veroordeeld, omdat hij niet geloofd heeft in de Naam van de eniggeboren Zoon van God."

Als je inziet hoe zondig je bent en hoe diep je gevallen bent, wordt het goede nieuws van Jezus ook echt goed nieuws voor jou. Laten we verder gaan met het bestuderen wat Jezus voor ons heeft gedaan en wat we nodig hebben om Zijn vergeving te ontvangen. Wat hebben we nodig om vergeving te ervaren en met God te gaan wandelen zoals we bedoeld zijn toen God ons schiep?

Laten we eerst kijken wat we nodig hebben om opnieuw geboren te worden.

Mattheüs 1:21 zegt over Maria "en zij zal een Zoon baren, en u zult Hem de naam Jezus geven, want Hij zal Zijn volk zalig maken van hun zonden." Jezus wandelde hier op aarde tussen de mensen met dat verschil dat Hij niet zondigde. Hij was 30 jaar toen Hij gedoopt werd in water, en toen Hij uit het water omhoogkwam, daalde de Heilige Geest op Hem neer. Mattheüs 3:16-17 "En nadat Jezus gedoopt was, kwam Hij meteen op uit het water; en zie, de hemelen werden voor Hem geopend, en Hij zag de Geest van God als een duif neerdalen en op Zich komen. En zie, een stem uit de hemelen zei: Dit is Mijn geliefde Zoon, in Wie Ik Mijn welbehagen heb!" Nadat Jezus gedoopt was in water en de Geest over Hem gekomen was, werd Hij door de Geest naar de woestijn geleid waar Hij veertig dagen vastte en verzocht werd door de satan. Daarna, begon Jezus zijn bediening, rondreizend genas Hij de zieken en verkondigde Hij het evangelie van het koninkrijk van God. In Matth. 4:17 lezen we "Van toen af begon

Jezus te prediken en te zeggen: Bekeer u, want het Koninkrijk der hemelen is nabijgekomen." En in vers 23 staat: "En Jezus trok rond in heel Galilea, gaf onderwijs in hun synagogen en predikte het Evangelie van het Koninkrijk, en Hij genas elke ziekte en elke kwaal onder het volk." Dus Jezus verkondigde het goede nieuws van het koninkrijk, vertelde mensen dat zij zich moesten bekeren en wedergeboren moesten worden. We zien dit ook in Johannes 3:5-7 "Jezus antwoordde: Voorwaar, voorwaar, Ik zeg u: Als iemand niet geboren wordt uit water en Geest, kan hij het Koninkrijk van God niet binnengaan. Wat uit het vlees geboren is, is vlees; en wat uit de Geest geboren is, is geest."

Toen Jezus op aarde leefde, vertelde Hij de mensen hoe ze Hem moesten volgen als Zijn discipelen.

Mattheüs 16:24-25 zegt: "Toen zei Jezus tegen Zijn discipelen: Als iemand achter Mij aan wil komen, moet hij zichzelf verloochenen, zijn kruis opnemen en Mij volgen. Want wie zijn leven zal willen behouden, die zal het verliezen; maar wie zijn leven zal verliezen om Mij, die zal het vinden."

En Mattheüs 10: 34-39 zegt "Denk niet dat Ik gekomen ben om vrede te brengen op de aarde; Ik ben niet gekomen om vrede te brengen, maar het zwaard. Want Ik ben gekomen om tweedracht te brengen tussen een man en zijn vader, en tussen een dochter en haar moeder, en tussen een schoondochter en haar schoonmoeder; en iemands huisgenoten zullen zijn vijanden zijn. Wie vader of moeder liefheeft boven Mij, is Mij niet waard; en wie zoon of dochter liefheeft boven Mij, is Mij niet waard. En wie zijn kruis niet op zich neemt en Mij navolgt, is Mij niet waard. Wie zijn leven vindt, zal het verliezen; en wie zijn leven verliest omwille van Mij, zal het vinden."

Ja, Jezus was erg radicaal. Nadat Hij zo'n drie jaar had rondgereisd en op aarde het koninkrijk van God heeft verkondigd, zieken heeft genezen, demonen heeft uitgedreven, de mensen vertelde wat zij moesten doen om Zijn discipel te kunnen zijn, en hoe zij zich moesten bekeren en opnieuw geboren konden worden uit water en Geest, stierf Hij aan het kruis. Hij stierf voor jou en mij, zodat wij kunnen leven. Hij stierf om ons te redden van onze zonden, van wat ons gescheiden hield van God: Onze zonden die dood en verderf gebracht hebben. In Mattheüs 27 lezen we wat zij met Jezus deden voordat zij Hem kruisigden. In vers 28-31 staat "En toen zij Hem ontkleed hadden, deden zij Hem een scharlakenrode mantel om, vlochten een kroon van dorens, zetten die op Zijn hoofd en gaven Hem een rietstok in Zijn rechterhand. Zij vielen op hun knieën voor Hem neer en bespotten Hem met de woorden: Gegroet, Koning van de Joden! Ook bespuwden zij Hem, pakten de rietstok en sloegen Hem op Zijn hoofd. En toen zij Hem bespot hadden, trokken zij Hem de mantel uit, trokken Hem Zijn kleren aan en leidden Hem weg om Hem te kruisigen."

Ja, Jezus was echt onze Koning, niet alleen voor de Joden, maar voor de hele wereld. Nadat Hij geslagen en bespot was, hingen ze Hem aan een kruis, de meest verschrikkelijke manier om te sterven. Daar hing Hij, compleet naakt, en gaf Hij zijn leven op. In vers 46 en 50 van Mattheüs 27 staat: "Ongeveer op het negende uur riep Jezus met een luide stem: Eli, Eli, lama sabachtani? Dat betekent: Mijn God, Mijn God, waarom hebt U Mij verlaten?" en "Jezus riep nogmaals met luide stem en gaf de geest." Johannes 19:30 vult dit moment aan. Daar staat dat Hij deze woorden sprak voordat Hij de geest gaf: "Het is volbracht". Toen namen ze Zijn lichaam van het kruis af en begroeven Hem.

> **Jezus deed wat niemand anders kon doen. Hij gaf Zijn leven in onze plaats en betaalde onze schuld zodat wij vrijspraak kunnen ontvangen. Dat is iets wat we nooit als vanzelfsprekend mogen aannemen en nooit mogen vergeten. We moeten Hem er eeuwig dankbaar voor zijn.**

Onze zonden zijn op Hem gelegd. Hij betaalde de prijs die niemand anders kon betalen. Hij gaf Zijn leven voor jou en mij zodat wij, in Hem, vrijuit kunnen gaan. Omdat Hij zonder zonden was, kon de dood Hem niet vasthouden; zo overwon Hij door te sterven de dood als straf op de zonde. Hij stierf en stond drie dagen later weer op. Zo overwon Hij zonde en dood en betaalde Hij met Zijn bloed de prijs voor vergeving en waste Hij onze zonden weg. Als Hij ook maar één keer had gelogen, gestolen of met begeerte naar iemand had gekeken zoals wij dat doen, zou Hij schuldig geworden zijn zoals wij en dan zou Zijn dood niets veranderd hebben. Maar omdat Hij zonder zonde was, kon Hij als enige niet door de dood worden vastgehouden. Daarom kunnen we nu het evangelie van Jezus verkondigen; er is vergeving en een nieuw leven met God mogelijk dankzij Zijn offer aan het kruis.

1 Korinthe 15:1-4 zegt "Verder maak ik u bekend, broeders, het Evangelie, dat ik u verkondigd heb, dat u ook aangenomen hebt, waarin u ook staat, waardoor u ook zalig wordt, als u eraan vasthoudt zoals ik het u verkondigd heb, tenzij dat u tevergeefs geloofd hebt. Want ik heb u ten eerste overgeleverd wat ik ook ontvangen heb, dat Christus gestorven is voor onze zonden, overeenkomstig de Schriften,

en dat Hij begraven is, en dat Hij opgewekt is op de derde dag, overeenkomstig de Schriften"

Nadat Jezus was opgestaan uit de dood en was verschenen aan Zijn discipelen, sprak Hij met hen over het koninkrijk van God. Hij droeg Zijn discipelen op om in Jeruzalem te blijven om daar te wachten op de komst van de Heilige Geest, de belofte die de Vader had gegeven. In Handelingen 1: 4 staat "En toen Hij met hen samen was, beval Hij hun dat zij niet uit Jeruzalem weg zouden gaan, maar de belofte van de Vader zouden verwachten, die u, zei Hij, van Mij gehoord hebt" Kort nadat Hij dat heeft gezegd, ging Hij terug naar de hemel, en werd de Heilige Geest naar de aarde gezonden, zoals God had beloofd, en zoals het honderden jaren eerder was geprofeteerd. We kunnen in Handelingen 2: 2-4 lezen hoe de Heilige Geest kwam en alle 120 aanwezige discipelen vervuld werden. Er staat "En plotseling kwam er uit de hemel een geluid als van een geweldige windvlaag en dat vervulde heel het huis waar zij zaten. En aan hen werden tongen als van vuur gezien, die zich verdeelden, en het zat op ieder van hen. En zij werden allen vervuld met de Heilige Geest en begonnen te spreken in andere talen, zoals de Geest hun gaf uit te spreken." Nadat de Heilige Geest alle discipelen vervuld hadden, stonden Petrus en de andere apostelen op en zij begonnen te prediken. We zien dit in Hand.2: 36-39, waar staat "Laat dan heel het huis van Israël zeker weten dat God Hem tot een Heere en Christus gemaakt heeft, namelijk deze Jezus, Die u gekruisigd hebt. En toen zij dit hoorden, werden zij diep in het hart geraakt en zeiden tegen Petrus en de andere apostelen: Wat moeten wij doen, mannenbroeders? En Petrus zei tegen hen: Bekeer u en laat ieder van u gedoopt worden in de Naam van Jezus Christus, tot vergeving van de zonden; en u zult de gave van de Heilige Geest ontvangen. Want voor u is de belofte en voor uw kinderen en voor allen die veraf zijn, zovelen als de Heere, onze God, ertoe roepen zal." Ook vandaag is het nodig dat we het volle evangelie horen en zien hoe we hebben gezondigd, hoe Jezus uit de dood is opgewekt door God en dat we nu opnieuw geboren kunnen worden. We moeten ons allen bekeren tot God, in Jezus gedoopt worden tot vergeving van onze zonden en we moeten ook het geschenk van de Heilige Geest ontvangen.

Het eerste wat we lezen, is dat we ons moeten bekeren. In 2 Korinthe 7: 10 staat "Want de droefheid die overeenkomstig de wil van God is, brengt een onberouwelijke bekering tot zaligheid teweeg, maar de droefheid van de wereld brengt de dood teweeg." We moeten ons realiseren, dat we hebben gezondigd tegen een heilig en rechtvaardig God. Dat is nodig om tot bekering te komen en vergeving te ontvangen. Want hoe kan iemand zich afkeren van zijn zondige leven als je niet eerst erkent dat je zondig bent? Daarom moeten mensen eerst inzien dat ze zondig zijn en Gods wet hebben overtreden. Ze moeten op een punt komen dat ze berouw krijgen over hun zonden en beseffen dat ze gezondigd hebben tegen God. Dan kunnen ze zich afkeren van hun zonden, hun vertrouwen op Jezus en Zijn offer gaan stellen en een nieuw leven gaan leven. Ja, dan zal God doen wat Hij beloofd heeft in Ezechiël 36:26 "Dan zal Ik u een nieuw hart geven en een nieuwe geest in uw binnenste geven. Ik zal het hart van steen uit uw lichaam wegnemen en u een hart van vlees geven." Wat ook belangrijk is, is dat mensen zich laten dopen in water en de Heilige Geest ontvangen. Bekering en dopen gaan hand in hand, zoals we kunnen lezen in Markus 16:16, waar staat: "Wie geloofd zal hebben en gedoopt zal zijn, zal zalig worden, maar wie niet geloofd zal hebben, zal verdoemd worden." Jezus zei niet alleen dat wie geloven, gered zijn, maar Hij zei dat iemand die gelooft en gedoopt is, gered zal zijn. Handelingen 2:41 zegt "Zij nu die zijn woord met vreugde aannamen, werden gedoopt; en ongeveer drieduizend zielen werden er op die dag aan hen toegevoegd."

Dopen is zo belangrijk; het is geen symbool, zoals veel kerken nu prediken. Daarom worstelen velen in de kerken nog met zonden. Ze zijn niet vrij en echt opnieuw geboren, omdat ze hun oude leven niet begraven hebben of de vrijheid die we hebben in Christus niet begrijpen. Jezus is niet alleen gekomen om ons te redden ín onze zonden, Hij kwam om ons te bevrijden ván onze zonden. Hier zijn een aantal verzen uit de bijbel die gaan over de doop.

Romeinen 6: 3+4,12-14 "Of weet u niet dat wij allen die in Christus Jezus gedoopt zijn, in Zijn dood gedoopt zijn? Wij zijn dan met Hem begraven door de doop in de dood, opdat evenals Christus uit de doden is opgewekt tot de heerlijkheid van de Vader, zo ook wij in een nieuw leven zouden wandelen."

"Laat de zonde dan niet in uw sterfelijk lichaam regeren om aan de begeerten daarvan te gehoorzamen. En stel uw leden niet ter beschikking aan de zonde als wapens van ongerechtigheid, maar stel uzelf ter beschikking aan God, als mensen die uit de doden levend geworden zijn. En laat uw leden wapens van gerechtigheid zijn voor God. Want de zonde zal over u niet heersen. U bent namelijk niet onder de wet, maar onder de genade."

Galaten 3: 26-27 "Want u bent allen kinderen van God door het geloof in Christus Jezus. Want u allen die in Christus gedoopt bent, hebt zich met Christus bekleed."

Als we in Christus gedoopt zijn, hebben we ons bekleed met Christus of 'Christus aangetrokken', zoals sommige vertalingen zeggen. We zijn door het geloof kinderen van God. Als we gedoopt zijn, dan zijn we in Christus. Ik leef niet langer, maar Christus leeft in mij, en ik in Hem. In de doop, begraven we ons oude leven en beginnen we opnieuw. In de doop wassen we onze zonden weg. We ervaren vergeving van onze zonden, zoals Petrus verkondigde in Handelingen 2:38. "Bekeer u en laat ieder van u gedoopt worden in de Naam van Jezus Christus, tot vergeving van de zonden; en u zult de gave van de Heilige Geest ontvangen." As je de bijbel pakt en alle plaatsen opzoekt waar gesproken wordt over de doop, is de doop heel duidelijk niet bedoeld als een symbool. Je zult nergens in de bijbel vinden dat de doop 'een uiterlijke expressie is van een innerlijk geloof'. In de vroege kerk, predikten zij de doop als onderdeel van de redding, en als mensen het evangelie aangenomen hadden, werden zij meteen gedoopt. Niet een week of twee daarna, niet als een symbool, maar als onderdeel van de redding en als iets wat werkelijk levens veranderend was.

De doop in water is noodzakelijk om Jezus te volgen. Ik moedig iedereen aan om goed te bestuderen wat de bijbel zegt over de doop, want er is nog zoveel meer te ontdekken dan wat ik hier er nu over heb gezegd. Ontdek alle Schriftgedeelten over de doop en kijk naar wat de vroege kerk predikte en leerde over de doop, en hoe zij doopten.

Hoe noodzakelijk bekering en dopen ook zijn, het is niet genoeg om te gaan leven als discipel van Jezus. We hebben ook de doop met de Heilige Geest nodig. In het evangelie van Johannes zegt Jezus het volgende over de Heilige Geest:

"Als u Mij liefhebt, neem dan Mijn geboden in acht. En Ik zal de Vader bidden, en Hij zal u een andere Trooster geven, opdat Hij bij u blijft tot in eeuwigheid, namelijk de Geest van de waarheid, Die de wereld niet kan ontvangen, want zij ziet Hem niet en kent Hem niet, maar u kent Hem, want Hij blijft bij u en zal in u zijn." (Johannes 14: 15-17)

"Maar de Trooster, de Heilige Geest, Die de Vader zenden zal in Mijn Naam, Die zal u in alles onderwijzen en u in herinnering brengen alles wat Ik u gezegd heb. Vrede laat Ik u, Mijn vrede geef Ik u; niet zoals de wereld die geeft, geef Ik die u. Laat uw hart niet in beroering raken en niet bevreesd worden." (Joh.14:26-27)

"Maar Ik zeg u de waarheid: Het is nuttig voor u dat Ik wegga, want als Ik niet wegga, zal de Trooster niet naar u toe komen; maar als Ik heenga, zal Ik Hem naar u toe zenden. En als Die gekomen is, zal Hij de wereld overtuigen van zonde, van gerechtigheid en van oordeel: van zonde, omdat zij niet in Mij geloven; van gerechtigheid, omdat Ik heenga naar Mijn Vader en u Mij niet meer zult zien; en van oordeel, omdat de vorst van deze wereld veroordeeld is. Nog veel heb Ik tegen u te zeggen, maar u kunt het nu niet dragen. Maar wanneer Die komt, de Geest van de waarheid, zal Hij u de weg wijzen in heel de waarheid, want Hij zal niet vanuit Zichzelf spreken, maar wat Hij gehoord zal hebben, zal Hij spreken, en de toekomstige dingen zal Hij u verkondigen. Die zal Mij verheerlijken, want Hij zal het uit het Mijne nemen en het u verkondigen. Alles wat de Vader heeft, is het Mijne; daarom heb Ik gezegd dat Hij het uit het Mijne zal nemen en het u zal verkondigen." (Joh.16:7-15)

Vaak ontvingen mensen de Heilige Geest wanneer andere gelovigen hen de handen oplegden en baden dat ze Hem zouden ontvangen. Hand.8:17 "Toen legden zij hun de handen op en zij ontvingen de Heilige Geest." Hand.19: 6 "En nadat Paulus hun de handen opgelegd had, kwam de Heilige Geest op hen; en zij spraken in vreemde talen en profeteerden."

Wanneer jij je bekeert, gedoopt bent in water en met de Heilige Geest, word je deel van het lichaam van Christus. Zijn volgelingen zijn het lichaam en Jezus is het Hoofd. Samen vormen we Zijn lichaam, gevuld met Zijn Heilige Geest, dezelfde Geest die Jezus opwekte uit de dood. We zijn hier in de plaats van Jezus en wij moeten verder gaan met wat Hij deed toen Hij op aarde leefde. We moeten mensen tot Jezus brengen, hen helpen zich te bekeren en hen dopen in water en met de Geest en zo Zijn koninkrijk zien groeien. Op een dag zal Jezus terugkomen om de wereld te oordelen. We lezen in Hebreeën 9: 27-28 "En zoals het voor de mensen beschikt is dat zij eenmaal moeten sterven en dat daarna het oordeel volgt, zo zal ook Christus, Die eenmaal geofferd is om de zonden van velen weg te dragen, voor de tweede keer zonder zonde gezien worden door hen die Hem verwachten tot zaligheid." Mattheüs 25:33 zegt "En Hij zal de schapen aan Zijn rechterhand zetten, maar de bokken aan Zijn linkerhand." Dus God zal komen en de wereld oordelen en de schapen en de bokken scheiden. En wij die opnieuw geboren zijn, gereinigd en gewassen door het bloed van Jezus, zullen dan voor altijd met Hem mogen zijn in het Nieuwe Jeruzalem. Openbaring 22: 3-5 zegt

"En geen enkele vervloeking zal er meer zijn. En de troon van God en van het Lam zal daar zijn, en Zijn dienstknechten zullen Hem dienen, en zullen Zijn aangezicht zien, en Zijn Naam zal op hun voorhoofd zijn. En daar zal geen nacht zijn, en zij hebben geen lamp en ook geen zonlicht nodig, want de Heere God verlicht hen. En zij zullen als koningen regeren in alle eeuwigheid."

En vers 14 zegt "Zalig zijn zij die Zijn geboden doen, zodat zij recht mogen hebben op de Boom des levens, en opdat zij door de poorten de stad mogen binnengaan."

Amen! Deze verzen zijn zo geweldig! Ik word zo enthousiast als ik hieraan denk. Dat wij, dankzij het bloed van Jezus en de redding die Hij ons schenkt, op een dag in het nieuwe Jeruzalem zullen staan. We zullen weer mogen eten van de boom des Levens en voor eeuwig leven. Hoe geweldig is dat?!? We mogen weer eten van de boom des Levens, want er is en zal geen zonde meer zijn, en alles zal weer goed en volmaakt zijn, precies zoals God ons geschapen heeft. En dat is het evangelie, van begin tot eind.

Samenvattend: De zonde is in de wereld gekomen door Adam en Eva. Vanwege hun zonden zijn zij uit de hof van Eden gestuurd, zodat zij niet meer van de boom des Levens konden eten en voor eeuwig in hun gevallen staat zouden moeten blijven leven. De dood is nu het lot van ons allemaal, want we hebben allemaal gezondigd. Jezus kwam als de nieuwe Adam om ons te redden van onze zonden. Hij betaalde de prijs aan het kruis zodat wij verlost kunnen worden van onze zonden. Ja, Hij stierf aan het kruis, stond weer op uit de dood en ging terug naar de hemel, waar Hij zit aan de rechterhand van God, en Hij heeft Zijn Heilige Geest naar de aarde gestuurd. Nu kunnen we gered worden, nu kunnen we opnieuw geboren worden. We kunnen ons kleed schoonwassen door het bloed van Jezus. En zij die opnieuw geboren zijn, zullen op een dag in het nieuw Jeruzalem zitten en eten van de boom des Levens en voor eeuwig en eeuwig leven. Dan zal alles opnieuw weer zijn zoals God het bedoeld heeft, volmaakt en goed. Halleluja! Dit is zo geweldig!

Dit is de geschiedenis van begin tot eind. Jezus is de tweede Adam. Hij is de eerstgeborene van velen. Hij kwam zodat wij, in Hem, een nieuw leven kunnen ontvangen en eeuwig zullen leven. Het is noodzakelijk dat we opnieuw geboren worden en dit nieuwe leven ook zullen leven; het is niet genoeg om naar de kerk te gaan en in God te geloven. We moeten "ja" tegen Jezus zeggen om Hem te kunnen volgen, zoals we lezen in de bijbel. Dit is het goede nieuws van het koninkrijk van God, het koninkrijk dat hier is en ook nog zal komen, de nieuwe hemel en aarde.

> **Er is werkelijk niets mooiers dan het horen van het evangelie, hoe God Zijn Zoon naar de aarde stuurde om voor ons te sterven en hoe we, in Hem, eeuwig kunnen leven. Ja dit zou ons zo dankbaar moeten maken, want, zonder Hem zijn we verloren.**

Ik wil het duidelijk maken aan jullie, die dit lezen, dat het niet genoeg is om dit te horen of te lezen. Je moet het geloven en je afkeren van je zonden en opnieuw geboren worden! Je moet gaan leven als een discipel van Jezus. Het evangelie is niet "Hi, God houdt van je en Hij heeft een geweldig plan voor je leven, en als je dit gebed bidt, ben je gered en niets kan dat wegnemen" Nee, het evangelie is wat we zojuist gelezen hebben, we moeten in Christus blijven en in Hem verder gaan tot de dag dat we in het nieuwe Jeruzalem zijn en van de boom des Levens kunnen eten.

Ik wilde de laatste twee hoofdstukken gebruiken om het evangelie met jou te delen, zodat je het kunt horen/lezen en het ontvangen. Ook omdat je dan het evangelie kunt delen met anderen. Dus neem de tijd om het evangelie te bestuderen en wordt beter in het delen van het evangelie van het koninkrijk. Ja, toon mensen hun zonden, vertel hen wat Jezus heeft gedaan aan het kruis, hoe ze zich moeten bekeren, zich moeten laten dopen in water en met de Heilige Geest en hoe ze moeten sterven aan zichzelf en Jezus moeten gaan volgen met hun hele hart. Vertel aan hen hoe ze het nieuwe leven kunnen beleven en hoe ze in Christus moeten blijven, Hem volgend.

Misschien heb je nooit eerder het evangelie zo gehoord. Misschien heb je nog een stenen hart en leef je in zonden. Als dat zo is, moet jij je bekeren van je zonden, je laten dopen en vervuld worden van de

Heilige Geest. Of misschien geloof je en heb jij je bekeerd en al een hart van vlees ontvangen, maar worstel je nog steeds met zonden omdat je nooit je oude leven hebt begraven in het watergraf door de doop. Daarom leef je nog niet in de vrijheid waar we in Romeinen 6 over lezen. Als dat zo is, laat je dan dopen en ervaar die vrijheid van het nieuwe leven. Of misschien heb jij je al wel bekeerd en ben je gedoopt, maar heb je de Heilige Geest nog niet ontvangen, en leef je daarom geen bovennatuurlijk leven zoals we lezen in de bijbel. Als dat zo is, laat je dan dopen met de Geest. Vind iemand die voor jou kan bidden, zodat je de Heilige Geest zult ontvangen. Ja, ik weet dat mensen soms al voordat ze gedoopt zijn de heilige Geest ontvangen en ik wil daarover zeggen dat de volgorde niet het belangrijkste is. Bekering, dopen in water en met de Geest is wat belangrijk is.

Ongeacht waar jij nu staat, ik ben er zeker van dat er mensen dichtbij jou zijn die je kunnen helpen. Als je hulp nodig hebt, je bent welkom om naar de kaart van [www.TLRmap.com](www.TLRmap.com) te gaan zodat je iemand kunt zoeken die jou kan helpen. En op ons YouTube kanaal kun je nog veel meer video's vinden waar ik heel veel uitleg geef over het evangelie, hoe je het evangelie kunt begrijpen en delen.

# 21

## LUKAS 10 GETUIGENISSEN

> **Ergens over lezen, is iets heel anders dan het ook doen. Jezus' opdracht aan ons is niet alleen om te lezen, maar ook om te gehoorzamen. Als we gaan praktiseren wat we lezen in Lukas 10, zal het niet alleen onze levens veranderen, maar ook de levens van de mensen om ons heen.**

Tot zover hebben we nu doorgenomen wat Jezus zegt in Lukas 10. We hebben gekeken naar de instructies die Hij ons heeft gegeven en zijn vers voor vers door Lukas 10 gegaan. Ook hebben we gekeken naar het evangelie en hoe we mensen naar hun bekering moeten leiden en hen moeten dopen in water en met de Heilige Geest. We hebben gezien dat dit nodig is om discipelen van Jezus te kunnen zijn en Hem te volgen. In dit hoofdstuk zal ik verschillende getuigenissen delen die, als we ze naast Lukas 10 leggen, duidelijk maken, dat deze opdracht ook vandaag nog van kracht is. Ik ben ervan overtuigd, dat als we de opdracht uit Lukas 10 opvolgen, alles zal veranderen. Ik ben er ook van overtuigd dat als we, als het lichaam van Christus, Zijn Woord serieus gaan nemen, dit het begin zal zijn van een beweging waar de kerk naar verlangd heeft, een beweging die de wereld zal veranderen. Het kan het begin zijn van een beweging waar het hele lichaam van Christus actief zal zijn en opgebouwd zal zijn in Christus, het Hoofd van Zijn Lichaam. Het is tijd om te gaan doen wat Jezus ons heeft opgedragen, en niet alleen te lezen en te luisteren naar Zijn woorden. We hoeven niet te wachten. Veel gelovigen hebben een gebrek aan kennis en ze denken dat er eerst een speciale roeping van God moet komen, voordat ze Hem kunnen gaan dienen. Maar we weten reeds wat Hij wil dat we gaan doen en ook hoe Hij wil dat we dat gaan doen. Het is nu tijd dat we opstaan en uitgaan. Wanneer je uitstapt op het woord van Jezus en Zijn opdracht gaat doen, zul je niet alleen de opwinding van het Hem dienen ervaren; je zult ook ontdekken dat de oogst gereed en groot is. Er zijn mensen die erop zitten te wachten om gered te worden en Jezus te gaan volgen. Ik heb reeds de vrucht hiervan gezien, niet alleen in mijn leven, maar in alle levens van de mensen die in geloof zijn uitgestapt en de opdracht uit Lukas 10 gingen doen. Ik wil nu een paar getuigenissen uit mijn eigen leven delen om jou een paar praktische voorbeelden te geven over hoe het er nu uit kan zien als je de opdracht en instructies van Jezus uit Lukas 10 opvolgt.

Het eerste getuigenis wat ik met jullie wil delen, toont hoe belangrijk het is om niet op te geven. Dit is het getuigenis van een meisje, dat Maria heet. Maria is te zien in onze eerste film 'The Last Reformation, the beginning' c.q. 'De laatste reformatie, het begin'. In deze film zie je hoe ik Maria ontmoet in een winkelcentrum in Canada. Later kwam ze naar ons hotel, werd gedoopt en ontving de Heilige Geest. Je kunt zien hoe zij, de volgende dag, bij het hotel anderen vertelt wat God in haar leven heeft gedaan en dat ze heeft gevonden waar ze al zo lang naar gezocht had. Ik wil graag meer delen over dit geweldige verhaal.

Op de dag dat ik Maria ontmoette, was ik bezig om mensen op straat te trainen in het evangeliseren. Ik leerde aan de mensen die met mij mee waren gegaan, hoe zij de mensen moesten benaderen, hoe ze voor hen konden bidden voor genezing en hoe ze het evangelie met de mensen konden delen. Wat de meeste mensen niet weten, was dat het die dag, dat ik deze mensen meenam naar het winkelcentrum, een moeilijke tijd was. Niemand wilde stoppen en met ons praten. Ik denk dat dit zo'n 40 minuten duurde. Ik heb wel twintig of dertig mensen aangesproken, maar niemand wilde met ons praten. En niemand wilde gebed. Het was één van die dagen waarop ik bij mijzelf dacht "De oogst is niet gereed, De oogst is niet groot". Ja, het was één van die dagen dat ik op wilde geven en uiteindelijk deed ik dat ook. Ik zei tegen één van mijn vrienden "laten we er hier mee stoppen en ergens anders heen gaan, want hier staat niemand open voor het evangelie." Maar mijn vriend wilde niet opgeven en ik ben hem daar nog steeds dankbaar voor. Hij benaderde de volgende voorbijganger en dat was Maria.

Toen mijn vriend Maria staande hield en aan haar vroeg of zij nog ergens gebed voor nodig had, zei ze direct dat dit het geval was. Ze trok aan de arm van mijn vriend en nam hem terzijde, waar ik stond. Toen vertelde ze ons dat ze graag wilde dat we voor haar zouden bidden. In het begin vertelde ze niet precies waar zij gebed voor wilde, dus legden we onze handen op haar en begonnen te bidden. Toen we dat deden, kwam de Heilige Geest over haar en raakte haar diep aan. Ze begon te huilen! We besloten om het winkelcentrum uit te gaan, waar we beter konden praten en meer konden bidden voor haar. Eenmaal buiten vertelde ze dat God haar in de afgelopen dagen had getrokken. Ze vertelde dat ze onderweg naar het winkelcentrum, had geluisterd naar een christelijk radiostation en dat God echt tot haar had gesproken via een nummer wat ze hoorde. Ze vertelde dat het haar terug deed denken aan haar kindertijd, toen ze nog geloofde. Het lied had haar doen inzien dat ze ver bij God vandaan was. Ze had zich plotseling schuldig gevoeld voor alles wat ze gedaan had. Maria was in alle opzichten een persoon van vrede. God had haar geroepen en haar de ogen geopend voor haar zonden. Ze was eraan toe om zich te bekeren en een nieuw leven met Jezus te ontvangen. We kregen haar telefoonnummer en s' avonds kwam ze naar de samenkomst in het hotel, waar we nogmaals voor haar hebben gebeden. En de volgende dag kwam ze naar het hotel, werd ze gedoopt en ontving ze de Heilige Geest en haar leven veranderde drastisch!

Maria's getuigenis is geweldig en een bewijs van de kracht van het evangelie. Nu houdt Maria van Jezus en vertelt ze aan vele mensen over God en wat Hij in haar leven heeft gedaan. Haar verhaal is een geweldige herinnering dat we nooit op moeten geven, hoe moeilijk het ook is. Als we die dag gestopt waren, zoals ik eigenlijk wilde, hadden we Maria nooit ontmoet. Ook al begon die dag ontzettend moeilijk, ze eindigde vruchtbaar. De oogst is echt gereed en ze wacht op ons. We moeten dus nooit opgeven, hoe moeilijk het ook is. Als wij dat hadden gedaan op die bewuste dag, dan hadden we een slechte dag gehad, eentje die we hadden willen vergeten. Maar omdat we toch zijn doorgegaan, vonden we een persoon van vrede, en werd het een dag om nooit te vergeten. Ik heb dit ook daarna nog vele malen meegemaakt. Ik heb het belang van volharding geleerd. Soms duurt het wel twee uur voordat ik een persoon van vrede ontmoet, soms duurt het zelfs dagen. Ook hier geldt het principe 'wie zoekt, zal vinden'. Laten we nooit opgeven als het moeilijk is, want het is zoals Jezus zegt in Lukas; "De oogst is gereed en de oogst is groot".

> **Als we het te snel opgeven, zullen we niet ervaren dat de oogst gereed is en groot, zoals Jezus zegt. De mensen die niet opgeven en die blijven zoeken zijn degenen die dat zullen ervaren.**

Ik wil graag nog een getuigenis met jullie delen. Ik vind het fijn om deze getuigenis te delen, omdat we hier duidelijk zien hoe de Heilige Geest leidt en zorg draagt voor onze dagelijkse noden als we uitstappen op Gods Woord. Wanneer we getuigenissen als deze delen, is het belangrijk dat we voor onszelf bedenken, dat wat God voor anderen doet, Hij dat ook voor ons kan doen. De bijbel zegt in Openbaring 12: 11 "En zij hebben hem overwonnen door het bloed van het Lam en door het woord van hun getuigenis, en zij hebben hun leven niet liefgehad tot in de dood." De oorspronkelijke betekenis van het woord 'getuigenis', is 'het opnieuw doen/herhalen'. Als we getuigenissen delen, delen we naast informatie ook kracht. Er is kracht in een getuigenis om de gebeurtenis opnieuw te herhalen. Dit geeft ons kracht en moed.

We zijn allen geroepen door Jezus, en Hij heeft beloofd om met ons te zijn. Het maakt niet uit wie we zijn. Of dit nu je kracht is of dit juist allemaal nieuw voor je is, en je nog leert en een paar eerste kleine stapjes zet. Hij kan ons allemaal gebruiken, ongeacht waar jij je nu bevindt in je wandel met Jezus. Hij kan alleen hen gebruiken die bereid zijn om in vertrouwen uit te stappen en Zijn Woord te gehoorzamen. Als we dat doen, ontdekken we dat God zonder aanzien van personen is. Hij wil iedereen inzetten die daartoe bereid is, man of vrouw, jong en oud.

Ik kan deze getuigenis niet doen omdat ik specialer ben dan een ander. Ja, ik ben heel speciaal, maar dat ben jij ook als je Zijn Geest in je hebt. We zijn allemaal bijzonder en we zijn allemaal geroepen om als Christus te zijn op deze aarde.

Waarom maakt de één dergelijke dingen mee en een ander niet? Omdat sommigen bereid zijn om uit te stappen in vertrouwen op het Woord van God en anderen niet. Het hangt niet zozeer af of we de bijbel kunnen citeren of de hele bijbel al begrijpen etc., maar veel meer van je bereidheid om uit te gaan. Het is belangrijk om een goed bijbels fundament te hebben, maar wacht niet met uitstappen totdat je zover bent. Begin in vertrouwen waar je nu bent, en je zult groeien terwijl je uitgaat op Jezus' Woord. Als je luistert naar mensen die hun getuigenis delen, weet dan dat God voor of door jou kan doen wat Hij voor of door hen deed.

Op een dag deelde ik met een vriend hoe een jongen die vanaf zijn geboorte aan één oog blind was, genezen was op straat. Toen mijn vriend dat hoorde, zei hij "wow, dat heb ik nog niet gezien". Maar een week later, stond hij voor een man die aan één oog blind was. Hij herinnerde zich mijn getuigenis en dacht "Als God het toen kon doen, kan Hij het nu ook". Hij kreeg vrijmoedigheid om voor de man te bidden, en God genas de man. Ja, als hij dat getuigenis niet gehoord had, zou hij niet voor hem hebben gebeden in geloof, en zou de man niet genezen zijn. Dat is de kracht van een getuigenis. Wat wij zagen gebeuren, heeft zich herhaald, omdat we getuigenis hadden afgelegd. Dus onthoud; als God het toen kon doen, kan Hij het ook nu doen.

Enige jaren geleden, gaf God mij een hele bijzondere droom. In de droom was ik aan het vissen. Iedere keer als ik de lijn in het water wierp, ving ik een vis. Ik herinner mij dat de eerste vis die ik ving een hele bijzondere vis was. Hij zag er niet uit zoals normale vissen eruit zien. De vis had een bijzondere vorm en grappige kleuren. In mijn droom stond ik naar de vis in mijn hand te kijken, bedenkend dat het wel een vreemde vis was. Toen legde ik de vis neer en wierp ik de lijn weer in het water. Zodra mijn lijn het water raakte, ving ik weer een vis. Toen ik de vis zag, dacht ik "Wow wat een vreemde vis!" Ook deze vis had een bijzondere vorm en kleuren. Ik herkende de vis niet. Dus ik legde de vis naast de andere vis die ik had gevangen en dacht bij mijzelf "wat een vreemde vissen zijn dat". Telkens weer wierp ik de lijn in het water en zo ving ik in totaal vijf vissen die eruitzagen als de eerste twee. Aan het einde van de droom, keek ik naar de vissen en dacht "Ik begin de vissen te herkennen". De vissen zagen er niet zo vreemd meer uit in mijn ogen, want ik begon ze meer en meer te herkennen.

Zodra ik uit de droom ontwaakte, sprak God tot mij en Hij zei dat de droom betekende dat ik mensen zou vangen uit andere landen en culturen. Ik ging die morgen een wandeling maken om te bidden en bedankte God dat Hij mij deze droom had gegeven. Ik dacht al wandelend aan de droom en vroeg mij af wat de droom voor de toekomst zou betekenen. Plotseling kreeg ik een e-mail van een jonge Pakistaan die in Kopenhagen woonde, de hoofdstad van Denemarken. In zijn mail bedankte hij mij voor mijn website. Toen ik die mail las, wist ik dat hij een persoon van vrede was en één van de vreemde vissen waarover ik had gedroomd. Ik schreef hem direct terug en vroeg of hij mij wilde ontmoeten. Hij schreef terug dat zijn naam Ronald was en dat hij mij graag wilde ontmoeten. Hij legde uit dat de dag voordat hij mij geschreven had, dat hij was gaan zitten en was gaan nadenken over het leven en over God. Hij vroeg aan Jezus om aan hem te laten zien dat Hij echt was en direct ging de televisie 'automatisch' aan en uit. Dat schokte hem en daarom had hij mij geschreven en gevraagd aan mij of dat een teken kon zijn dat Jezus echt was. Het was allemaal nieuw voor hem, ook al noemde hij zichzelf een christen. Het christendom was voor hem meer iets cultureels dan echt christendom.

Ik schreef Ronald terug en we besloten dat ik hem de volgende vrijdag zou opzoeken. Het was een rit van vier uur voor mij om naar Kopenhagen te rijden. Ik was zo enthousiast over de droom die God mij gegeven had, en dat God mij naar deze jongeman had geleid en dat ik niet alleen Ronald, maar ook zijn familie zou ontmoeten.

Op de maandag voordat ik hem zou gaan bezoeken, had ik een probleem. We hadden geen geld meer. Dat kwam omdat ik kort hiervoor minder uren was gaan werken, omdat ik meer tijd met God wilde doorbrengen. En om de situatie nog erger te maken moesten we die dag ook nog een rekening betalen van 1800 Deense kronen ($270). Wat doe je als je een rekening niet kunt betalen? Dan bid je. Dus ik ging wandelen en bidden. Ik begon God te danken voor de droom en voor het contact met Ronald. Ik zei tegen God dat ik er erg naar uitkeek om Ronald te ontmoeten aankomende vrijdag, maar dat ik geen geld had en dat ik vandaag ook nog een rekening moest betalen. Ik vertelde God dat ik geen geld had voor benzine om naar Kopenhagen te rijden en ook niet om de tol te betalen voor de brug waar ik overheen moest. Ja, als je naar Kopenhagen rijdt, moet je een brug over waarvoor je tol moet betalen, wel 240 Deense kronen! ($35) voor een enkele reis!

Terwijl ik biddend verder wandelde, liep er ineens een man met een hond voor mij. We sloegen hetzelfde pad in en liepen dezelfde kant op. De man en zijn hond liepen vlak voor mij en eerlijk gezegd was ik daar een beetje gefrustreerd over. In gedachten stuurde ik ze weg. Ik vroeg mij geïrriteerd af waarom ze precies voor mijn neus gingen lopen. Ik was aan het bidden en wilde dus alleen zijn met God. Natuurlijk liep de man met zijn hond gewoon door, vlak voor mijn neus. Toen kreeg ik een gedachte: "Ga anders deze weg in". Dus besloot ik af te slaan en een andere weg te lopen dan ik gewend was. Nadat ik het pad een eindje was opgelopen, keek ik om mij heen en dacht bij mijzelf: "hm, hier ben ik nooit eerder geweest. Misschien moet ik toch maar teruggaan en mijn gewone route gaan lopen. Die man en zijn hond zullen nu toch wel weg zijn". Dus ik draaide mij om en wilde net weer gaan lopen, toen ik dacht:" Nee. God, U wilt dat ik hier wandel." Ik ervoer dat God wilde dat ik op deze voor mij onbekende weg moest blijven lopen. Terwijl ik mijn weg vervolgde, vroeg ik aan God waarom Hij wilde dat ik op dit pad zou blijven lopen. En terwijl ik dat aan God vroeg, kwam er een auto aan, die recht voor mij stopte. De bestuurder rolde zijn raam omlaag en riep: "Hey Torben, Kom eens!" Ik had deze man al een paar keer eerder gezien maar ik kende zijn naam niet. Ik liep naar zijn auto, en hij vroeg aan mij hoe het met mij ging. Ik zei dat het goed met mij ging. Ik vertelde hem ook over de droom die ik van God had gekregen en dat ik komende vrijdag naar Kopenhagen zou gaan. Daarop antwoordde hij: "Wow, Torben, heb je geld?" Ik was verrast dat hij dit aan mij vroeg. Ik zei:" Uhm, God zal voorzien." En ik ging verder met aan hem vertellen wat ik allemaal van God verwachtte voor komende vrijdag. Hij onderbrak mij: "Torben, ik heb het idee dat ik jou geld moet geven. Ik denk dat ik jou 2000 Deense Kronen moet geven."

Ik keek naar hem in shock en zei: "Ja, als je dat wilt..." Toen ik dat zei, was hij zo enthousiast. Hij zei: "Ja, ik wil jou graag 2000 Deense Kronen geven, ik zal de auto parkeren en dan geef ik je geld." Ik was zo verrast want hij wist niets van de rekening die ik moest betalen die dag of waar ik zojuist voor had gebeden. De man parkeerde en kwam naar mij toe en gaf mij 500 Deense Kronen ($75) en zei: "Hier is het eerste deel." Ik bedankte hem en staarde naar het geld in mijn hand. Enthousiast vertelde ik hem over mijn situatie en hoezeer God hem in deze situatie gebruikte. Hij glimlachte toen hij dat hoorde, keek naar het geld in mijn hand en zei: "Hou dat geld maar. Geef mij de rekening maar, dan betaal ik die ook voor je." Hij vroeg waar ik woonde en zei dat hij over drie uur bij mijn huis zou zijn om de rekening op te halen en die zou gaan betalen. Hij ging zijn auto weer in en reed weg. Ik stond daar aan de kant van de weg met 500 Deens Kronen in mijn hand, wetend dat de rekening betaald zou worden. Dat moment zal ik nooit vergeten. Toen ik thuiskwam, vertelde ik het hele verhaal aan mijn vrouw en we waren zo blij. Hij kwam drie uur later en nam de rekening, en gaf mij nog eens 2000 Deense Kronen ($300) en toen ging hij weer. Opeens had ik 2500 Deense Kronen en de rekening werd betaald. Het is zo bijzonder hoe God heeft voorzien, precies zoals Hij zegt in Zijn Woord. Met dit extra geld, had ik genoeg geld voor de heen- en terugreis en om daar eten te kopen.

Op vrijdag ben ik met een paar vrienden naar Kopenhagen afgereisd om Ronald en zijn familie te ontmoeten. Terwijl we daarheen reden, kwam Romeinen 1: 11-12 in mijn gedachten, waar staat "Want ik verlang er vurig naar u te zien, om u in enige geestelijke genadegave te laten delen, waardoor u versterkt zou worden, dat is te zeggen, om in uw midden samen bemoedigd te worden door het onderlinge geloof, zowel dat van u als dat van mij." Ik begreep niet volledig waarom, of wat God mij probeerde te vertellen.

Toen we aankwamen in Kopenhagen, hebben mijn vrienden en ik – nu we geld hadden- pizza gegeten. Daarna zijn we naar het appartement van Ronald gegaan. Ik wist niet veel over zijn familie, want hij had alleen een paar woorden over zijn familie geschreven in de mail. Alles wat ik wist, was dat ze zichzelf christenen noemden, maar dat het meer iets cultureels was. Ik wil ook nog toevoegen dat ik opgegroeid ben in een kleine stad, dus naar het centrum van Kopenhagen gaan en daar iemand ontmoeten uit Pakistan, was allemaal erg nieuw voor mij. Ik was lichtelijk nerveus. Toen we aankwamen bij Ronalds' appartement, werden we begroet door hem, zijn moeder en zijn zus. Ze verwelkomden ons en zeiden dat ze eten voor ons hadden. Dus gingen we zitten aan een rijk gedekte tafel. Ja, we hadden net pizza gegeten en we zaten erg vol, maar ik herinnerde mij het woord dat Jezus had gesproken in Lukas, en dus gingen we zitten en aten we wat ons werd voorgezet. Terwijl ik en mijn vrienden zaten te eten, stonden zij om ons heen toe te kijken hoe wij aten. Dat was zo anders voor ons. We hadden echt mensen van een andere cultuur ontmoet.

Nadat we klaar waren met eten, vroeg ik aan Ronalds' moeder: "Kunt u mij iets over uzelf vertellen? Bent u christen?" Ze zei: "Ja, mijn familie en ik zijn de enige christenen uit Pakistan die hier in Denemarken wonen." Zoals ik al eerder heb aangegeven, kan het woord 'christen' vele dingen betekenen. Voor veel mensen is het woord 'christen' alleen maar religie of onderdeel van een cultuur. Dus ik vroeg aan Ronalds' moeder: "Hoe zit het met de Heilige Geest? Heeft u de Heilige Geest ontvangen en bid u in tongen?' Ik zal nooit haar antwoord vergeten. Ze zei:" Nee, en daarom ben jij hier. "Wow! Wat een antwoord! En op dat moment herinnerde ik mij het vers dat God mij had gegeven toen we naar de stad toereden.

Toen zei Ronalds' moeder tegen mij en mijn vrienden "Kom, nu gaan we naar het appartement van mijn dochter hiernaast. Daar hebben we wat mensen bijeen gebracht. Dus gingen we met z'n allen naar het volgende appartement. Ik zal nooit vergeten wat ik zag toen ik dat appartement binnenkwam. Het was een klein appartement met wel vijftien tot twintig mensen op elkaar gepropt. Sommigen van de groep waren moslims en de rest waren cultureel christen die niet wedergeboren waren. Het was zo vol in het kleine woonkamertje van dat appartement, dat er bijna geen ruimte voor mij was. Ik moest achter de deur staan. Ergens zat een man op de vloer die op een kleine trommel speelde en iets zong wat ik niet verstond. Ik keek naar al die mensen in de kamer en dacht bij mijzelf: "Wow, wat een grappige vissen! God is geweldig! Een week geleden had ik een droom over de 'vreemde vissen' die ik zou vangen, en nu ben ik hier in Kopenhagen met 15 tot 20 mensen die ik nog nooit gezien heb. Wat een God dien ik!"

Ik moest denken aan het verhaal van Petrus en Cornelius in Handelingen 10. Cornelius was een godvrezende man die tot God bad, maar hij begreep niet het volle evangelie. Hij ontving een visioen van een engel die zei dat hij iemand naar Joppe moest sturen en naar een man moest vragen die Simon heette, bijgenaamd Petrus. God sprak tot Petrus en zei dat er enkele mensen zouden komen die hem zochten. Toen zij hem hadden gevonden, volgde hij hen naar het huis van Cornelius. En wat er gebeurde toen Petrus het huis van Cornelius was binnengegaan, kun je lezen in Handelingen 10: 44-48, waar het volgende staat:

"Terwijl Petrus deze woorden nog sprak, viel de Heilige Geest op allen die het Woord hoorden. En de gelovigen die van de besnijdenis waren, zovelen als er met Petrus waren meegekomen, waren buiten zichzelf dat de gave van de Heilige Geest ook op de heidenen uitgestort werd, want zij hoorden hen spreken in vreemde talen en God grootmaken. Toen antwoordde Petrus: Kan iemand soms het water weren, zodat deze mensen, die evenals wij de Heilige Geest ontvangen hebben, niet gedoopt zouden worden? En hij beval dat zij gedoopt zouden worden in de Naam van de Heere. Toen vroegen zij hem enkele dagen bij hen te blijven."

---

**Wij kunnen nu ook ervaren wat Petrus, Paulus en de anderen destijds meemaakten. De Geest is Dezelfde, Jezus is Dezelfde en ons leven zou ook moeten lijken op wat we lezen in de bijbel.**

---

Dus daar stond ik, in het appartement met vijftien of twintig mensen uit Pakistan. Die avond kwam God. Ik deelde het evangelie en sprak over wie God is, en toen begon ik te bidden voor mensen. Ik herinner mij een vrouw waar ik voor bad. Terwijl ik voor haar bad, stond ze op en plotseling veranderde haar gezicht. Je kon bijna de demon in haar gezicht zien, die zich begon te manifesteren. Ik ging door met bidden en dreef de demon uit haar. Je kon de verandering en de vrijheid die ze nu had, ook op haar gezicht zien. Nadat ik mijn gebed voor haar beëindigd had, vertelde ze mij wat zij had ervaren, terwijl ik voor haar bad. Ze vertelde dat ze een gezicht met zwarte ogen zag, dat vanuit haar maag opkwam en naar haar keek. Ze vertelde mij ook dat ze van heel ver mij had horen schreeuwen "In de naam van Jezus, ga uit haar!" Toen voelde ze hoe de demon haar verliet. Ik bad ook voor een man die neerviel. Toen hij weer opstond, vertelde hij aan mij dat hij een tumor in zijn lichaam had, en dat toen ik voor hem bad, hij in een visioen zag, dat er een wolk over hem kwam. En uit die wolk kwam een hand die hem aanraakte. Toen zag hij een licht en toen viel hij neer. Toen hij weer opstond was de tumor weg.

We zagen God echt aan het werk op fantastische wijze. Velen werden genezen en vrijgezet. Tegen middernacht gingen we naar de oceaan en doopten we zeven mensen in water en met de Heilige Geest. Eén van de mensen die we doopten, zag in een visioen dat er overal engelen stonden. Het was zo geweldig. Een week later, ging ik naar hen terug en we doopten nog zes mensen. Ook zij ontvingen de Heilige Geest en werden genezen van verschillende ziekten. Terwijl we in het appartement waren, begon een man die de Heilige Geest ontving luid in tongen te roepen, terwijl hij met zijn vinger naar de muur wees. Naderhand vertelde hij ons, dat toen iemand voor hem bad om de gave van tongentaal te ontvangen, dat hij een hand zag schrijven op de muur. Hij las wat de hand schreef en dat riep hij in tongen.

Geweldig om te zien hoe alles uit Lukas 10 zo volmaakt samenkwam; dit is waar Jezus over sprak in Lukas 10, waar we later weer over lezen in Handelingen. Ronald was echt een persoon van vrede waar God ons naartoe heeft geleid. God voorzag in onze noden en was daar met ons. We zagen mensen genezen, vrijgezet worden en mensen werden opnieuw geboren. Ik ben gek op dit verhaal! En dit is nog maar één van de talloze geweldige ervaringen die ik gehad heb. Wat Jezus zegt in Lukas 10 en wat ik geprobeerd heb uit te leggen in dit boek, is echt waar. En het is voor ons allemaal! Nu is Ronald met zijn familie onze Pakistaanse familie in Christus. Kerk is als een familie. Dat is onze echte familie. Nu houden zij van Jezus en zijn een gemeente in Kopenhagen gestart. Ik houd ervan om Jezus te dienen en ik houd van Zijn Woord. Ik houd van deze getuigenis omdat het ons herinnert aan de opdracht van Jezus in Lukas 10 en wat we lezen in Handelingen 10 over Petrus en Cornelius.

Natuurlijk zijn er veel verschillen tussen het verhaal van Ronald en dat van Petrus en Cornelius. Zo ontving ik geen visioen maar een e-mail. Nog een verschil is dat ik met een auto naar Ronald ben toegereden terwijl Cornelius mensen naar Joppe had gestuurd om Petrus te zoeken en zij wandelden de hele weg terug, wat hen een aantal dagen in beslag hield. Ze hadden niet de technologie die wij tegenwoordig hebben. Maar Gods Geest is Dezelfde als toen, Jezus is Dezelfde, Zijn opdracht is dezelfde en het evangelie is hetzelfde. Wat de mensen destijds meemaakten, is hetzelfde als wat we nu mee kunnen maken. Ons leven zou moeten lijken op wat we lezen in het boek Handelingen. Ik zou vele soortgelijke verhalen kunnen vertellen, niet alleen vanuit mijn eigen ervaring, maar ook van die van anderen.

Elke keer als we een Pionier Training School doen, sturen we deze mensen op een Lukas 10 trip. Ze worden voor twee dagen uitgezonden, vaak zonder geld, zonder een plan en zonder een plek om te overnachten. De enige opdracht is dat ze een persoon van vrede moeten vinden. Velen komen terug met bijzondere verhalen en ze vertellen hoe God voorzien heeft in al hun noden, hoe Gods Geest hen naar een persoon van vrede heeft geleid. Ze zeggen vaak dat deze trip levensveranderend is geweest voor hen. Ik hoop dat je begint te begrijpen dat wat Jezus in Lukas 10 zegt, ook voor jou geldt. We zijn niet alleen geroepen om mensen over Jezus te vertellen, maar om dat te doen zoals Jezus zegt in Zijn Woord. We zijn geroepen om een persoon van vrede te vinden, naar hun huis te gaan, te eten en te drinken wat diegene ons voorzet, de zieken te genezen, het evangelie te delen en het hele huishouden tot geloof te zien komen. En wanneer dat gebeurt, ga dan niet gelijk door naar het volgende huis. Help hen te groeien in Christus, dan zullen zij beginnen om hetzelfde te doen, net als Ronald en zijn familie.

Het is zo eenvoudig en bijbels, maar het is nog steeds zo ver weg voor vele christenen. Wanneer de kerk dit begint in te zien, en dit gaat uitleven, zullen duizenden nieuwe gemeenschappen ontstaan overal. Herinner je de profetie die ik vele jaren ontving. We moeten een nieuw DNA (of laten we zeggen, een oud DNA dat we kwijt waren) in een nieuwe generatie leggen en zo huishoudens en hele steden tot geloof zien komen. Dit is het begin van deze profetie. Laten we gehoorzaam zijn aan wat Jezus zegt in Zijn Woord, zodat we dit zelf ook meer en meer zullen gaan zien.

# 22

## DE PERSOON VAN VREDE VINDEN

**Als het aankomt op het gaan vinden van personen van vrede, begin dan met de mensen die om je heen zijn. Je kent reeds mensen die bekering nodig hebben, de doop in water en met de Heilige Geest, of wie een training nodig heeft in het leren uitgaan op Jezus' Woord. Als je begint met liefde tonen aan je naasten en hen geeft wat ze nodig hebben, zul je geweldige dingen zien gebeuren.**

Als we de brieven van Paulus lezen, wordt het meteen duidelijk dat hij een groot hart had voor het volgen van Jezus. Hij was bereid om alles op te geven om Hem te volgen. Hij had ook een groot hart voor het bereiken met het evangelie van hen die verloren waren, en het zien van mensen die zich bekeren en Jezus gaan volgen. Deze liefde en toewijding had hij niet van een vreemde. We zien dezelfde focus en liefde bij Jezus. In dit hoofdstuk zal ik meer spreken over het bereiken van de ongelovigen en hoe we een persoon van vrede kunnen vinden.

Om de focus te houden wil ik eerst een korte samenvatting geven. We weten op grond van Jezus' Woord dat de oogst groot is en gereed is. Er wachten veel mensen totdat wij komen en de oogst binnenhalen in de schuur. De oogst zal niet uit zichzelf naar de schuur komen. Nee, wij als arbeiders moeten als schapen onder de wolven uitgaan. Het kan soms eng zijn om over God te praten met mensen, maar als we gaan, gaat Hij met ons mee en zal Hij voorzien in alles wat we nodig hebben. We gaan, geleid door de Heilige Geest, en het doel is om personen van vrede te vinden. We moeten de zieken genezen, het goede nieuws van het koninkrijk van God prediken en hen discipelen tot volwassenen in Christus. De focus is niet om de hele wereld te redden; Jezus stuurt ons erop uit met de opdracht om een persoon van vrede te vinden. We gaan nu kijken naar een aantal praktische ideeën hoe we dit kunnen aanpakken en daarna kijken we hoe we hen kunnen opbouwen in Christus.

Jezus wist waarom Hij op aarde was gekomen. Hij was hier niet voor de lol. Hij was hier niet voor zichzelf. Hij was hier om de wil van God, Zijn Vader te doen. Gods wil was dat Hij in onze plaats zou sterven aan het kruis. Maar voordat het zover was, was Hij erg actief in het delen van het evangelie, zoekend en reddend diegenen die verloren waren. Jezus zei dingen als: "Want de Zoon des mensen is gekomen om te zoeken en zalig te maken wat verloren is." (Lukas 19:10) Hij sprak over de verloren schapen en hoe we het verlorene kunnen vinden. Toen Hij de gelijkenis over het verloren schaap vertelde, toonde Hij echt Zijn hart en hoezeer Hij bereid was te zoeken naar wat verloren is.

Mattheüs 18:10-14 zegt: "Pas op dat u niet een van deze kleinen veracht. Want Ik zeg u dat hun engelen in de hemelen altijd het aangezicht zien van Mijn Vader, Die in de hemelen is. Want de Zoon des mensen is gekomen om zalig te maken wat verloren is. Wat denkt u: als iemand honderd schapen heeft, en een daarvan afgedwaald is, zal hij niet de negenennegentig andere achterlaten en in de bergen het afgedwaalde gaan zoeken? En als het gebeurt dat hij het vindt, voorwaar, Ik zeg u dat hij zich daarover meer verblijdt dan over de negenennegentig die niet afgedwaald waren. Zo is het ook niet de wil van uw Vader, Die in de hemelen is, dat een van deze kleinen verloren gaat."

In deze gelijkenis gaf Hij niet alleen onderwijs, Hij leefde wat Hij zei zelf voor. Hij verliet de 99 rechtvaardigen en ging op zoek naar wat verloren is. Op andere plaatsen in de bijbel zien we dat de mensen aan Jezus vragen om bij hen te blijven in plaats van te vertrekken. Maar ook al hield Hij van de mensen om Hem heen, Zijn hart ging altijd uit naar de verlorenen. Hij hield van Zijn broeders, maar Hij wist waarom Hij hier op aarde gekomen was.

In Lukas 4:42-43 staat " Toen het dag geworden was, ging Hij naar buiten en begaf Zich naar een eenzame plaats. De menigten zochten Hem en kwamen bij Hem en probeerden Hem tegen te houden, opdat Hij niet van hen weg zou gaan. Maar Hij zei tegen hen: Ik moet ook andere steden het Evangelie van het Koninkrijk van God verkondigen, want daarvoor ben Ik uitgezonden."

De bediening van Jezus begon lang voor het kruis; Hij leefde met Zijn eigen leven voor hoe Zijn volgelingen moeten leven. Hij besteedde veel tijd aan zondaars, zodat Hij genezing en redding bij hen kon brengen, iets wat de Farizeeërs niet hadden gedaan en ook niet zouden gaan doen. Zij waren vooral druk met het bestuderen van de Schriften en ze legden de mensen zware lasten op. Ze bleven vaak op ruime afstand van de zondaars. Het lijkt ook wel op wat we nu in veel kerken zien. Ik geloof dat het belangrijk is om de Schriften te bestuderen, maar we mogen nooit vergeten waarom we hier op aarde zijn.

Er zijn tegenwoordig zoveel mensen die druk zijn met het bekritiseren van mensen die zich uitstrekken naar de wereld, maar zelf zijn ze niet bereid om ook maar een vinger naar hen uit te steken en de opdracht van Jezus te gehoorzamen. Dit is zeer triest. Zo waren de Farizeeën in de tijd van Jezus ook. Zij wilden ook vooral alleen maar mensen bekritiseren. Ook Jezus was vaak het onderwerp van hun scherpe kritiek, terwijl ze zelf niet bereid waren om zich uit te strekken naar mensen in nood. Kijkend naar Jezus, zien we hoe Hij leefde, hoe Hij mensen van vrede vond, hoe Hij hen opzocht in hun huizen en hun vrienden en familie ook uitnodigden en hoe Hij hen genezing en vergeving gaf. Jezus onderwees ons niets wat Hij niet ook zelf deed.

In Mattheüs 5 lezen we dat Jezus aan het wandelen was en een man ontmoet, Mattheüs genaamd. Hij was een persoon van vrede. Mattheüs nodigde Jezus bij hem thuis uit en hij nodigt ook veel andere mensen uit om naar Jezus te komen luisteren. Dus ging Jezus zitten en legde aan hen het evangelie van het koninkrijk van God uit en Hij bracht genezing en vergeving. Ondertussen stonden de Farizeeën buiten en zij bekritiseerden Jezus voor het feit dat Hij met zondaren omging. Maar wat Jezus tegen hen zei, was perfect. Hij toonde echt Gods hart en Zijn opdracht hier op aarde in Zijn antwoorden aan hen. Hij was hier om genezing en vergeving te geven aan hen die het wilden ontvangen. Laten we Mattheüs 9:9-13 lezen, waar staat "En Jezus ging vandaar verder en zag iemand in het tolhuis zitten, die Mattheüs heette; en Hij zei tegen hem: Volg Mij! En hij stond op en volgde Hem. En het gebeurde, toen Hij in het huis van Mattheüs aanlag, zie, veel tollenaars en zondaars kwamen en lagen met Jezus en Zijn discipelen aan. En toen de Farizeeën dat zagen, zeiden zij tegen Zijn discipelen: Waarom eet uw Meester met de tollenaars en zondaars? Maar Jezus, Die dat hoorde, zei tegen hen: Wie gezond zijn, hebben geen dokter nodig, maar wie ziek zijn. Maar ga heen en leer wat het betekent: Ik wil barmhartigheid en geen offer; want Ik ben niet gekomen om rechtvaardigen tot bekering te roepen, maar zondaars." Jezus was hier op aarde om te zoeken en te redden wie verloren waren. Jezus had problemen met de religieuze mensen zoals wij dat ook nu vaak hebben. Mattheüs is een duidelijk voorbeeld van een persoon van vrede. We zijn geroepen om ons tussen de mensen te begeven, tussen de zondaars en de wolven. We zijn geroepen om God met ons hele hart lief te hebben en onze naaste als onszelf. Ook al vinden we het heerlijk om samen te zijn met de andere 99 schapen (onze broers en zussen in Christus), we moeten niet degenen vergeten die nog verloren zijn. Zij zijn degenen die Jezus echt op Zijn hart heeft; hoe kunnen we zeggen dat we God liefhebben als we ons niet uitstrekken naar degenen waar Hij Zijn leven voor heeft gegeven aan het kruis? Hoe kunnen we zeggen dat we onze naaste liefhebben als we het goede nieuws niet met hen willen delen? Jezus wil ieder huis binnenvallen met het koninkrijk van God.

Toen Jezus op aarde was, was er zoveel werk te doen. Vele malen zei Hij dat de oogst groot was, maar dat er weinig arbeiders waren. Nu is Hij in de hemel en zit Hij aan de rechterhand van Zijn Vader en Hij heeft de Heilige Geest gestuurd. Nu zijn wij Zijn lichaam, en Christus is het Hoofd. Als Zijn lichaam zijn we geroepen om verder te gaan met het werk wat Jezus deed.

We zijn geroepen om een persoon van vrede te vinden, bij hen thuis te komen en genezing en redding te brengen, zoals Jezus deed. Paulus had dezelfde focus aangaande het bereiken van de verlorenen. Hij had dezelfde liefde – als Jezus- voor de mensen om hem heen. Paulus deed zoveel mogelijk om mensen te bereiken met het evangelie. Hij volgde in alles het voorbeeld van Jezus, hij preekte publiekelijk en ook huis aan huis.

In Handelingen 20:19-21 lezen we "en de Heere gediend hebt met alle nederigheid en veel tranen, en onder verzoekingen die mij overkomen zijn door de aanslagen van de Joden; hoe ik niets van wat nuttig was, nagelaten heb u te verkondigen en te onderwijzen, in het openbaar en in de huizen, en ik heb zowel tegenover Joden als Grieken getuigd van de bekering tot God en het geloof in onze Heere Jezus Christus."

Paulus kende zijn opdracht. Hij was erg radicaal en zei dingen die we niet vaak iemand horen zeggen. Laten we bijvoorbeeld lezen wat Paulus zei in 1 Korinthe 9: 16-19 waar hij iets zegt, waarvan ik wel durf te zeggen, dat dit niet vaak in een preek wordt gezegd tegenwoordig.

"Als ik het Evangelie verkondig, is er voor mij namelijk geen reden tot roem. De noodzaak daarvan is mij immers opgelegd. En wee mij, als ik het Evangelie niet verkondig! Want als ik dat vrijwillig doe, heb ik recht op loon, maar als ik het onwillig doe, is het beheer van het Evangelie mij toch toevertrouwd. Wat voor loon heb ik dan? Dat ik, bij de evangelieverkondiging, het Evangelie van Christus kosteloos maak, om geen gebruik te maken van mijn recht als verkondiger van het Evangelie. Want terwijl ik vrij ben van allen, heb ik mijzelf toch voor allen tot slaaf gemaakt om meer mensen te winnen." Het is erg radicaal wat Paulus hier zegt. Hij gebruikt de woorden 'het is mij opgelegd', en hoe verschrikkelijk het zal zijn als hij het niet zou doen. Waar horen we iets dergelijks tegenwoordig? Paulus wist dat hij het moest doen. Hij was bereid zijn leven te geven tot redding van zoveel mogelijk mensen. Daarin volgde hij zijn Meester na. Net als Jezus was hij bereid om de dienaar van iedereen te zijn. Hij zegt vervolgens in de verzen 20-23 "En ik ben voor de Joden geworden als een Jood, om Joden te winnen. Voor hen die onder de wet zijn, ben ik geworden als onder de wet, om hen die onder de wet zijn te winnen. Voor hen die zonder de wet zijn, ben ik geworden als zonder de wet – hoewel niet zonder de wet van God, want ik sta onder de wet van Christus – om hen te winnen die zonder de wet zijn. Ik ben voor de zwakken geworden als een zwakke, om de zwakken te winnen. Voor allen ben ik alles geworden, om in ieder geval enigen te behouden. En dit doe ik ter wille van het Evangelie, opdat ik daarvan ook zelf deelgenoot zou worden."

Zou het niet geweldig zijn als we hetzelfde hart en focus als Jezus en als Paulus kunnen hebben? Als we dat deden, dan zouden we bereid zijn om op dezelfde manier ons eigen leven te geven om zoveel mogelijk mensen te redden. Maar de vraag is: "Zijn we op dat punt, waar we zijn moeten, met dezelfde focus en liefde in ons hart?" Zo niet, laten we dan God zoeken en aan Hem vragen om het juiste hart, dezelfde focus en echte ijver voor de mensen om ons heen.

Ik ben vaak naar drukke plekken gegaan en dan ging ik daar zitten en naar de mensen kijken. En terwijl ik naar hen kijk, bid ik tot God en vraag ik om mij liefde te geven voor al die mensen. Ja, ik heb gebeden dat de Heilige Geest mijn ogen zou openen, in te mogen zien dat al deze mensen verloren waren, om hen te zien zoals Jezus hen zag, en om bereid te zijn, zoals Hij, om redding te brengen en genezing. Al deze mensen die op het oordeel afgaan, en ik zit daar met het antwoord in mijn bezit.

Als je God vertrouwt en iets dergelijks als dit doet, kan het je ongemakkelijk maken. Het kan overweldigend zijn als je om je heen kijkt en al die verloren zielen ziet, wetend dat jij de oplossing hebt. Maar ook al voelt het ongemakkelijk en overweldigend, het is nog steeds de waarheid. Het zou fout zijn als je doet alsof je blind bent en doet alsof alles okay is, terwijl dat niet zo is.

We moeten ook weten dat het niet onze taak is om de hele wereld te redden. De hele wereld redden zou een te grote last zijn om te dragen, voor wie dan ook. Er is maar één Persoon die deze last kan dragen, dat is Jezus en Hij heeft het al gedaan. Nu is het onze taak om de persoon van vrede te vinden. We hebben de verantwoordelijkheid om deze persoon te vinden, zoals Hij ons heeft opgedragen. We mogen onze ogen niet sluiten en pretenderen dat alles goed is. We moeten onze ogen openen en God vragen om ons ijverig te maken, zodat we ons inzetten voor alle verlorenen. Ook moeten we bidden dat God meer arbeiders in de oogst stuurt en dan God en de mensen om ons heen liefhebben. We moeten op het punt komen waar we bereid zijn, net als Paulus, om alles te doen wat nodig is om hen te redden die God ons heeft opgedragen om te redden.

> **Jezus werd gedreven door mededogen. Hij sloot zijn ogen niet en negeerde de mensen, die verloren waren en zonder God, niet. Hij wist hoe verloren ze waren en dat motiveerde Hem om te doen wat Hij moest doen, in opdracht van Zijn Vader.**

Als je deze liefde en het mededogen, die nodig zijn om de mensen te bereiken met het evangelie, niet hebt, bid dan dat God jouw ogen wil openen en jou wil vullen met de liefde die Jezus had, toen Hij op aarde rondwandelde. En ga, net als ik, naar een plek waar veel mensen zijn, en kijk naar de mensen. Begrijp dat jij de waarheid hebt ontvangen, en dat het iets is wat je moet delen met de ongelovigen, die nog verloren zijn. Dus laten we Jezus gehoorzamen en arbeiders in Zijn oogst zijn. Wees niet bang om je ogen te openen en te zien dat mensen zonder God verloren zijn, en dat jij een verantwoording hierin hebt naar Jezus toe. Wees wel voorzichtig, zodat je niet eindigt in angst en werken, omdat dat niet de juiste weg is. Maar sluit ook niet je ogen en negeer het feit dat mensen verloren zijn niet. De waarheid is dat je verantwoordelijkheid hebt; niet om de hele wereld te redden, maar om de persoon van vrede te vinden en geleid door de Geest uit te gaan. Als Hij zegt 'Ga", ga dan en als Hij zegt 'Blijf', blijf dan. Zet in liefde – voor God en je medemens- stap voor stap en leer van Hem hoe je wandelen moet. Hij zal je de ogen openen en hetzelfde hart geven als Jezus en Zijn discipel Paulus had.

Als je mensen gaat bereiken, begin dan bij de mensen om je heen. Op dit moment, heb je waarschijnlijk al een paar mensen in gedachten in je naaste omgeving, waarvan je weet dat ze bereid zijn om hun leven aan God te geven, of die bereid zijn om te luisteren naar wat je te zeggen hebt. Op dit moment ken je wellicht mensen die nadenken over het leven en op zoek zijn naar de waarheid. Je kent ook mensen die zich wel bekeerd hebben, maar nog niet gedoopt zijn in water of met de Heilige Geest. Of misschien ken je iemand die dat alles gedaan heeft, die gekickstart moet worden wat betreft de opdracht van Jezus. Je kunt hen leren hoe ze het evangelie moeten verkondigen en hoe ze de zieken genezen moeten.

Dus je begint met de mensen om je heen. Ontmoet hen en bid voor hen, deel met hen het evangelie en neem hen mee de straat op om hen te trainen hoe ze Jezus gehoorzamen. Als jij je daar nog niet klaar voor voelt, dan heb ik advies voor jou. Doe het, hoe dan ook. Het zal makkelijker voor je worden als je het gaat doen. Alle begin is moeilijk en niemand voelt zich er klaar voor in het begin, maar als je het gaat doen, wordt het steeds makkelijker. Als je echt niet de moed hebt om dit alleen te doen, neem dan iemand met jou mee, die jou kan helpen. Je hoeft het niet alleen te doen, anderen kunnen jou helpen.

Er is geen excuus als het om gehoorzaamheid aan Christus gaat. Als jij je niet klaar voelt of vol vertrouwen bent in het delen van het evangelie, leer dan hoe je het moet doen. Zo ben ik ook begonnen; ik voelde mij er niet klaar voor om het evangelie te gaan delen, maar ik heb geleerd hoe ik dat moest doen. Het ging steeds beter en de angst verdween. Ik heb uren gespendeerd aan het bekijken van filmpjes van onderwijs en oefende alleen, om te leren hoe ik het evangelie moest brengen. Het is zo eenvoudig, oefening baart kunst.

Je mag ook de video's van De Laatste Reformatie van YouTube gebruiken of de films waarin het evangelie duidelijk wordt uitgelegd. Je kunt bijvoorbeeld mensen uitnodigen in je huis, een film van De Laatste Reformatie aanzetten of een YouTube video waar het evangelie in gedeeld wordt en op deze manier het evangelie uitleggen aan je visite. Ik heb zoveel geweldige getuigenissen gehoord van mensen die het op deze manier hebben gedaan en zo levens hebben zien veranderen. Ik heb gehoord hoe mensen anderen uitnodigden om de film van De Laatste Reformatie te komen kijken, en daarna voor deze mensen gingen bidden en mensen doopten in water en met de Heilige Geest, iets dat ze nooit eerder hadden gedaan. En ze deden het zo een paar keer, en uiteindelijk deelden ze zelf het evangelie met de mensen die ze hadden uitgenodigd. Als ik een zgn. Kickstart weekend heb, vertel ik vaak dat ze mensen kunnen uitnodigen, een film kunnen laten zien van De laatste Reformatie, en dat alles wat ze eigenlijk nodig hebben, Coca-cola, popcorn en een plek om mensen te dopen, is.

Ik deel dit met jou, omdat er zoveel mogelijkheden zijn om het Koninkrijk van God te zien groeien. Begin met wat je hebt. Als je hulp wilt, zoek dan iemand die jou kan helpen en gebruik het materiaal dat vrij verkrijgbaar is. Vraag God jou te laten zien met wie jij mag starten. En wees dan moedig en doe het. Pak de telefoon en bel hen, en nodig hen bij je thuis uit of stuur een bericht via Facebook. Het ergste dat kan gebeuren, is dat ze niet geïnteresseerd zijn in wat je te zeggen hebt. En als dat het geval is, ga dan verder zoeken naar de persoon van vrede. We zijn geroepen om het evangelie te delen en discipelen te maken. We zijn niet per sé geroepen om naar het buitenland te gaan en daar op een podium te gaan staan preken, maar om het platform van ons dagelijks leven te gebruiken. Er zijn vele plaatsen waar je het evangelie kan delen; de eettafel, de tuin, de woonkamer, het lokale café of een andere plaats. Begin met de mensen om je heen. De persoon van vrede kan een familielid zijn, een collega op je werk, je buren of een vriend. Als je geen persoon van vrede kent, ga dan bijvoorbeeld naar de supermarkt of een winkelcentrum en vraag God jou te leiden naar de persoon van vrede die daar is.

Ik wil je graag vertellen dat God ons allemaal uniek geschapen heeft; we zijn verschillende soorten arbeiders. De oogst is groot en gereed. Hij heeft niet alleen mensen gemaakt die goed in evangeliseren zijn, en er geen moeite mee hebben om vreemden te benaderen om over God te praten. Hij schiep ook de introverte mensen, die erg goed zijn in luisteren. Hij heeft ons allemaal verschillend gemaakt. Zoals de discipelen verschillend zijn, zo zijn ook de mensen die de oogst vormen, verschillend van karakter etc. Wat ik echt geweldig vind aan de opdracht van Jezus, is dat het voor iedereen is. Je hoeft geen ervaring te hebben, dat zal komen door de tijd. Ook is het niet nodig dat je bent bevestigd in een ambt of een priester moet zijn, want zoals de bijbel zegt, zijn we leden van een 'koninklijk priesterschap' (1 Petrus 2:9)

> **Zoals wij – de gelovigen- allemaal verschillend zijn, zo zijn ook de mensen die we ontmoeten allemaal verschillend. Dus je bent nodig in het veld. Je bent geschapen met een doel en dat doel is dat je de mensen om jou heen bereikt met het evangelie.**

Vele jaren geleden had ik een erg verkeerd beeld van hoe je discipelen moest maken. Als ik mensen ontmoette, die al naar de kerk gingen, dacht ik dat ik hen niet meer kon discipelen, omdat ik dacht dat zij 'van de pastoor' waren. Ik dacht dat het verkeerd was als ik hen zou helpen, zonder eerst met hun pastoor te praten of het in samenwerking met hun kerk te doen. Ik weet nu dat dit gek klinkt, maar dat was wat ik destijds dacht. Ik geloofde echt dat het de verantwoordelijkheid van de voorganger was dat hij de mensen in de kerk moest helpen, en dat ik tegen de wil van hem en van God inging als ik 'zijn schapen' zou gaan discipelen. Ik heb andere mensen ontmoet die ook zo dachten of op de één of andere manier die verantwoordelijkheid bij anderen legden vanuit die gedachte. God heeft mij echt bevrijd van deze verkeerde manier van denken. En ik bid dat Hij jou ook zal bevrijden als je dergelijke gedachten hebt. Nu ben ik vrij om iedereen te discipelen, zonder mij af te vragen of zij wel/niet in een kerk zitten. Nu zie ik maar één kerk, en ongeacht waar ze vandaan komen en of ze in een kerk zitten of niet, ik ben bereid om hen te discipelen, als dat is wat ze nodig hebben. En ik ben bereid om hen te dopen, ongeacht uit welke kerk ze komen. Ik ben bereid om hen de handen op te leggen en te bidden voor de vervulling met de Heilige Geest, ongeacht of de voorganger of de kerk het daar mee eens is of niet. En ik ben bereid om hen te trainen in het doen van de opdracht van Jezus, ongeacht wat andere mensen om hen heen daarvan denken.

Ik heb vele voorgangers en christenen ontmoet, die denken dat het niet goed is dat ik andere kerkleden doop en discipel. Ze vinden dat ik daarmee een grens overschrijd. Maar laat me aan jou vragen; wat is belangrijker? Is het belangrijker dat iemand gedoopt wordt en de heilige Geest ontvangt, of is het belangrijker dat de voorganger en een paar leiders gelukkig zijn? Ik zeg dit niet om je uit te dagen of problemen te maken. Als de voorgangers en kerkleiders hun taak hadden gedaan dan was wat ik doe sowieso niet nodig geweest. Maar omdat zij hun plicht verzaken, ben ik bereid om op te staan. Ik weet dat wat ik hier zeg, niet respectvol kan overkomen, maar zo bedoel ik het niet. Ik weet dat veel voorgangers doen wat zij kunnen, en ik zeg deze dingen dan ook niet omdat ik wanorde wil scheppen. We moeten elkaar respecteren. Maar ik geloof dat het belangrijker is, om de mensen te helpen en te geven wat zij nodig hebben, dan het respecteren van door mensen gemaakte kaders en systemen die de kerk in het leven heeft geroepen. Deze visie heeft mij veel problemen opgeleverd, maar als ik kijk naar de vrucht die hieruit is voortgekomen, ben ik zo enthousiast. Het zien van de vreugde van iemand die de Heilige Geest ontvangt of van iemand die verlost wordt van een demon waar hij jaren onder geleden heeft, maakt mij zeer gelukkig.

Het is het waard dat voorgangers en kerkleiders op mij neerkijken, omdat ik voor 'hun schapen' bid of hen doop. Ik geloof ook niet dat het hun schapen zijn. Alle schapen behoren tot één Herder, en dat is Jezus Christus. Deze visie heeft mij echt vrij gemaakt, om mensen te helpen, zonder mij zorgen te maken wat de kerken, waar deze mensen uit komen, zullen zeggen. De vrucht die ik op dit werk heb gezien, is fantastisch. En nogmaals, ik zeg dit niet om mensen rebels te maken, maar om hen vrij te zetten. Ik geloof echt dat we elkaar moeten respecteren. Het is niet makkelijk om een kerk te leiden, als leider of als voorganger, maar ik ben ervan overtuigd, dat als we allemaal deze vrijheid zouden ervaren, en elkaar gaan discipelen, waar we ook zijn, en niet alleen op zondag in een kerk, zullen we Zijn koninkrijk zien groeien als nooit tevoren. God heeft ons niet in de kaders van een denominatie gestopt, en ik ben dankbaar, dat er naast kritiek, ook voorgangers zijn die er geen moeite mee hebben, dat ik zonder aanzien van personen mensen discipel, ook al zijn dat 'hun' leden. Naast respect voor elkaar, moeten we respect hebben voor Jezus en de opdracht die Hij gegeven heeft. We zijn allemaal geroepen door Jezus om discipelen te maken en mensen tot Christus te leiden in ons dagelijks leven. We moeten erop uitgaan en alle volken tot Zijn discipelen maken en zelfs mensen in onze huizen dopen. Als de kerk een andere traditie heeft of een andere manier van doen, moeten we de mensen in die kerk proberen te helpen verstaan wat Jezus ons heeft opgedragen. Als zij dat niet begrijpen of het er niet mee eens zijn, moeten wij dan stoppen om Jezus te gehoorzamen? Nee, we gehoorzamen Jezus en misschien vinden we een andere kerk om te bezoeken.

Het is niet makkelijk, dat was het ook niet in de tijd dat Jezus op aarde was. Er waren mensen om Hem heen die bekritiseerden wat Hij deed. Ik wil je zeggen dat je vrij bent; je bent door Jezus geroepen en toegerust om iedereen tot Zijn discipelen te maken, ongeacht tot welke kerkelijke denominatie ze behoren. Het kunnen mensen zijn die het evangelie nooit eerder gehoord hebben, of mensen die het evangelie wel gehoord hebben, maar het nooit hebben begrepen. Het kunnen ook mensen zijn die nog niet gedoopt zijn in water en/of met de Heilige Geest. Of mensen die nog getraind moeten worden om de opdracht van Jezus te gaan doen.

Zoals ik al eerder heb gezegd, heb ik zoveel mensen ontmoet die wel geloven in Jezus, maar die niet echt vrij zijn. Zij hebben soms de doop in water of de doop met de Heilige Geest nodig. Soms hebben ze het nodig om los te komen van hun angst om met anderen het evangelie te delen door middel van training. Als iemand ontvangt wat hij mistte, verandert zijn leven en dat van anderen om hem heen. Eén van de beste vruchten die ik gezien heb, was in mensen die al jaren vruchteloos in de kerk zaten, mensen die niet vrij waren. Als deze mensen de echte vrijheid ervaren die er is door de redding in Christus, gaan ze Jezus gehoorzamen en anderen tot Christus leiden. Opeens zijn er wel 10 of 20 mensen door hun prediking gered, zelfs mensen die nog nooit naar de kerk zijn geweest.

Dus wil je vrucht zien in je leven, dan is mijn advies: Begin bij de mensen om je heen, of ze nu christen zijn of niet. Herken wat hun nood is en doe daar wat aan. Je zult het Koninkrijk van God zien groeien als nooit tevoren. Als je naar een kerk toegaat, waar ze een andere manier van doen hebben, ga dan respectvol in gesprek met de leiders. Probeer aan hen uit te leggen wat Jezus van ons vraagt en help hen dit te begrijpen. Uiteindelijk moeten wij Jezus gehoorzamen, of anderen het nu wel of niet ermee eens zijn.

Soms zie ik dat mensen die dit oppakken, een grote transformatie bewerkstelligen in hun gemeente. En andere keren, vragen de leiders hem/haar te stoppen, of ze zijn zo druk met het maken van discipelen dat ze niet meer dezelfde behoefte hebben om elke zondag naar de kerk gaan. Uiteindelijk gaat het niet om kerken bouwen, maar om het maken van discipelen en het gehoorzamen van Jezus. Dit kunnen we binnen en buiten een kerkgebouw doen, met en zonder de voorganger. Begin gewoon waar je bent, één persoon per keer en laat Jezus Zijn Gemeente bouwen. Wij hoeven ons geen zorgen te maken hoe het zal eindigen, of dat de kerk het zal aannemen of afwijzen.

# 23

## WE HEBBEN ALLEMAAL FAMILIE NODIG

---

**Een familie, met vaders, moeders, broers en zussen, is het natuurlijk ontwerp voor de mens om in op te groeien van baby naar een vader of moeder met eigen kinderen. God heeft op dezelfde manier ook een geestelijke familie bedacht, waarin we, eenmaal geboren, kunnen opgroeien van baby naar de volwassenheid.**

---

In de grote opdracht, zei Jezus, dat we de wereld in moesten gaan en alle naties en volken tot Zijn discipelen moesten maken, hen moesten dopen en hen alles moesten leren wat Hij hen had geleerd. Tot zover, hebben we gekeken naar wat Jezus Zijn discipelen leerde in Lukas 10; hoe we een persoon van vrede kunnen vinden, hoe we het evangelie moeten delen, zieken moeten genezen etc. In dit hoofdstuk gaan we kijken hoe we de mensen die we ontmoet hebben, kunnen helpen groeien in Christus, en hoe we hen kunnen leren om Jezus te gehoorzamen. Jezus zegt dat we de wereld in moeten gaan, waar ik het al over gehad heb in dit boek. Nadat de mensen het evangelie van Jezus ontvangen hebben, zich bekeerd hebben, gedoopt zijn in water en met de Heilige Geest, is er nog meer, veel meer, om te leren.

Mattheüs 28:18-20 "En Jezus kwam naar hen toe, sprak met hen en zei: Mij is gegeven alle macht in hemel en op aarde. Ga dan heen, maak alle volken tot Mijn discipelen, hen dopend in de Naam van de Vader en van de Zoon en van de Heilige Geest, hun lerend alles wat Ik u geboden heb, in acht te nemen. En zie, Ik ben met u al de dagen, tot de voleinding van de wereld. Amen."

Nadat mensen een nieuw leven hebben ontvangen, moeten we hen leren Hem te gehoorzamen in alles wat Hij ons geboden heeft. Als mensen net tot geloof zijn gekomen en opnieuw geboren zijn, zijn ze in geestelijke zin pasgeboren baby's. Als discipelen hebben we de opdracht om hen te leren hoe ze Jezus gehoorzamen moeten. We moeten hen opvoeden en zorgen dat ze een krachtige volgeling van Jezus worden, afhankelijk van hun al dan niet bestaande netwerk. Als mensen al in de kerk zaten en nieuw leven ontvangen, verandert alles voor hen. Velen hebben al wel een netwerk van gelovigen om hen heen, waar zij mee op kunnen trekken. Er zijn ook mensen die uit zeer religieuze, niet met de Geest vervulde kerken, komen, die nadat zij opnieuw geboren zijn, hun oude gemeente moeten verlaten, vanwege de tegenstand die ze ervaren, ook omdat ze meer over Jezus willen horen en dat niet kunnen vinden in de kerk, waar ze jarenlang gezeten hebben. Deze mensen weten vaak al veel over God en de bijbel, maar veel dingen zullen nieuw zijn voor hen. Zij hebben een nieuwe gemeenschap nodig en mensen die hen kunnen helpen, te leren wandelen als een discipel van Jezus en veel dingen af te leren, waarvan ze dachten dat het de waarheid was.

We zullen ook mensen ontmoeten die niet zijn opgegroeid in een kerk. Zij zullen melk nodig hebben en moeten beginnen vanaf het begin. Zij hebben veel hulp nodig en mensen die willen investeren in hen, zodat ze in het geloof zullen groeien en krachtig zullen worden in hun nieuwe geloof. Deze mensen hebben meer hulp nodig, dan iemand met een kerkelijke achtergrond die in de basis klopte.

Elke persoon die we ontmoeten, is verschillend; ook hebben ze verschillende behoeften en ze bevinden zich in een verschillend stadium van hun leven. Maar iedereen heeft gemeenschap nodig. Niemand van ons is geroepen om alleen door het leven te gaan. We zeggen vaak dat wij het lichaam van Christus zijn, en dat klopt, maar 'wij' is niet alleen jij of alleen ik. 'Wij' is iedereen samen. Jij alleen, bent een lid van het lichaam; je bent niet het lichaam in je eentje. Je bent één van de vele stenen in de gemeente die Jezus aan het bouwen is. Je kunt als discipel niet alleen zijn, zonder gelijkgestemden om je heen.

Iemand die opnieuw geboren wordt, is een nieuwe schepping; diegene is geestelijk opnieuw geboren. Net als in een natuurlijk leven, kent ook het geestelijke leven verschillende stadia. De bijbel spreekt over baby's en kleine kinderen in het geloof. Dat is het stadium waar we allemaal beginnen. Net als in het natuurlijke, is het niet verstandig om een pasgeborene alleen te laten of vast voedsel te geven. We moeten hen voeden met melk en voor hen zorgen, zodat ze geestelijk zullen groeien. De bijbel heeft het ook over jongeren in het geloof, en over vaders en moeders in het geloof. Het is belangrijk om deze verschillende stadia in geestelijke groei te kennen, zodat we weten in welk stadium we zelf zijn en weten wat we zelf nodig hebben, maar ook wat er van ons verwacht wordt. Het is ook belangrijk dit van je broers en zussen te weten, zodat je weet wat je aan ze kunt geven. Het is gezond verstand dat we een baby niet voeden met een biefstuk, dat kunnen ze nog niet wegkrijgen. De baby zou sterven als we het alleen maar biefstuk zouden geven. Een baby heeft moedermelk nodig van zijn moeder om sterk en gezond te worden. Na een lange periode van moedermelk drinken, kan de baby beginnen met vaster voedsel en uiteindelijk groeit de baby op en wordt hij volwassen. En dan is het tijd voor een goede biefstuk. Andersom geldt dit principe ook. We geven een volwassen man of vrouw geen moedermelk. Ze zouden er wellicht een tijdje op kunnen leven maar ze zullen er niet van groeien. Daar is meer voor nodig, namelijk vast voedsel, zodat ze sterk en krachtig worden. Mensen hebben dus voedsel nodig dat past bij het stadium waarin ze zitten, geestelijk gezien. Als iemand die opnieuw geboren is, niet het juiste voedsel krijgt, kan diegene sterven in zijn geestelijke wandel met God. Zij zullen op zijn minst, niet opgroeien en krachtig worden in hun geloof zoals de bedoeling is.

Johannes begroet in zijn eerste brief die hij schreef, mensen in drie verschillende stadia. Johannes groet de kinderen/baby's, de jonge mannen en de vaders in het geloof.

1 Johannes 2:12-14 zegt "Ik schrijf u, lieve kinderen, want de zonden zijn u vergeven omwille van Zijn Naam. Ik schrijf u, vaders, omdat u Hem kent Die er vanaf het begin is. Ik schrijf u, jonge mannen, omdat u de boze hebt overwonnen. Ik schrijf u, kinderen, omdat u de Vader kent. Ik heb u geschreven, vaders, omdat u Hem kent Die er vanaf het begin is. Ik heb u geschreven, jonge mannen, omdat u sterk bent en het Woord van God in u blijft en u de boze hebt overwonnen."

Zoals we hier lezen, schrijft Johannes verschillende dingen aan de mensen, afhankelijk van het stadium van hun geestelijk leven, waar ze zich in bevinden. Hij herinnert de kinderen/baby's dat zij God kennen en dat hun zonden vergeven zijn. Johannes zegt dit tegen hen, omdat als mensen nieuw in het geloof zijn, zij vaak twijfelen. Ze ervaren vaak angst en aanvallen, zijn onzeker als het over hun geloof gaat, vragen zich af of ze nu wel of niet vergeven zijn. Of ze vallen in zonde, en satan probeert hen te laten denken dat ze nu voor altijd verloren zijn en niet opnieuw vergeven kunnen worden. Ze hebben echt iemand nodig, die hen bemoedigt, zoals Johannes hier in zijn brief doet. Ze hebben ouders in het geloof nodig, iemand die is als een vader of moeder, om hen te steunen en te helpen om geestelijk sterker te groeien. Zij hebben veel zorg en liefde nodig.

Tegen de jongemannen zegt Johannes dat ze de boze hebben overwonnen en dat het Woord van God in hen is. Hij vertelt hen dat ze door de gevechten en strijd die ze in het begin hadden, sterk en staande zijn gebleven. Ze zijn volwassen geworden en niet langer kinderen meer. Ze zijn nu jongemannen en vrouwen die zelfstandig Gods Woord tot zich kunnen nemen. Ze kunnen zelfstandig eten. Ze hebben geen melk meer nodig, want het Woord van God is in hen. Ze moeten nu bemoedigd en uitgedaagd worden om de volgende stappen in hun wandel met God te zetten, zodat ze kunnen groeien naar de volwassenheid die geestelijke ouders hebben.

Johannes schreef ook naar de geestelijke ouders, zij die God vanaf het begin al kennen, zij die al lange tijd met God wandelen en Hem echt kennen. Zij hebben God ervaren en kennen het volle evangelie.

Als je kijkt naar wat Paulus schrijft aan de gemeente van Korinthe, wordt het nog duidelijker dat het belangrijk is, dat we weten dat er verschillende geestelijke levels zijn. In één van zijn brieven, uit Paulus zijn teleurstelling over de geestelijke level waarin de mensen zaten. Hij zegt dat ze al volwassen hadden kunnen zijn, maar in plaats daarvan zijn ze nog steeds baby's die melk nodig hebben. Deze mensen in Korinthe hadden melk nodig, omdat hun handelen toonde dat ze geestelijk nog baby's waren. Hun jaloerse acties en ruzies toonden dat ze nog onvolwassen waren in hun geestelijk leven, zelfs al waren ze al lange tijd christen. Hier zien we dat mensen niet altijd zo snel volwassen worden als we zouden willen.

1 Korinthe 3:1-3 zegt "En ik, broeders, kon tot u niet spreken als tot mensen die geestelijk zijn, maar als tot mensen die nog vleselijk

zijn, als tot jonge kinderen in Christus. Ik heb u met melk gevoed en niet met vast voedsel, want u kon dat nog niet verdragen; ja, u kunt dat ook nu nog niet, want u bent nog vleselijk. Als er immers onder u afgunst is en ruzie en tweedracht, bent u dan niet vleselijk en wandelt u dan niet naar de mens?"

Hier zien we dat het niet makkelijk is om mensen geestelijk te laten groeien naar volwassenheid. We zien ook dat het veel tijd kan innemen. Je kunt christen zijn voor vele jaren maar nog steeds onvolwassen zijn, maar dat is ook wat we soms in het natuurlijke zien. Er zijn mensen die al midden-twintig zijn, maar nog steeds niet zelfstandig zijn en erg onvolwassen zijn voor hun leeftijd. In 1 Korinthe schrijft Paulus naar deze mensen die nog steeds baby's zijn in wandel met God, ondanks alle tijd die ze hebben gehad om te groeien in Christus. Ze waren nog steeds vleselijk in hun handelen. Ze hadden nog steeds melk nodig. Hun handelen maakte duidelijk dat ze onervaren zijn in het woord van gerechtigheid.

In het boek Hebreeën, bekritiseert de schrijver christenen die nog niet verder zijn gekomen in hun geestelijke levenswandel. We lezen hoe ze al leraren hadden kunnen zijn, maar in plaats daarvan hadden zij nog steeds iemand nodig die hen onderwees. Ook zij hadden nog steeds melk nodig en ook zij waren nog onervaren in het woord van gerechtigheid en het kunnen onderscheiden van wat goed en kwaad is.

Hebreeën 5:11-14 zegt "Over hem hebben wij veel dingen te zeggen, die moeilijk zijn om uit te leggen, omdat u traag geworden bent in het horen. Want hoewel u, gelet op de tijd, leraars zou moeten zijn, hebt u weer iemand nodig die u onderwijst in de grondbeginselen van de woorden van God. U bent geworden als mensen die melk nodig hebben en niet vast voedsel. Ieder immers die van melk leeft, is onervaren in het woord van de gerechtigheid, want hij is een kind. Maar voor de volwassenen - Letterlijk: volmaakten- is er het vaste voedsel, voor hen die hun zintuigen door het gebruik ervan geoefend hebben om te kunnen onderscheiden tussen goed en kwaad."

Uit deze teksten in de bijbel, kunnen we opmaken, dat baby's, mensen zijn die onervaren zijn in het onderscheiden van goed en kwaad. Maar volgroeide, volwassen mensen zijn zij, die vernieuwd zijn in hun denken en die de wil van God kennen.

Romeinen 12:1-2 zegt "Ik roep u er dan toe op, broeders, door de barmhartigheid van God, om uw lichamen aan God te wijden als een levend offer, heilig en voor God welbehaaglijk: dat is uw redelijke godsdienst. En word niet aan deze wereld gelijkvormig, maar word veranderd door de vernieuwing van uw gezindheid om te kunnen onderscheiden wat de goede, welbehaaglijke en volmaakte wil van God is."

Dus we beginnen allemaal als baby's in het geloof op het moment dat we opnieuw geboren worden, en in het begin hebben we vaak te maken met twijfel en verwarring. We vallen als baby's nog vaak terug in zonden want we hebben nog moeite om goed en kwaad te onderscheiden. Onze gedachten moeten nog vernieuwd worden. We moeten eerst leren om te wandelen in vertrouwen in Gods Geest en niet in het vlees, en dat kan tijd kosten. Maar in die tijd zouden we wel moeten leren om, steeds meer en steeds beter, in de Geest te wandelen in plaats van in het vlees te blijven wandelen. Uiteindelijk worden we sterker in ons geloof en zullen we niet meer steeds in zonden vallen zoals in het begin. We zullen God en Zijn wil kennen, en we zullen leren om rechtvaardig te wandelen voor God en goed en kwaad kunnen onderscheiden. We zullen dichter naar Hem toegroeien, Die het Hoofd van Zijn gemeente is en dan zullen we in volledige mate de volheid van Christus bereiken.

Efeze 4: 11-16 zegt "En Hij heeft sommigen gegeven als apostelen, anderen als profeten, weer anderen als evangelisten en nog weer anderen als herders en leraars, om de heiligen toe te rusten, tot het werk van dienstbetoon, tot opbouw van het lichaam van Christus, totdat wij allen komen tot de eenheid van het geloof en van de kennis van de Zoon van God, tot een volwassen man, tot de maat van de grootte van de volheid van Christus, opdat wij geen jonge kinderen meer zouden zijn, heen en weer geslingerd door de golven en meegesleurd door elke wind van leer, door het bedrog van de mensen om op listige wijze tot dwaling te verleiden, maar dat wij, door ons in liefde aan de waarheid te houden, in alles toe zouden groeien naar Hem Die het Hoofd is, namelijk Christus. Van Hem uit, wordt het hele lichaam samengevoegd en bijeengehouden door elke band die ondersteuning geeft, overeenkomstig de mate waarin ieder deel werkzaam is. Zo verkrijgt het lichaam zijn groei, tot opbouw van zichzelf in de liefde."

Kinderen vechten vaak, vallen vaak, raken in de war, en zijn makkelijk te misleiden met verkeerd onderwijs. Daarom is het zo belangrijk dat kinderen in het geloof, volwassenen in het geloof om zich heen hebben, die hen kunnen helpen, leiden en hen op het juiste pad begeleiden.

Als we kijken naar kinderen die net zelf hebben leren eten, dan zie je dat ze alles in hun mond stoppen, ongeacht wat je voor ze neerzet, zonder lang na te denken over wat het is. Ze vragen zich niet af of hetgeen ze in hun mond hebben gestopt iets goeds of iets slechts is, of het hen zal helpen groeien of dat het een einde aan hun leven zal maken. Zelfs een grote, slijmerige worm stoppen ze in hun mond, want ze zijn nog niet capabel om te onderscheiden wat goed en wat slecht is. God wist dit. Daarom kwam Hij met het volmaakte concept van de familie. Baby's kunnen niet alleen opgroeien; ze moeten opgroeien in een gezin, met volwassenen die van het kind houden en het helpen groeien en ontwikkelen, zolang het kind niet zelfstandig voor zichzelf kan zorgen. Het beeld wat ik hierboven heb gecreëerd, geldt voor ook voor de baby's in het geloof; ook zij nemen alles aan wat ze 'te eten' krijgen en hebben nog niet het vermogen om te onderscheiden wat goed of slecht voor hen is. Daarom heeft een baby in het geloof ook volwassenen in het geloof nodig, die van hem houden, en zorgen dat hij het juiste voedsel krijgt, zodat hij groeit en ontwikkelt en hij leert te onderscheiden wat goed en slecht voor hem is.

---

**Wat geldt in het natuurlijke, werkt ook zo in het geestelijke. Als mensen dit zouden begrijpen, zouden ze vele dingen veranderen in de kerk. Veel veranderingen zouden gemaakt worden zodat mensen veel effectiever worden in het maken van discipelen.**

---

Als we kijken naar het natuurlijke leven, zien we dat veruit de meeste mensen ervan dromen om zelf kinderen te hebben. Het is natuurlijk om je te willen voortplanten en kinderen van jezelf te willen hebben. Er is niets geweldiger in dit leven dan het hebben van je eigen zoon of dochter. Ik herinner het mij nog heel goed dat ik mijn zoon voor het eerst uit het ziekenhuis mee naar huis nam, hoe ik hem voor het eerst in mijn armen hield. Het was zo bijzonder, maar tegelijkertijd ook heel eng want het was allemaal nieuw voor ons. Het was bijzonder met al onze drie kinderen. Het is geweldig om een klein baby'tje te hebben. Maar zo mooi als ze dan zijn, toch willen we ze niet klein houden. We willen dat ze groeien, en dat ze op een dag het huis verlaten, en zelf een gezin gaan stichten.

Hoeveel we ook van ze houden, en hoe schattig ze ook zijn; we willen graag dat deze kleintjes opgroeien, op een dag het huis verlaten en hun eigen familie hebben. Alles wat we doen voor ze is met het oog op dit doel. Ook al zal het in het begin moeilijk zijn om hen te zien gaan, toch is dat wat elke rechtschapen ouder voor hun kind wil.

Het was zo'n vreugde voor mijn vrouw en ik om onze zoon te zien trouwen met een prachtige vrouw. Het vervulde ons met trots en we hadden het idee dat we onze taak goed hadden gedaan. Het was ook moeilijk om los te laten, maar we wisten dat het zo goed was. Toen onze zoon en zijn vrouw de ouders werden van een zoon en wij grootouders werden, waren we zo mogelijk nog trotser. Wow, wat een grote zegen om grootouders te mogen zijn! We waren zo trots om te zien hoe het onze zoon lukte zijn eigen leven te leven, samen met zijn vrouw en zoon. En later kregen ze nog een zoon. Opnieuw maakte ons dat trots en voelden we ons vereerd als ouders, schoonouders en grootouders.

Hoeveel je ook van je kinderen houdt, niemand wil dat zijn kinderen alleen blijven en nog thuis wonen als ze veertig jaar zijn; dan is er iets niet in orde als dat het geval is. Het is onnatuurlijk en mensen zullen daarnaar kijken en denken dat het echt tijd is voor die zoon/dochter om volwassen te worden en het ouderlijk huis te verlaten. Het natuurlijke proces van geboren worden in een familie, daar opgroeien naar zelfstandigheid, het huis verlaten en een eigen gezin starten geldt ook voor het geestelijk leven. Het geestelijk opgroeien, volwassen worden en een eigen geestelijke familie starten is een natuurlijk proces in het geestelijk leven.

Als we opnieuw geboren worden, starten we als baby in het geloof, maar dat moeten we niet blijven. We moeten volwassen worden en na verloop van tijd onze eigen geestelijke kinderen hebben. Wanneer we onze eigen geestelijke kinderen hebben, is het onze taak om hen te helpen naar de geestelijke volwassenheid, zodat zij hun eigen geestelijke kinderen kunnen hebben. Zo moet het steeds weer doorgaan, als een cyclus. Als we het hebben over onze geestelijke kinderen, weten we dat God hun Vader is, en Hij is het, en niet wij, die het nieuwe, geestelijke leven geeft aan deze baby's in het geloof. Maar wij zijn toch een onderdeel ervan. We zijn daar, samen met God, hen helpend om in Hem te groeien. Zoals het mooi is in het natuurlijke, om je kinderen op te zien groeien, hen het huis te zien verlaten om een eigen gezin te starten, zo is het ook mooi om je geestelijke kinderen te zien opgroeien. Het is echt fantastisch om hen volwassen te zien worden en te zien hoe zij andere mensen tot Christus leiden. Het maakt mij zo trots als ik zie hoe mensen, die ik naar Jezus heb mogen leiden, volwassen worden, zelfstandig worden en niet meer op mij leunen. Het is geweldig om te zien hoe zij een hechte relatie met God opbouwen, zelfstandig het Woord van God eten, leren te luisteren naar de Heilige Geest en slagen in het gehoorzamen van de opdracht die Jezus aan hen heeft gegeven. Zij leiden op hun beurt weer mensen tot Christus en helpen hun geestelijke kinderen weer volwassen te worden in het geloof. Dat is mijn opdracht en daarom vervult het mij met trots. Het is ook waartoe jij geroepen bent.

Ik ontmoet regelmatig mensen die er trots op zijn dat ze al veertig jaar in dezelfde kerk zitten, alsof dit aantoont hoe trouw ze zijn. Als ik dat hoor dan denk ik 'hm, waar ben je precies trots om? Zou je nu niet al opgegroeid moeten zijn en geleerd hebben om zelf te eten, in plaats van steeds naar dezelfde samenkomsten te gaan en je daar elke zondag te laten voeden door een ander? Zou je nu niet al volwassen moeten zijn, klaar om het huis te verlaten om je eigen geestelijke familie te gaan beginnen? Zou jij niet degene moeten zijn nu, die anderen onderwijst in plaats van dat anderen jou onderwijzen? Ja, ik weet dat het een beetje hard is, om het op deze manier te zeggen. In het algemeen, zijn we in de kerk iets heel belangrijks kwijtgeraakt: we zijn vergeten dat er verschillende geestelijke levels zijn, waar mensen zich in bevinden, en dat mensen in de kerk zitten om volwassen te worden. De kerken zijn vergeten dat de mensen er maar voor een korte tijd moeten zijn, totdat ze volwassen zijn en hun eigen geestelijke familie kunnen starten. Zo was het voor de eerste christengemeente.

> **We beginnen het nieuwe leven allemaal als baby's in het geloof, maar we moeten geen baby's blijven. We moeten opgroeien tot geestelijke volgelingen, die veel vrucht dragen voor Christus.**

Een pasgeboren baby kan niet zelfstandig de bijbel eten. Je kunt iemand die net opnieuw geboren is niet een bijbel geven en zeggen, eet dit maar op. Zij hebben hulp nodig van andere mensen om te verteren wat er in de bijbel staat, zoals een moeder voedsel verteerd, zodat ze borstvoeding kan produceren om de baby mee te voeden. Op dezelfde manier, hebben geestelijke baby's iemand nodig die de bijbel al gegeten heeft en verteerd heeft, en hen zo kan voeden met melk, zodat ze het kunnen ontvangen c.q. verteren.

Hebreeën 6:1-2 zegt "Laten wij daarom het eerste onderwijs met betrekking tot Christus laten rusten, en doorgaan tot de volmaaktheid, zonder opnieuw het fundament te leggen van bekering van dode werken en van geloof in God, van de leer van de dopen, van de handoplegging, van de opstanding van de doden en van het eeuwig oordeel."

Dus als er pasgeboren baby's om ons heen zijn, zouden we het Woord van God moeten nemen, wat wij al gegeten hebben en het aan hen uitleggen en een fundering gaan leggen in hen. We moeten hen natuurlijk onderwijzen uit de bijbel, en hen ook leren hoe ze zelf de bijbel moeten lezen. We moeten hen niet aan hun lot overlaten en hen alleen de bijbel laten lezen. Nee, we moeten hen helpen om op de juiste manier het Woord van God te verdelen. (Melk en vast voedsel). We moeten hen helpen bij het leggen van een goede fundering door hen te leren dat ze zich moeten bekeren van dode werken, over vertrouwen in God stellen, over de doop in water en met de Heilige Geest. Ook moeten we hen leren bij mensen de handen op te leggen en voor genezing te bidden, over de opstanding uit de dood en over het eeuwige oordeel. Dus met andere woorden, we moeten hen het evangelie geven want dat is het fundament van ons geloof. We moeten hen helpen dit te begrijpen, totdat ze volwassen genoeg zijn en zelf het Woord van God kunnen gaan eten.

Het is beangstigend om te zien hoeveel mensen er jarenlang in de kerk hebben gezeten, zonder te begrijpen wat de ware bekering, de doop in water en met de Heilige Geest inhoudt, en niet weten dat ze geroepen zijn het evangelie te delen en zieken de handen op te leggen. Ja er zijn veel mensen die de zeven stappen naar een gelukkig leven hebben horen uitleggen, of de tien stappen om rijk te worden, maar ze hebben geen hulp ontvangen om de goede fundering in hun leven te leggen. Ze hebben een geestelijke familie nodig die van hen houdt, die er voor hen is, en met hen oplopen als zij een goede fundering in hun leven willen leggen, en hen te laten zien dat ze in een geestelijke oorlog verwikkeld zijn. We moeten ze vertellen dat ze niet alleen zijn, en dat we er voor hen zullen zijn, wanneer ze een geestelijke strijd ervaren. We moeten hen leren dat die strijd erbij hoort en normaal is, en dat we niet hoeven te twijfelen aan ons geloof, noch aan onze redding. We moeten hen, net als Johannes, eraan herinneren, wie ze zijn in Christus en hoe we moeten en kunnen doorgaan in onze wandel met Jezus Christus.

We moeten hen helpen te leren hoe ze goed en kwaad kunnen onderscheiden. En als ze beginnen te luisteren naar dwaalleringen, moeten we hen helpen in te zien dat ze voorzichtig moeten zijn met dergelijke leringen. Satan haat het wanneer mensen wedergeboren worden en hij zal alles in het werk stellen om dat te verhinderen. Maar ook als ze opnieuw geboren zijn, zal hij proberen om hun geestelijke leven, wat ze net begonnen zijn te leven, te doden.

We zien dat als Jezus geboren is. Herodes probeerde Hem te doden. Maar Jezus had een aardse vader, Jozef, die gewaarschuwd werd in een droom, dat Herodes Jezus wilde doden, dus vluchtte hij met zijn vrouw Maria en hun zoon Jezus weg.

Mattheüs 2:13-14 bericht hierover: "Nadat zij vertrokken waren, zie, een engel van de Heere verschijnt Jozef in een droom en zegt: Sta op, en neem het Kind en Zijn moeder met u mee, en vlucht naar Egypte, en blijf daar totdat ik het u zal zeggen, want Herodes zal het Kind zoeken om Het om te brengen. Hij stond dan op, nam het Kind en Zijn moeder in de nacht met zich mee en vertrok naar Egypte."

Hier zien we hoe Jozef fysiek Jezus redde. We zijn ook geroepen om er te zijn en pasgeboren baby's in het geloof te redden als de satan probeert om hun geestelijk leven te doden. God heeft hen aan ons toevertrouwd. Als satan komt met twijfel, vervolging, tegenwerkingen en andere dingen als pogingen om de pasgeboren baby te doden, moeten we er voor hen zijn om hen te redden. Ik heb veel mensen van hun geloof af zien vallen, vooral pasgelovigen. Als satan komt met verleidingen en zo probeert om de pasgelovigen te laten zondigen, moeten we er zijn voor ze. Als zij zich willen terugtrekken uit de gemeenschap en weg van de kerk, omdat ze worstelen met veroordeling, moeten we er voor hen zijn. Ze hebben de Kerk nodig. Ze hebben ons nodig om sterk te blijven in God. Ze hebben ons nodig om weer op te staan en hun wandel met God te vervolgen. Ze hebben hulp nodig om te leren hoe ze staande kunnen blijven als de verleiding komt, zodat satan zal wegvluchten. Geestelijk nieuwgeboren baby's hebben jou en mij nodig om hen te helpen.

Ik herinner het mij nog goed hoe was, toen ik net tot geloof was gekomen. Ik herinner me door welke gevechten ik heen moest. Ik herinner mij dat de twijfel kwam, en hoe ik overal vraagtekens achter begon te zetten, zelfs over mijn redding, en ik mij afvroeg of dit echt de waarheid was. Ik had zoveel vragen en ik ervoer zoveel heftige aanvallen, vol van twijfel en verwarring. Ik herinner mij hoe ik in het begin in zonde en oude gewoontes verviel, en hoe veroordeeld ik mijzelf voelde, als ik dat deed. En als dat gebeurde, wilde ik opgeven en wegrennen, omdat ik dacht dat ik het nooit zou overwinnen. Ik herinner mij dat ik in het begin verschillende leringen hoorde, en dat ik daardoor in de war raakte, niet meer wetend wat nu wel en wat niet waar was. Ik was vaak vertwijfeld, omdat het Woord van God nog niet in mij was. Het was bij mij zoals we in de bijbel kunnen lezen. Ik waaide met elke leer mee, door mensen die de waarheid niet kenden.

Efeze 4:14 zegt "opdat wij geen jonge kinderen meer zouden zijn, heen en weer geslingerd door de golven en meegesleurd door elke wind van leer, door het bedrog van de mensen om op listige wijze tot dwaling te verleiden"

Maar God kwam mij te hulp. Dat deed Hij door de juiste mensen in mijn leven te sturen, die mij gaven wat ik nodig had. Hij heeft mij geweldige geestelijke ouders gegeven, die er voor mij waren, en als ik hen niet in mijn leven had gehad, was ik niet waar ik nu ben. Daar ben ik hen eeuwig dankbaar voor. Ik herinner mij het nog zo goed, hoe het voor mij was in het begin. Soms, als ik mijn geduld dreig te verliezen met de nieuwgeboren gelovigen om mij heen, herinner ik mijzelf eraan hoe ik zelf was in het begin. En ik herinner mijzelf eraan hoe belangrijk het voor mij was, dat er mensen waren die mij geholpen hebben en die er voor mij waren.

Wanneer we vergeten hoe het voor ons was in het begin, kunnen we onrealistische verwachtingen van hen krijgen, We worden ongeduldig, religieus en veroordelend naar de nieuwgelovigen toe. We kunnen te snel gaan denken dat ze ons nu niet meer nodig hebben. Dit is wat kan gebeuren, als we vergeten hoe het was, toen wij in onze geestelijke jeugd zaten. Dus vergeet niet hoe het voor jou was en hoe geduldig God met jou is geweest, toen je al die fouten maakte. Herinner je hoe geduldig Hij met jou was, en hoe Hij jou keer op keer heeft vergeven.

Ik kan het mij ook nog herinneren dat ik volwassen werd in het geloof. Opeens was ik geen baby meer. Ik herinner mij hoe ik zelfstandig Gods Woord tot mij begon te nemen. Ik las zelf het Woord van God en begon meer en meer te begrijpen wat de boodschap was. Ik begon zelfs met anderen te delen wat ik geleerd had. Ja, ik was niet langere een baby, maar ik was ook nog niet een volgroeide volwassene, al voelde ik mij soms al wel zo. Op dat moment in mijn leven, had ik er moeite mee om naar anderen om mij heen te luisteren, omdat ik dacht dat ik wijzer was en alles beter wist. Soms worden we als rebellerende tieners, die denken dat ze alles weten en hun ouders niet meer nodig hebben of hoeven te luisteren naar anderen. Maar de waarheid was dat ik niet alles wist. Ik was nog steeds erg onvolwassen op sommige gebieden, en soms zelfs hoogmoedig. Als ik op een bepaalde manier faalde, was ik erg streng voor mijzelf, waardoor ik depressief werd. Als een jongeling in het geloof, ga je vaak van het ene extreme in het andere extreme; het ene moment voel jij je wijs en trots en het volgende moment, voel jij je een mislukking. Je zwaait vaak van het ene naar het andere idee en je wacht vaak ongeduldig totdat je iets ziet gebeuren. Je wilt vaak dat er meer gebeurt, en ook dat de dingen snel gebeuren. Je voelt je alsof jij de hele wereld kunt redden, en je denkt precies te weten hoe je dat moet doen.

Een jongeman of vrouw in het geloof heeft vaak nog veel liefde en geduld nodig. Ze hebben ook de vrijheid nodig om fouten te maken en daarvan te leren. Ze moeten uitgedaagd worden met hun wandel met God. Ik herinner me de vele domme dingen die ik gedaan heb, maar ik was zo gezegend om mensen om mij heen te hebben, die mij soms fouten lieten maken, en mij niet te veel controleerden, zodat ik kon leren van mijn fouten. Hierdoor leerde ik ook om de verantwoording te nemen voor mijn daden.

Het herinnert mij aan het moment, dat mijn vrouw en ik een huis wilden gaan kopen. Ik geloofde dat dit Gods wil was. Mijn schoonvader, die één van mijn geestelijke ouders was in die tijd, zei er niks over tegen mij. Enkele jaren later, toen ik erachter was gekomen dat het een grote fout was om een huis te kopen, zei hij dat hij al wist dat het een slecht idee was. Toen hij mij dat vertelde, was ik verrast en ik vroeg hem, waarom hij niets had gezegd als hij toch al wist dat het een slecht idee was. Hij zei: "Als ik je had verteld dat het een slecht idee was, had je dan geluisterd?" Ik realiseerde mij dat mijn antwoord inderdaad ontkennend was, en dat ik niet naar hem zou hebben geluisterd, want ik was er destijds van overtuigd dat God wilde dat we een huis kochten.

Er waren andere keren dat hij en andere mensen mij duidelijk vertelden wat goed en fout was. Er is veel wijsheid nodig om jonge mannen en vrouwen in het geloof op te voeden. Natuurlijk moeten we iemand die wil zondigen duidelijk zeggen dit niet te doen. Maar het gaat erom dat er een balans is in de mate van vrijheid de we ze geven, om fouten te maken, zodat ze daarvan kunnen leren en opgroeien en steeds minder van hun geestelijke ouders afhankelijk zijn, en meer en meer afhankelijk worden van God en de leiding van Zijn Heilige Geest. We moeten hen dit niet onthouden door aan hen alle antwoorden op een presenteerblaadje aan te reiken; elke jongeling in het geloof moet uitgedaagd worden. Ze hebben vrijheid nodig om dingen te doen. Ze hebben het nodig om hun handen vuil te maken door op missietrips te gaan. Ze moeten erop uitgaan en voor mensen bidden. Ze moeten het Woord van God onderwijzen en vele andere dingen doen.

Ik zie mijzelf nu als een gerijpte volwassene in mijn wandel met God, ook al weet ik dat ik nog steeds veel moet leren. Maar na vijfentwintig jaar wandelen met God, op het moment van dit schrijven, en nadat ik zoveel fantastische dingen heb meegemaakt, ben ik in staat om het hele plaatje te zien en wat Jezus aan het bouwen is op aarde. Ik begrijp Zijn koninkrijk, hoe het groeit, en wat wij moeten doen om het koninkrijk binnen te kunnen gaan en er te leven.

Ja, als volwassene sta ik sterker en word ik niet meer uitgedaagd door dezelfde dingen, waar ik eerder door werd uitgedaagd. Het is niet zo dat ik geen strijd meer ken. Feitelijk zijn de aanvallen nu zelfs gekker en moeilijker dan ooit tevoren, maar ze zijn van een andere aard. Ik worstel niet meer met twijfels over of God wel echt is of over wat er in de bijbel precies wordt onderwezen. Nee, nu heb ik te maken met vervolging, leugens en vele andere gekke dingen. Als ik de dingen die ik nu meemaak zou hebben meegemaakt als jonge gelovige, dan had mijn geloof het niet overleefd. Ik zou niet staande hebben kunnen blijven tegen de vervolging en strijd, waar ik nu mee te maken heb. Daar denk ik vaak aan. Dit laat mij zien dat God alles onder controle heeft en ons niet meer geeft dan wij aankunnen. Als we geestelijk groeien in onze wandel met God, zal de strijd toenemen. Maar als het zover is, zullen wij ook sterker zijn en klaar om de strijd te overwinnen, en daarover heersen in overwinning, onze harten rein bewarend.

Als geestelijk gerijpte volwassene, kun je beginnen om je verantwoording te nemen in het bouwen van Gods koninkrijk en zul je vele ervaringen hebben, die je kunt delen met anderen. Ik zie mijzelf als een geestelijk gerijpte volwassene. Tot dusver heb ik een heftige reis gehad met God. Ik ben onderdeel geweest van vier groepen, die kerken hebben gesticht. Ik heb het voorrecht van God ontvangen om de geweldige beweging te starten, die we De Laatste Reformatie noemen. Ik heb op twintig verschillende plekken gewoond, heb met miljoenen mensen gesproken. Vele malen ben ik beproefd en getest. Ik heb veel gehuild, Ik heb veel gebeden Ik heb veel gevast. Ik heb al zoveel geweldige dingen met God meegemaakt. Maar ook na dit alles, zie ik mijzelf nog wel eens als een jongeling in het geloof, die nog zoveel moet leren. Misschien kijk ik over twintig jaar terug op mijn leven, en besef ik dat ik toentertijd inderdaad nog een jongeling was.

Iets wat ik nu weet, is dat dit leven een wandeling is. Het is een reis. Ik heb zoveel mensen gezien die hun reis goed zijn begonnen, maar ergens een verkeerde afslag hebben genomen. Ja ik heb mensen gezien die beginnen in de Geest, maar eindigen in het vlees. Dus we moeten in gedachten houden dat we ons vast moeten houden aan Jezus, en Hem niet moeten loslaten. We moeten waakzaam zijn, zoals de bijbel ons waarschuwt. Ik heb ook geleerd dat we elkaar nodig hebben. We moeten elkaar helpen op deze reis, en we moeten onze eerste liefde voor Jezus vasthouden. Dus laten we elkaar helpen en samenwerken, om zo te zien hoe Jezus Zijn Kerk bouwt! Laten we mensen opbouwen in Christus, het Hoofd van Zijn Gemeente. Laten we velen opnieuw geboren zien worden en hen helpen geestelijk te groeien, van baby's naar jonge mannen en vrouwen en vaders en moeders in het geloof, ongeacht waar je nu bent op je reis, of je nu een pasgeboren baby in Christus bent, of al vele jaren met God wandelt.

We kunnen allemaal van elkaar leren, en we hebben allemaal gemeenschap nodig. We hebben allemaal familie nodig, en mensen die van ons houden, en mensen waarmee we kunnen wandelen. Om zo'n familie te vinden, is voor velen een moeilijkheid. Het is zoveel meer dan een paar uur per week een kerk bezoeken. Het goede nieuws is dat de familie in 'de wereld' is. Jezus is druk bezig om Zijn Kerk te bouwen, en als je het in je handen krijgt, laat je het niet meer los. Later meer hierover.

# 24

## HOE WE OPGROEIEN

**Wanneer iemand echt opnieuw geboren is, zul je dit zien in zijn leven. Er zal vrucht te zien zijn dat aantoont dat ze een nieuwe schepping zijn. Als dat zo is, heeft diegene melk nodig, zodat hij kan groeien en rijpen. Echter, als er geen vrucht te zien is, en ze dus nog niet wedergeboren zijn, hebben ze geen melk nodig maar iets veel sterkers.**

In het vorige hoofdstuk hebben we gekeken naar de verschillende geestelijke levels waar mensen zich in bevinden en hoezeer ze nog moeten groeien. In dit hoofdstuk wil ik je meer praktische tips geven voor hoe je mensen kunt laten groeien in rijpe discipelen van Jezus. Als we reflecteren hoe de kerk nu is, moeten we toegeven dat we niet bepaald effectief zijn geweest in het opvoeden van sterke, rijpe, zelfstandige discipelen die vrucht dragen in hun dagelijks leven, het Woord van God lezen en luisteren naar de Heilige Geest. Ik kan niet zeggen dat dit voor elke kerk geldt. Echter, in het algemeen, heeft de kerk een 'zoekersvriendelijke' mentaliteit gecreëerd, waar mensen zondag aan zondag komen luisteren, zonder te groeien. Ja, mensen gaan nu online en zoeken de meest comfortabele kerk uit die het minst van hen vraagt. Ouders zoeken naar een kerk die de beste aanbidding en vermaak voor de kinderen heeft. Dat is belangrijker dan goed, bijbels onderbouwd onderwijs. Maar de waarheid is dat het niet gaat om het vinden van een kerk waar leuk vermaak is, en het gaat zelfs niet om het vinden van een kerk met goed, bijbels onderbouwd onderwijs. Het gaat erom dat we Jezus volgen. We zijn op aarde om Jezus te volgen.

Als ik naar de kerken kijk, ben ik verdrietig, omdat er zo weinig opgroeien en vrucht dragen in hun dagelijks leven. Veel mensen in de kerken blijven geestelijk onvolwassen voor de rest van hun leven. Ja, mensen kunnen hun kerken bezoeken en goed, bijbels onderwijs krijgen, en toch geestelijk onvolwassen zijn. Deze mensen hebben iemand nodig die hen gaat discipelen. Ze hebben iemand nodig die hen bij de hand neemt en hen toont hoe ze God kunnen dienen in hun dagelijks leven. Ze moeten leren dat Jezus ons geroepen heeft voor Zijn missie. Zijn opdracht is voor iedereen, ook vandaag de dag! Dat moeten de mensen leren inzien. Ze hoeven niet in de kerk te zitten, dromend van het moment dat Jezus hen zal gaan inzetten. Dat moeten de mensen in de kerken leren. Veel mensen in de kerk zouden zelf anderen moeten onderwijzen, in plaats van dat ze van anderen onderwijs krijgen. Dus laten we eerlijk zijn naar onszelf toe en toegeven dat we iets verkeerd gedaan hebben. We zijn er niet in geslaagd om sterke, rijpe, zelfstandige discipelen van Jezus Christus te genereren.

Een andere uitdaging in de kerk van vandaag, is dat er veel mensen in de kerk zitten, die nog niet wedergeboren zijn. Als we geloven dat iedereen die Jezus belijdt wedergeboren is, misleiden we hen en onszelf. Misschien belijden ze Jezus en gaan ze elke zondag naar de kerk, maar veel van deze mensen leven nog steeds in zonden. Ja, velen van hen zijn nog een slaaf van de zonde; daarom kunnen ze niet het leven, waartoe God hen geroepen heeft, leven. Voor sommigen die dit boek nu lezen, is wat ik nu zeg verrassend, maar in Hem geloven is wat anders als Jezus Heer en Heiland over je leven maken. Veel mensen horen vandaag een goedkope versie van het evangelie, een evangelie zonder bekering en de doop in water en met de Heilige Geest. Een evangelie zonder het jezelf verloochenen, je kruis op je nemen en Jezus volgen met je hele leven. Ik heb christenen gezien in hun bijbelstudiegroep en in hun kerken, die melk probeerden te geven aan mensen die nog niet wedergeboren zijn. Als iemand nog niet opnieuw geboren is, heeft het geen zin om diegene te voeden met melk, hoeveel tijd en energie ze ook in diegene investeren. We kunnen één van de tekenen vinden in 1 Johannes 3:6-10 waar staat

"Ieder die in Hem blijft, zondigt niet; ieder die zondigt, heeft Hem niet gezien en heeft Hem niet gekend. Lieve kinderen, laat niemand u misleiden. Wie de rechtvaardigheid doet, is rechtvaardig, zoals Hij rechtvaardig is. Wie de zonde doet, is uit de duivel; want de duivel zondigt vanaf het begin. Hiertoe is de Zoon van God geopenbaard, dat Hij de werken van de duivel verbreken zou. Ieder die uit God geboren is, doet de zonde niet, want Zijn zaad blijft in hem; en hij kan niet zondigen, omdat hij uit God geboren is. Hieraan zijn de kinderen van God en de kinderen van de duivel te herkennen. Ieder die de rechtvaardigheid niet doet, is niet uit God, evenmin als hij die zijn broeder niet liefheeft."

Laat je niet misleiden. Door de tekenen die genoemd worden in de bijbel, kunnen we weten wie een kind van God is en wie dat niet is. We moeten niet alleen Jezus belijden als onze Heer en Redder, we moeten ook het Woord van God horen en ernaar handelen. We moeten bouwen op Zijn Woord. Anders zal alles uit elkaar vallen.

Lukas 6:47-49 zegt "Ieder die naar Mij toe komt en Mijn woorden hoort en ze doet, Ik zal u laten zien aan wie hij gelijk is. Hij is gelijk aan een man die een huis bouwde: hij groef en diepte uit en legde het fundament op de rots. Toen de hoge vloed kwam, sloeg de waterstroom tegen dat huis aan en kon het niet doen wankelen, want het was op de rots gefundeerd. Maar wie ze gehoord en niet gedaan zal hebben, is gelijk aan een man die een huis bouwde op de aarde zonder fundament. Toen de waterstroom ertegenaan sloeg, stortte het meteen in, en de val van dat huis was groot."

Zoals ik al eerder heb gezegd, heb ik veel voorgangers en andere mensen met al hun kracht zien proberen, om mensen om hen heen te discipelen, zonder veel succes. Ik heb gezien hoe ze melk probeerden te geven aan deze mensen, maar het lijkt erop dat iets ontbreekt. Deze gelovigen worden nooit geestelijk volwassen. In plaats daarvan, gaan ze door met zondigen. Ze gaan door met waar zij zin in hebben, in plaats van te gaan doen wat Jezus hen heeft opgedragen te doen in Zijn Woord. Ze missen de wil, het verlangen en het vuur om iets te doen aan hun problemen en de zonden, die ze hebben in hun levens. Ze veranderen niet echt en groeien niet echt. Als jij dat ziet gebeuren met mensen om je heen, is de kans groot, dat de mensen die je probeert te discipelen nog niet opnieuw geboren zijn. Als dat het geval is, moet je niet doorgaan met discipelen, maar hen eerst helpen om opnieuw geboren te worden door het evangelie met hen te delen. Ga terug en leg eerst het fundament voor hen. Ga niet proberen om op Christus te bouwen als Christus nog niet in hun leven is. Je kunt niet iemand naar geestelijke volwassenheid discipelen, als diegene niet opnieuw geboren is. Je kunt geen melk geven aan iemand die dood is. Melk zal hem niet opwekken uit de dood. Ze hebben iets sterkers nodig. Ze hebben bloed nodig. Het bloed van Jezus Christus en ook de Heilige Geest, om echt te begrijpen wat het Koninkrijk van God inhoudt en te groeien. Iemand die dood is, heeft nieuw leven nodig.

Ze hebben het evangelie nodig; ze moeten tot leven gebracht worden door de kracht van God. Melk is voor mensen die levend zijn, pasgeboren zijn. Ze hebben melk nodig zodat ze kunnen groeien. Een geestelijke dode (iemand die nog slaaf is van de zonde en nog ver bij God vandaan is) heeft het evangelie nodig. Ze moeten het evangelie begrijpen zodat ze opnieuw geboren kunnen worden en levend worden in Christus. Ze moeten begrijpen wat het evangelie is. Ze moeten zich afkeren van hun zonden en gedoopt worden in water en met de Heilige Geest. Als de wet niet in hun nieuwe harten gegrift is, hun oude leven niet in het watergraf begraven is, en zonder de Heilige Geest en de kracht om het nieuwe leven te gaan leven, zullen ze nooit volledig Jezus kunnen gehoorzamen op de manier zoals God hen heeft opgedragen, ongeacht hoeveel we hen ook proberen te helpen. Religie kan dat niet doen, alleen Christus kan dat.

Ik heb er zoveel ontmoet, die jarenlang naar de kerk gingen en er zelfs dienstbaar waren, maar wanneer ze opnieuw geboren worden, ervaren ze een totaal ander leven. Het Woord gaat leven voor hen, plotseling begrijpen zij wat ze lezen. Ze hebben jaren uit de bijbel gepreekt, maar toch is het alsof het een nieuw boek is. Nu begrijpen ze het evangelie en zijn ze in staat om te gehoorzamen. En er is nu een honger in hen die er eerst niet was, een honger naar meer van God. Religie werd relatie.

Als een baby geboren is, verlangt het naar melk. Hij zal schreeuwen totdat iemand komt om hem te voeden met melk. Het is niet nodig om de baby te moeten dwingen om te eten, het verlangt er uit zichzelf naar. Zo niet, dan is er iets mis met de baby. Dan is de baby ziek. Op dezelfde manier werkt het voor een geestelijk pasgeboren baby. Ze zijn hongerig naar het Woord van God en verlangen naar meer, telkens weer. Hun geest schreeuwt daarnaar, en een veertig minuten durende preek op zondag is niet genoeg voor de nieuwbakken gelovige. Ik herinner mij dat ik, toen ik 24 jaar geleden in dat stadium zat, direct een verlangen naar meer van God had. Datzelfde verlangen heb ik in duizenden gelovigen over de hele wereld gezien.

1 Petrus 2:1-3 zegt "Leg dan af alle slechtheid, alle bedrog, huichelarij, afgunst en alle kwaadsprekerij. En verlang vurig, als pasgeboren kinderen, naar de zuivere melk van het Woord, opdat u daardoor mag opgroeien, indien u tenminste geproefd hebt dat de Heere goedertieren is"

Ik had een verlangen naar gemeenschap met God, naar het Woord van God en naar gemeenschap met mijn broers en zussen in Christus, en dat verlangen heb ik nog steeds. Iedereen die opnieuw geboren is, heeft deze verlangens.

1 Johannes 3:14 zegt "Wij weten dat wij zijn overgegaan uit de dood in het leven, omdat wij de broeders liefhebben; wie zijn broeder niet liefheeft, blijft in de dood."

Ik kon niet stoppen met mensen over Jezus te vertellen. Ik moest ze vertellen over mijn nieuwe, geweldige leven met Christus wat ik zojuist had ontvangen. Dat was voor mij heel natuurlijk, niemand hoefde mij daartoe te dwingen.

Handelingen 4:18-20 zegt "En na hen geroepen te hebben, gaven zij hun het bevel helemaal niet meer te spreken of te onderwijzen in de Naam van Jezus. Maar Petrus en Johannes antwoordden en zeiden tegen hen: Oordeel zelf of het juist is in Gods ogen, meer naar u te luisteren dan naar God. Want wij kunnen niet nalaten te spreken over wat wij gezien en gehoord hebben. "

Toen ik opnieuw geboren werd, kon ik niet doorgaan met zondigen. God had mijn stenen hart vervangen voor een nieuw hart, en Zijn wet daarin geschreven. In 1 Johannes 2:15-17 staat "Heb de wereld niet lief en ook niet wat in de wereld is. Als iemand de wereld liefheeft, is de liefde van de Vader niet in hem. Want al wat in de wereld is: de begeerte van het vlees, de begeerte van de ogen en de hoogmoed van het leven, is niet uit de Vader, maar is uit de wereld. En de wereld gaat voorbij met haar begeerte; maar wie de wil van God doet, blijft tot in eeuwigheid."

2 Timotheüs 1:9 zegt "Hij heeft ons zalig gemaakt en geroepen met een heilige roeping, niet overeenkomstig onze werken, maar overeenkomstig Zijn eigen voornemen en genade, die ons gegeven is in Christus Jezus vóór de tijden der eeuwen"

Deze dingen, zijn samen met andere dingen, vrucht van het nieuwgeboren zijn. Hier moeten we naar kijken wanneer we mensen discipelen. Als deze dingen niet aanwezig zijn, is de kans groot dat iemand nog niet is wedergeboren, en dan heeft hij het evangelie nodig. Ze moeten het evangelie horen, zich bekeren, gedoopt worden in water en met de Heilige Geest. Het kan ook zijn dat je iemand ontmoet die wedergeboren is, en dit nieuwe leven heeft meegemaakt, maar zijn eerste liefde voor Christus is verloren. Wanneer dat zo is, moet je diegene helpen om zijn liefde voor Christus weer terug te krijgen, voordat God komt en hun lampenstandaard verwijdert. Dit moeten we doen voordat we ze echt zullen kunnen zien groeien. In Openbaring 2:4-5 staat "Maar Ik heb tegen u dat u uw eerste liefde hebt verlaten. Bedenk dan van welke hoogte u bent gevallen en bekeer u en doe de eerste werken. Maar zo niet, dan kom Ik spoedig bij u en zal uw kandelaar van zijn plaats wegnemen, als u zich niet bekeert."

> **We moeten beter worden in het mensen helpen om opnieuw geboren te worden. We moeten ook beter worden in het helpen van mensen om hun eerste liefde voor Christus weer terug te krijgen. Dat is waar alles begint. Nadat ze opnieuw geboren zijn of terugkeren naar hun eerste liefde voor Christus, kunnen we verder gaan met hen discipelen en hen zien groeien.**

Als iemand niet wedergeboren is, en geen verlangen heeft naar het Woord van God, heeft het geen zin om iemand melk op te dringen. Als mensen God niet zoeken en geen honger hebben naar Zijn Woord, kun je ze wel melk geven maar ze zullen er niet van groeien. Groei komt van binnenuit. Hetzelfde principe geldt voor het discipelen; als er bij mensen geen innerlijk verlangen is om gemeenschap te hebben met hun broers en zussen in Christus, kunnen we ze niet daartoe dwingen. Ook dit verlangen moet van binnenuit komen, en dan pas kunnen we ze discipelen. We kunnen dat verlangen niet aan hen geven. Je kunt wel proberen om in contact te blijven met hen, en hen aanmoedigen om een heilig leven te leiden, en Gods Woord te gehoorzamen, maar als zij dat verlangen niet in zich hebben, lukt het niet.

Als een boom sinaasappels produceert, en je wilt dat deze boom in plaats daarvan appels gaat produceren, heeft het geen zin om alle sinaasappels van de boom te plukken, en de boom te vertellen dat ie appels moet gaan produceren. Nee, de boom zal doorgaan met het produceren van sinaasappels, ongeacht wat je tegen hem zegt, want het is een sinaasappelboom. De vrucht is niet het probleem in deze situatie. De vrucht toont slechts wat voor soort boom het is.

Zo werkt het ook bij mensen. We kunnen niet tegen mensen zeggen dat ze hard hun best moeten doen, om een ander soort vrucht te produceren. De oplossing is om hen te helpen het evangelie te begrijpen en het te ontvangen, zodat ze opnieuw geboren worden en een nieuwe schepping worden. Het kan ook zijn dat ze al opnieuw geboren zijn, maar hun eerste liefde voor Jezus zijn kwijtgeraakt. Als mensen geen verlangen hebben om het evangelie te horen en zich te bekeren, of niet willen dat Jezus weer hun eerste liefde wordt, schud dan het stof van je voeten en ga dan verder. Dan is het tijd dat je jouw tijd investeert in mensen die veel vrucht willen dragen. Ik weet dat het hard kan klinken, maar ik zeg het om jou en degenen die je ontmoet, te helpen, zodat je niet heel veel tijd stopt in mensen die geen vrucht willen dragen. Het is belangrijk dat je ze geen vals idee geeft dat ze in Christus zijn, als dat niet zo is, want dan misleid je ze. Wees duidelijk, zodat mensen weten dat ze zich kunnen bekeren, en God echt zullen vinden, tenzij ze dat zelf niet willen.

Ik was achttien jaar oud toen ik mijn leven aan Jezus gaf. Ik was de eerste in mijn familie die dat deed. Ja, mijn familie en ik waren gedoopt in de Deense Lutherse Kerk, en later bevestigd, maar het was slechts een traditie voor ons. Niemand van ons kende de bijbel inhoudelijk, of begreep het evangelie. Niemand van ons wist iets over de doop door onderdompeling of de doop met de Heilige Geest. Ik wist zelfs niet eens dat er een oud en nieuw testament was, en dat er ook nog andere denominaties bestonden naast de Lutherse kerk. Toen ik God begon te zoeken, verlangde ik naar iets wat groter was dan ikzelf. Kort nadat ik voor het eerst van een vriend het evangelie had gehoord, was ik bereid mijn leven aan God te geven. Op 5 april 1995 werd ik gedoopt met de Heilige Geest en het was een avond die ik nooit zal vergeten. Later werd ik ook gedoopt in water, maar daarna verstreek er wel wat tijd, voordat ik echt de vrijheid begon te ervaren, en volledig begreep wat de doop in water inhoudt. Vanaf de dag dat ik mij afkeerde van mijn huidige leven en mijn zonden heb beleden, en mijn leven aan Jezus heb gegeven, had ik een verlangen naar meer. Mijn leven was veranderd. Ik was nog niet helemaal vrij, maar vanaf die dag, begon ik een nieuwe en geweldige reis met Gods Geest in mij, verlangend naar de zuivere melk van het Woord van God. Er gingen niet veel dagen voorbij, voordat ik mijn eerste bijbel kocht en begon te lezen. Ik was geen grote lezer. Ik had eigenlijk nooit goed geleerd te lezen. Ik denk dat ik voorheen nog nooit een heel boek had gelezen. Maar nu had ik het verlangen om de bijbel te lezen, en erachter te komen wie God was. En God hielp mij bij het lezen. Ik werd er steeds beter in. Nu is lezen makkelijk voor mij. Mijn verlangen om meer te leren over God was zo groot, dat ik niet genoeg had aan de 40 minuten durende dienst op zondag. Ik had meer nodig, en nu heb ik nog steeds dezelfde honger naar meer van God, net als de andere wedergeboren gelovigen.

Omdat ik de eerste wederom geboren gelovige in mijn familie was, voelde ik mij eenzaam. Ik had zo'n groot verlangen om samen te zijn met mijn medebroeders en zussen in Christus. Maar ik had niemand om mij heen die geloofde wat ik geloofde, geen collega's en zelfs geen vrienden. Zij waren allemaal geestelijk blind, dus in hun ogen was ik een rare kerel, die gehersenspoeld was. Zij begrepen niet wat er met mij gebeurd was, en het was zo moeilijk, om met hen te delen wat ik geloofde. Daarom werd het mijn gewoonte om meer tijd door te brengen met mijn nieuwe geestelijke familie, zij die mij begrepen en naar de wereld keken op dezelfde manier als ik. Ik was eigenlijk closer met hen dan met mijn biologische familie. God gaf mij mensen in mijn leven, die mijn geestelijke ouders werden. Zij betekenden veel voor mij, en waren er voor mij in het begin. Deze mensen waren geen voorgangers of leiders. Ze waren niet beroemd of sprekers in de kerk, maar het waren volwassen christenen die een krachtige relatie met Jezus hadden. God heeft hen gebruikt om in mijn leven een fundament te leggen.

Eén van hen, die ik echt zie als een geestelijke vader van mij, is mijn schoonvader Eigil. Toen ik mijn vrouw Lene ontmoette, begon ik een zeer hechte relatie op te bouwen met haar ouders. Zij werden tot enorme steun in mijn leven. Mijn schoonvader was degene die mij melk gaf, en mij hielp het Woord van God te begrijpen. Hij was degene die God gebruikte om een fundament in mijn leven te leggen, een fundament waarop ik nog steeds bouw. Eigil onderwees mij niet op de traditionele manier; we hebben niet één keer een ontmoeting gepland om het over een bepaald onderwerp te hebben, terwijl we een bijbel in de ene hand en een pen in de andere hand hadden. Ook al is dat niet verkeerd, het gebeurde bij ons altijd op een hele natuurlijke manier. Als ik bij Lene en haar ouders was, eindigde we vaak op de bank met de bijbels op schoot en ik die honderden vragen stelde, over wat ik in de afgelopen week had gelezen in de bijbel en over Eigil's ervaringen met God. Daar op de bank, ontving ik melk. Op die bank werd het fundament in mijn geestelijk leven gelegd. Dit heeft zo een paar jaar geduurd, totdat ik geestelijk opgegroeid was en de Schriften begon te kennen, bijna net zo goed als mijn schoonvader, Eigil. Ik bereikte het stadium waar ik niet langer een baby was, maar een gerijpte discipel van Jezus.

Ik geloof echt dat onderwijs op een spontane manier zou moeten gaan, net als in een gewone familie. Ook al ben ik wel naar samenkomsten en conferenties geweest, en heb ik daar ook veel geleerd, het was niet hetzelfde als toen ik leerde over God, terwijl ik op de bank zat met Eigil en zijn vrouw Vera. Aan hen kon ik de vragen die in mijn hart leefden, stellen. Met hen kon ik de antwoorden vinden op de zaken waar ik mee worstelde. We hadden geen onderwerp waar we het over moesten hebben, maar we bespraken wat er in mijn leven gebeurde, en over waar de Heilige Geest op wees. Deze tijd met hen was zoveel persoonlijker, en het raakte mij zoveel dieper, dan wat dan ook, dan alles dat ik ervaren heb in de kerk.

Als we naar de kerk van nu kijken, is het duidelijk dat we een reformatie nodig hebben. De kerk moet weer gaan lijken op een familie en niet, zoals nu het geval is op vele plaatsen, op een instituut. De meeste (niet alle) kerken zijn instituten geworden, waar een paar leiders over vele mensen gesteld zijn. In een familie heb je twee ouders en een paar kinderen. Veel mensen zijn opgegroeid zonder geestelijke ouders om hen te helpen, lief te hebben en over hen te waken. Nu zijn er veel geestelijk 'verlamde' kinderen, en ze hebben jouw hulp nodig. Ik wil tegen je zeggen dat als jij zo opgegroeid bent, zonder goede voorbeelden en zonder mensen die jou konden geven wat jij nodig had, God is genoeg voor jou. Hij kan jou alles geven wat je nodig hebt, en jou zo veranderen, dat jij nu anderen kunt helpen en steunen en aan hen kunt geven wat jij gemist hebt.

Als ik denk aan mijn eigen reis met God, kan ik wel zeggen dat het moeilijk was om op te groeien. Want ook al waren er veel goede ervaringen, er waren ook een paar hele slechte ervaringen. God heeft mij alles gegeven wat ik niet had. Nu kan ik een goede geestelijke vader voor iemand zijn en aan hen alles geven wat ik zelf niet had. En zo is het ook voor mijn lichamelijke reis. Ook daarin heb ik een aantal nare ervaringen gehad, maar dat hoeft mijn eigen familie niet te beïnvloeden. God kan ons zo veranderen dat we een volgende generatie kunnen geven, wat we zelf niet hebben gekregen. Als je een moeilijke kindertijd hebt gehad, een fysieke of geestelijke familie ontbreekt, betekent dat niet dat God dat niet kan veranderen, en jou kan inzetten om anderen te helpen.

De mensen om je heen die hulp nodig hebben, hebben geen theologen en grote theologische discussies nodig. Ze hebben geestelijke ouders nodig, die van hen houden en die geduldig zijn met hen. Ze hebben iemand nodig die tijd voor hen heeft en met hen optrekt, en hen thuis uitnodigt. Ze hebben iemand nodig die hun vragen kan beantwoorden, hen richting geeft en hen door de uitdagingen van het dagelijks leven heen leidt. Ze hebben mensen nodig die een rolmodel voor hen kan zijn, niet alleen in het geestelijke leven maar ook als het gaat om hoe je een vader of moeder kunt zijn, of hoe ze hun baan kunnen behouden en hun huishouden goed kunnen laten draaien. Kortom, hoe ze in dit leven kunnen leven als christen en Jezus kunnen dienen. Dus als je een geestelijk opnieuw geboren baby of een geestelijk onvolwassen persoon ontmoet, wees er dan voor hen. Je hoeft daarvoor geen predikant of voorganger te zijn. Wees er gewoon voor hen, deel je leven en kennis/ervaring met hen, en help hen zo om Jezus te volgen. Help hen om het Woord van God te lezen en te begrijpen, en hoe ze wat ze lezen, in de praktijk kunnen brengen. Als je anderen helpt te groeien, zul je zelf ook groeien. Anderen helpen, geeft je voldoening, vreugde en een levensdoel. Dus vraag God voor wie jij er mag zijn, wie jij mag helpen. Vraag Hem om iemand in je leven te sturen die je kunt discipelen.

Mijn schoonvader en ik kwamen niet uit dezelfde kerk, maar dat was geen probleem voor ons, noch voor God. Het was glashelder dat God ons had samengebracht. Kort nadat ik Lene en haar ouders had leren kennen, gingen we samen naar een christelijke bijeenkomst. Een man die erg profetisch was, sprak tijdens deze bijeenkomst. Ik zou hem misschien wel profeet kunnen noemen. Hij riep mijn schoonvader naar voren en profeteerde over hem. Hij zei: 'Jij hebt een zoon." Eigil antwoordde; "Nee, ik heb drie dochters". Dit herhaalde zich nog eens. Maar de man bleef volhouden en zei voor de derde keer tegen Eigil: "Jij hebt een zoon. Hij is een zoon voor jou. God zal hem gebruiken, en jouw taak is, om er voor hem te zijn *als een vader"* Wow, wat een krachtig woord. Ik stond achterin de zaal en had alles gehoord. Toen Eigil en ik dit hoorden, wisten we beiden wie de 'zoon' was. Dat was ik. Dus Eigil knikte en zei "Ja, ik heb een zoon". En sindsdien is Eigil er voor mij geweest, en God heeft zijn zoon gebruikt, zoals de profetie luidde. Dus het was glashelder dat God Eigil een geestelijke zoon had gegeven, mij. En hij was echt als een vader voor mij. De mensen kennen Eigil niet, maar in de hemel zal hij zijn beloning ontvangen. Hij is trouw geweest, voor mij en mijn familie. Hij en zijn vrouw zijn een grote zegen geweest voor ons.

Ik heb vele leiders ontmoet in mijn leven, leiders die, jammer genoeg, mij vaak wilden gebruiken om zichzelf te verhogen, of om succesvol te worden in hun eigen bediening. Ik heb leiders ontmoet die niet veel tijd hadden om er voor mij te zijn. Maar een vader verschilt van een leider. Een vader is niet uit op zijn eigen gewin; de reden waarom een vader er voor je is, is omdat hij zijn kinderen wil zien slagen. Paulus was als een vader voor verschillende mensen.

1 Korinthe 4:14-16 zegt "Ik schrijf deze dingen niet om u te beschamen, maar als mijn geliefde kinderen wijs ik u terecht. Want al had u tienduizend leermeesters in Christus, daarmee hebt u nog niet vele vaders: in Christus Jezus heb ík u immers door het Evangelie verwekt. Ik roep u er dus toe op: word mijn navolgers."

Vaders zijn er ook niet bang voor dat hun zoons en dochters groter of bekender worden dan zijzelf zijn geworden. Een vader ziet zijn kinderen niet als een bedreiging. Ik heb echter vaak meegemaakt dat leiders dat wel doen. Ik heb vaak gezien hoe leiders hen, die zij hadden begeleid, als een bedreiging gingen zien, omdat zij bekender werden dan zijzelf, en uiteindelijk werden deze leiders vijanden van hun pupillen. Dit noem ik het 'David en Saul syndroom'. Zodra David succes had, veranderde Saul zijn kijk op hem, en uiteindelijk probeerde hij David te doden. Maar Eigil was nooit zo. En nu heb ik het voorrecht om er voor anderen te zijn, zoals hij er voor mij was. Natuurlijk kan ik er niet voor elke persoon zijn die ik ontmoet. Het is goed om je niet op heel veel mensen te richten, alleen op hen die God op je hart legt. Als je, zoals ik, een reizende predikant bent, of een groot netwerk hebt en spreekt voor honderdduizenden mensen over de hele wereld, kun je niet de verantwoording nemen voor de groei van iedereen die je kent, of die je tot Christus hebt geleid of hebt gedoopt. Dat is onmogelijk. Op dezelfde manier dat God mij in contact heeft gebracht met Eigil, zal God ook mensen op jouw pad brengen. Het is belangrijk dat we dit principe goed begrijpen, want momenteel hebben velen een verkeerd beeld hiervan. Sommigen van jullie denken, dat mensen die anderen discipelen, fulltime in de bediening moeten zijn, maar dat is niet waar. Zij die fulltime in de bediening zijn – ik heb het nu over het algemene beeld wat er is aangaande fulltime bediening, want elke gelovige is fulltime in de bediening, of ze nu een normale baan hebben of niet- kunnen ook maar een paar mensen discipelen. Als we allemaal helpen, kunnen we dit goed aan. Mijn schoonvader was een boer, geen bevestigde voorganger die de wereld rondreisde, en voor grote menigten sprak, maar hij had vele jaren al met God gewandeld, en kende God uit eigen ervaring. Hij kende echt het Woord van God. Hij was niet bekend in Denemarken, en je zult niets over hem lezen in christelijke kranten. Maar in de hemel kennen ze hem. Ik geloof dat, vanwege de vrucht die ik in mijn bediening zie.

---

**De zwakste persoon die jij kent, kan de krachtigste evangelist worden, of in andere woorden, de wereld veranderen. Alleen God weet het. Jouw taak is, om er gewoon voor diegene te zijn, die God op je hart legt.**

---

Als je dit boek leest, en nog nieuw in het geloof bent, wil ik je bemoedigen om niet te wachten tot een 'superheld', of een grote, beroemde predikant jou ziet en voor jou gaat zorgen, want de kans dat dit niet gebeurt, is groot. Kijk in plaats daarvan naar de mensen die al in jouw leven zijn. Misschien kennen anderen hen niet, maar als zij al jaren met God hebben gewandeld, dan hebben ze jou veel te bieden. Dus breng tijd met hen door, en laat hen je helpen om een goed fundament te leggen in jouw leven. Ook al kan het zijn dat, wanneer je geestelijk opgegroeid bent, meer ervaart dan zij hebben ervaren, nu heb je hun hulp nog nodig. Je hoeft niet je hele leven bij dezelfde persoon te zijn. God heeft verschillende mensen in mijn leven gebruikt op verschillende momenten, om mij verschillende dingen te geven en te leren. Dus vraag God om jou te leiden naar de persoon die jou tot een steun kan zijn, en die jou wil helpen om een goed fundament in je leven te leggen.

Aan jullie die volwassen discipelen zijn, zorg voor hen die God in je leven brengt, ook als het maar voor een korte tijd is. Houd in gedachten dat je de Heilige Geest toestaat om in hun leven te werken en hen te leiden. Wees er voor hen, maar neem niet de taak van de Heilige Geest over. En houd ook in gedachten, dat hun echte Vader in de hemel woont. Wees niet snel in het aanwijzen van de dingen die zij in hun leven moeten veranderen; help hen in plaats daarvan door hen steeds weer op Jezus te wijzen. Help hen om tijd met Hem door te brengen in gebed. Help hen om te vasten. Help hen in het leren verstaan van de stem van de Heilige Geest, en laat de Heilige Geest dan aan hen tonen wat zij moeten veranderen.

Toen ik voor het eerst naar God toeging, waren er vele dingen die in mijn leven die ik moest veranderen, maar de Heilige Geest pakte dit één voor één aan. Ik herinner mij hoe de Heilige Geest tegen mij sprak over de niet-christelijke muziek waar ik destijds naar luisterde. Ik ervoer in mijn geest dat het niet goed was, dat ik naar deze muziek luisterde. Dus op een avond, nam ik al mijn muziek, brak al mijn cd's doormidden en gooide ze allemaal weg. Het was een geweldige en bevrijdende avond die ik nooit zal vergeten. Ik ben zo dankbaar dat ik van al mijn muziek af ben, omdat de Heilige Geest tot mij had gesproken hierover, en dat anderen mij dit niet verteld hadden. Soms kunnen we te snel proberen om de rol van de Heilige Geest over te nemen, of we zijn te religieus en te veeleisend naar andere mensen toe. Het is belangrijk dat je de Heilige Geest tijd en ruimte geeft om te werken in hun leven, en hun harten te veranderen.

Ik herinner mij dat ik eens mensen tot Jezus had geleid in een stadje, verder bij mijn woonplaats vandaan. Het was zo'n klein stadje dat er geen kerk was; wel was er een huisgemeente. Deze huisgemeente behoorde tot een Pinkstergemeente in een nabijgelegen stad, zo'n dertig minuten verderop. Dus zocht ik contact met deze huisgemeente, en ik probeerde hen te koppelen aan de mensen die ik tot Jezus had geleid. We besloten om elkaar te ontmoeten, maar toen ik daar aankwam dacht ik: "O nee, wat doe ik hier?" Er waren zes mensen in de bewuste huisgemeente, maar toen ik hen ontmoette, zag ik dat zij in drie verschillende plaatsen waren in hun leven. Het was alsof ik hen in drie groepen van twee kon opdelen. Twee van hen waren liefdevolle christenen die vol vuur waren voor Jezus. Ik kon zien dat zij echt van Jezus hielden, nieuwe gelovigen meteen verwelkomden, en goed voor hen wilden zorgen. Het andere tweetal was niet goed noch slecht; zij hadden Jezus lief en waren ook in staat om nieuwe gelovigen iets te geven, maar zij leken een gebrek aan vuur van God te hebben. Het laatste tweetal zag ik als puur vergif voor de nieuwe gelovigen. Het was een ouder, religieus echtpaar, die erg veroordelend waren en geen tekenen van echt leven vertoonden. Op een gegeven moment zei de man van het echtpaar: "Ik ben al 42 jaar christen en heb nog geen zondagse dienst gemist. Je kunt geen christen zijn als je niet elke zondag de dienst bezoekt." Uit de manier waarop hij dit zei, kon ik opmaken dat hij geestelijk dood was. Hij had geen idee hoe hij voor nieuwe gelovigen moest zorgen. Dit echtpaar zou een nieuwe gelovige direct verstikken als zij die zouden ontmoeten. Wat moet je in een dergelijke situatie doen? Ik wilde dat de nieuwe gelovigen twee van dit groepje zouden ontmoeten, maar zeker niet het echtpaar.

Sindsdien nodig ik nieuwe gelovigen niet meer zomaar uit voor een dienst. Ik heb geleerd dat ik moet proberen om eerst goede, sterke, volwassen en liefhebbende mensen, die in vuur en vlam staan voor Jezus, te vinden, waar ik hen mee kan verbinden. Mensen hoeven niet naar een kerk te gaan, waar jij niet weet wie ze zullen ontmoeten en waar ze contact mee zullen krijgen. Ze moeten verbonden worden aan de juiste mensen.

Ik heb steeds weer opnieuw gezien hoe God zorg draagt voor nieuwe gelovigen, en hoe Hij hen leidt naar de juiste mensen op de juiste tijd, dus bid voor hen en help hen waar je kunt. Ik geloof niet dat er één model is wat voor iedereen werkt. Ik zal niet zeggen dat je persoonlijk zorg moet dragen voor iedereen die je naar Jezus leidt, want in sommige gevallen zul je voor hen zorgen, en andere keren zul je hen in contact brengen met andere gelovigen. Bijvoorbeeld: Wanneer een jongeman een ouder, meer volwassen, echtpaar met drie kinderen tot Christus leidt, is het voor de jongeman makkelijker om dit gezin in contact te brengen met een andere volwassen gelovige, die het stokje van hem overneemt. Maar nogmaals, God regeert. Geef mensen wat jij kunt geven. Wees verantwoordelijk voor wat God jou heeft toevertrouwd, luister naar de Heilige Geest en draag zorg voor de mensen die je tot Jezus hebt geleid of breng hen in contact met andere gelovigen.

We kunnen ook wat betreft het aantal geestelijke ouders zeggen, dat de oogst groot is maar de arbeiders weinig. We hebben meer geestelijke ouders nodig. We hebben vaders en moeders in het geloof nodig die God kennen. We hebben hen nodig om de volgende generatie gelovigen op te voeden. Dus laten we een nieuwe beweging starten, waar we er voor elkaar zijn. Wees ouders voor de nieuwe gelovigen. Nodig hen uit bij jou thuis en laat hen weten dat je er voor hen bent. Maar houd ook in gedachten dat er een moment komt dat je ze weer los moet laten. Ze zijn kinderen van God, niet van jou. Je mag ze helpen groeien in het geloof, maar dan moet je ze weer loslaten. Je moet hen leren om minder afhankelijk te zijn van jou en afhankelijker van God. De reden waarom ik dit zeg, is omdat mensen hun taak als geestelijke ouders misbruiken en proberen, om over andere mensen te heersen. Dat is niet de bedoeling.

Laten we een nieuwe beweging starten. Help om de volgenden generatie op te voeden, zodat we meer geestelijke ouders genereren voor de toekomst, die op hun beurt weer kunnen zorgen voor de nieuwe generatie gelovigen.

# 25

## BESTE VOORGANGERS EN LEIDERS

> God wil leiders op doen staan die Zijn kinderen kunnen leiden. Hij wil leiders op doen staan die andere gelovigen tot voorbeeld kunnen zijn. Hij wil leiderschap die Zijn volgelingen alles zal onderwijzen wat Jezus aan hen (de gelovigen) heeft opgedragen.

Ik wil graag dit hele hoofdstuk toewijden aan de voorgangers en leiders in de kerk. Als jij dat bent, wil ik je vertellen dat we je nodig hebben, om het lichaam van Christus te helpen uitstappen in gehoorzaamheid in de opdracht die Jezus heeft gegeven. Als leiders van de kerk is het onze verantwoordelijkheid om de gelovigen alles te onderwijzen wat Jezus heeft opgedragen aan Zijn volgelingen, precies zoals Hij heeft gezegd in de zgn. Grote Opdracht die we kunnen lezen in Mattheüs 28: 18-20. Een ware leider is niet iemand die anderen alleen maar vanaf de kansel onderwijst, maar iemand die andere gelovigen ook voorleeft hoe ze deze opdracht moeten gehoorzamen.

Ik wil jullie eraan herinneren, dat de leden van je kerk geen eigendom zijn van de voorgangers en leiders van een kerk. Zij behoren Jezus Christus toe. We moeten altijd onthouden, dat we hier niet zijn om onze eigen kerk of beweging te bouwen. We zijn hier als dienaren en discipelen van Jezus Christus om Zijn Koninkrijk te bouwen. De mensen die God aan ons heeft toevertrouwd, zijn waarschijnlijk voor een korte tijd bij ons. Onze taak is om hen te helpen groeien in volwassen volgelingen, die steeds minder afhankelijk van ons zullen zijn en meer afhankelijk van God. Uiteindelijk zullen de mensen die we onderwijzen, volwassen geworden, ons 'verlaten' om een eigen geestelijke familie te starten. Het is belangrijk dat we niet bang zijn om hen de vrijheid te geven die ze nodig hebben om te groeien, fouten te maken en te leren om afhankelijk te zijn van God. Ik zeg dit omdat ik, helaas, veel leiders in de kerk heb gezien die zoveel controle uitoefenen, dat zij kapot gemaakt hebben wat God van plan was. Ik heb leiders en voorgangers zien bidden voor een opwekking, en toen God hun gebeden beantwoordde, en mensen het leven begonnen te leven zoals Jezus hen heeft opgedragen, eisten deze leiders de controle en daardoor saboteerden zij Gods werk.

Ik weet dat wat ik in dit boek deel, voor sommigen van jullie, niet makkelijk is om te horen. Ik weet dat wat ik deel voor velen ingaat tegen hetgeen ze hun hele leven hebben gehoord. En ik weet ook dat het heel moeilijk kan zijn om te leren om de controle over te geven aan God. Voordat God mij gebruikte om 'De Laatste Reformatie' op te zetten, was ik twaalf jaar lang betrokken bij het planten van kerken, in drie verschillende steden. Dus ik weet hoe moeilijk het is om een nieuwe kerk op te starten. En ik weet ook hoe moeilijk het is, om een voorganger en leider te zijn in een reeds bestaande kerk met vele tradities. Ik weet ook hoe makkelijk je in de valkuil om alles te willen controleren kunt trappen, wanneer er dingen beginnen te gebeuren waar je geen controle over hebt. Ik weet alles over de angsten en onzekerheden die om de hoek komen kijken als je voorganger of leider van een kerk bent. Ik ben mij ervan bewust dat het moeilijk kan zijn om te lezen wat ik hier in dit boek deel. Je kunt jezelf afvragen hoe de mensen in jouw kerkleiderschap deze boodschap zullen ontvangen. Je kunt jezelf afvragen of veel mensen de kerk zullen verlaten als je de opdracht van Jezus in je kerk zou gaan onderwijzen in woorden en daden. Je kunt jezelf ook afvragen of het mogelijk is om iets wat je uit dit boek hebt geleerd, te gebruiken maar verder de kerk te laten zijn zoals het was. Er zijn vele dingen om over na te denken en te overwegen. Ik had soortgelijke vragen toen ik begon aan deze reis.

Ik herinner mij hoe ik vocht met deze vragen. Ik wist dat er meer was in het God dienen, en dat wat ik hier vertel de waarheid was, maar ik was bang, omdat ik niet wist wat er zou gebeuren als ik ervoor zou kiezen om de opdracht van Jezus te gaan doen. Terwijl ik met dit alles worstelde, zond God een man uit een ander land naar mij toe om mij te bezoeken, en hij stelde mij een paar vragen die mijn leven voorgoed veranderd hebben. Zijn vragen zetten mij aan het denken en hebben mij geholpen om de juiste beslissingen te nemen. Hij vroeg: "Torben, wat wil je in dit leven? Wil jij een kerk met duizend mensen of wil je duizend kerken met tien mensen erin? Toen vroeg hij aan mij: " Torben, wat wil jij? Wil je een kerk met duizend mensen of wil je een beweging zien die de wereld zal veranderen?" Deze vragen zetten mij echt aan het denken, en nadat ik er een tijdje over na had gedacht, heb ik een besluit genomen over wat ik wilde. Ik heb toen besloten, dat ik bereid was om de prijs te betalen en Jezus te volgen in Zijn opdracht, en een beweging te zien die de wereld zou veranderen. Dit was de start van een nieuw begin voor mij en mijn gezin. We stopten om dingen op onze manier te doen en gingen ze op Gods manier doen. Sinds we 'ja' gezegd hebben op het doen van Jezus' opdracht, is het een geweldige reis geweest. Zeven a acht jaar later, hebben we duizenden mensenlevens zien veranderen, en zijn er vele nieuwe gemeenten ontstaan. Dit is Gods' beweging, niet die van ons. Het is Zijn

Koninkrijk, waar Hij ons bij gebruikt in het bouwen, en Hij zoekt mensen die bereid zijn om de prijs te betalen die het kost om Hem te volgen. Ik weet niet precies hoeveel mensenlevens er zijn veranderd, maar ik weet dat het er velen zijn, en dat het pas het begin is.

Nu wil ik aan jou de vragen stellen, die de man destijds aan mij vroeg. Wat wil jij van het leven? Wil je een kerk met duizend mensen of wil je duizend kerken met in elk tien mensen? Wil je een kerk met duizend mensen of wil je een beweging zien die de wereld verandert? De beslissing is aan jou. Als je besluit 'ja' te zeggen op de opdracht van Jezus, en je betaalt de prijs daarvoor, dan garandeer ik je, dat het niet makkelijk zal zijn, maar het zal geweldig zijn en je zult veel vrucht zien.

Als ik terugkijk op mijn leven, kan ik zeggen, dat het enige waar ik spijt van heb is, dat ik niet eerder besloten heb om Hem te volgen. Er is niets wat meer voldoening geeft dan doen waartoe Jezus ons geroepen heeft en Hem Zijn Kerk te zien bouwen. Het is niet makkelijk geweest en het zal ook voor jou niet makkelijk zijn. Je zult tegenstand ondervinden, en sommigen zullen misschien zelfs de kerk verlaten. Of het zou zelfs kunnen dat de kerk je ontslaat. Niet iedereen in jouw kerk zal dit willen. Veel mensen zijn er niet klaar voor om zichzelf te verloochenen en bereid zijn de prijs te betalen om Jezus te volgen. Niet alle mensen in je kerk zullen die prijs willen betalen. Sommigen willen alleen maar zondag aan zondag in de kerk zitten, zonder een vinger op te tillen. Als je de opdracht van Jezus accepteert en begint om de kerk te hervormen, zal dit voor sommige mensen te veel zijn en sommigen zullen waarschijnlijk weggaan. Maar wees niet bang. God heeft nog steeds alles onder controle. Hij zal voor Zijn Koninkrijk zorgen, zoals Handelingen 2:47 zegt: "En de Heere voegde dagelijks mensen die zalig werden, aan de gemeente toe." Je focus moet slechts gericht zijn op Gods wil, en je zult zien waartoe God allemaal in staat is.

Als je begint om mensen te discipelen en hen die om je heen zijn gaat trainen, zul je verrast zijn over waar God allemaal toe in staat is. Je zult mensen tot Christus zien komen, en je zult verbaasd zijn dat er mensen uit jouw kerk zijn, die overal moedig het evangelie met andere mensen gaan delen. Mijn hoop voor jullie, als voorgangers en leiders, is dat jullie zullen beslissen dat jullie de prijs willen betalen om Hem te volgen, hoe dan ook. En wanneer mensen in jouw kerk of gemeenschap zien dat jij deze beslissing hebt gemaakt, zal dat hen helpen om de opdracht van Jezus te ontvangen.

Ik wil je zeggen dat we er zijn om je te helpen. We hebben verschillende hulpmiddelen beschikbaar voor jou. We hebben onderwijs en zoveel meer wat we je kunnen sturen. Je kunt hier meer over lezen op onze website: www. TheLastReformation.com (In Nederland: www.reformatie.nu) We hebben ook een aantal films beschikbaar op: www.TLRmovie.com

Dit alles stellen we beschikbaar om je te helpen, om te gaan wandelen in het geweldige leven wat God heeft bereid voor jou, en om je te helpen in het (be)dienen van de mensen om jou heen. Laten we het koninkrijk van God zien groeien, en laten we onze eigen plannen loslaten voor iets veel groters: Het dienen van onze Heer Jezus Christus en doen wat Hij ons heeft opgedragen.

Niet zo lang geleden, had ik een ontmoeting met een kleine kerk van zo'n vijftig mensen in Florida, die er klaar voor waren om gehoor te geven aan de opdracht van Jezus. Mijn familie en ik hebben deze mensen enkele keren ontmoet, en we deelden met hen iets van wat ik ook in dit boek heb geschreven. Daarna zijn we met deze groep mensen de straat opgegaan om te bidden voor mensen, en aan hen te laten zien hoe je bidt voor de zieken en hoe je het evangelie met anderen kunt delen. Daarna hebben we een groepsapp gemaakt op

Whatsapp, zodat we elkaar kunnen bemoedigen door getuigenissen met elkaar te delen.

We zagen dat God geweldige dingen deed door deze mensen heen, toen zij in geloof op het Woord van God uitstapten. Ze deelden getuigenis na getuigenis, echt geweldig om te zien. De mensen van de kerk begonnen te bidden voor mensen die zij ontmoeten in hun dagelijks leven van school en werk, en ze zagen vele mensen genezen en vrijgezet worden. Ook ontmoetten zij hun familie en vrienden om met hen het evangelie te delen, en mensen kwamen tot geloof. De hele kerk was getransformeerd, en tot op de dag van vandaag leven zij dit nieuwe leven. Zeven mensen verlieten meteen de kerk omdat zij dit leven niet wilden leven, maar binnen twee maanden daarna waren er dertig nieuwe gelovigen gedoopt en aan hun gemeente toegevoegd. En dit was slecht het begin.

Nog maar een paar weken geleden – op moment van schrijven-, hebben mijn familie en ik in Amerika een man gedoopt; hij werd vrijgezet en ontving de Heilige Geest. Deze man begon tegen anderen te getuigen van wat God in zijn leven had gedaan. En alleen al in de afgelopen twee weken, hebben hij en zijn vriend, twaalf mensen naar Jezus geleid, die allen werden gedoopt en de Heilige Geest ontvingen. Ik zou van over de hele wereld dergelijke getuigenissen kunnen delen met jullie.

Wat ik nu met jou gedeeld heb in dit boek, is de visie achter een aantal van de grootste opwekkingen, die we gezien hebben in landen waar verdrukking is en landen waar armoede is, zoals Afrika en het Midden-Oosten etc. Waar vervolging en armoede is, kunnen christenen niet 'normaal' leven, dus moeten ze leven zoals God hen in Jezus heeft opgedragen. Mensen in de Westerse wereld zijn vaak te afhankelijk van geld, materiële zaken en het volgen van een bijbelschool. Ze zien niet in dat zij in armoede leven als het gaat over het leven in gehoorzaamheid aan de opdracht van Jezus. Maar er is iets nieuws aan het gebeuren in het Westen. Steeds meer mensen zijn hongerig naar een echt leven met God, en velen zijn er klaar voor om de prijs te betalen om Jezus te volgen. In de Westerse landen zien we een explosie gebeuren. Waarom? Is het omdat de oogst ineens aan het veranderen is in de Westerse wereld? Nee, dat is niet het geval. De reden van de explosie, is dat God is begonnen de ogen van mensen te openen aangaande discipelschap en de opdracht van Jezus. Vele jaren hebben we het in het Westen gedaan op onze eigen manier. En ja, we hebben wel enige vrucht gezien, maar niet veel. Als we stoppen om het op onze eigen manier te doen en het op Zijn manier gaan doen, zullen we geweldige vrucht zien, net als de mensen in niet-Westerse landen.

---

**Laten we samenwerken om mensen te helpen om te begrijpen hoe ze Jezus gehoorzamen. God heeft ons, de Kerk, gaven gegeven, om de gemeente toe te rusten. Dus laten we deze gaven gebruiken. Laten we elkaar toerusten, en samen de opdracht die Jezus ons gaf, accepteren.**

---

Ik wil jou, leider of voorganger, bemoedigen om te beginnen met de mensen in je kerk. Ik weet dat er verschillende kerken zijn, en dat verandering in de ene kerk makkelijker is door te voeren dan in de andere kerk. Ben jij bijvoorbeeld verbonden aan een kerk waar ze niet geloven in de doop met de Heilige Geest of waar ze geloven dat de gaven van de Heilige Geest niet meer voor deze tijd zijn? Als dat zo is, heb je nog een lange weg te gaan. Om te beginnen moet je terug naar de bijbel om te begrijpen wat Hij in Zijn Woord echt zegt over deze zaken, voordat je met de mensen in jouw kerk gaat praten over hetgeen Jezus zegt in Lukas 10.

Het is echt heel belangrijk dat je begint met het evangelie; laat dat evangelie de mensen in je kerk transformeren. Het is belangrijk dat ze als eerste gered worden, voordat ze iets gaan doen. Zoals ik al eerder heb gezegd, zijn er veel mensen in de kerk die nog niet wedergeboren zijn. Als mensen niet zijn wedergeboren, zie je dat de vrucht, die een wedergeboren gelovige volgt, niet aanwezig is. De bijbel is duidelijk over het identificeren van de wedergeborene door de aanwezige vrucht van de boom. In de laatste paar jaren, hebben we veel mensen in de kerken wedergeboren zien worden en dat is zo mooi. Wanneer dat gebeurt, zien we deze wedergeboren gelovige veranderen van een 'zondagschristen' in discipelen die Jezus volgen in hun dagelijks leven, en zij dragen veel vrucht. Ze gaan van een leven in zonden naar een leven vrij van zonden, zoals Jezus heeft opgedragen.

Dus begin met het evangelie en ga in tegen de leugen dat mensen opnieuw geboren worden door het zogenaamde zondaarsgebed te citeren. Ze moeten ook weten wat bekering inhoudt en dat ze gedoopt moeten worden om hun oude leven te begraven en dat ze de Heilige Geest dan ontvangen. Als de mensen in jouw kerk zich bekeren, gedoopt worden en de Heilige Geest ontvangen, kunnen ze de woorden van Jezus gehoorzamen. Anders zijn ze nog niet vrijgezet en geen nieuwe schepping geworden, en daarom kunnen ze Jezus niet gehoorzamen en ook niet kunnen doen wat ik deel in dit boek. Maar als zij het nieuwe leven in Christus zullen ervaren, en de kracht van de Heilige Geest ontvangen, zul je zien dat ze aan de opdracht van Jezus gehoor kunnen geven en Zijn opdracht ook accepteren. Als zij zich bekeerd hebben en gedoopt zijn in water en Geest, hebben zij het nodig dat ze gediscipeld worden; ze moeten door iemand op weg geholpen worden. Mijn advies aan jou is, ongeacht hoeveel mensen je beslissing om Jezus te gaan volgen ook accepteren, sluit geen compromissen. Je weet nu wat de waarheid is, daarom heb je ook een verantwoordelijkheid. Je hebt heel veel wijsheid nodig, maar er zullen er niet veel zijn die het zo zien. Ik heb velen horen zeggen: "We weten wat de waarheid is, maar we moeten wijs zijn." en ze doen niets meer. Zij zijn niet wijs. Zij zijn bang, en ze vrezen de mensen meer dan dat ze God vrezen. Als jij in een kerk bent, waar ze de opdracht van Jezus niet accepteren, ga dan verder, zoals Jezus je heeft opgedragen. Je kunt niet weten of ze willen gehoorzamen, als je het niet aan hen voorlegt; je moet hen dus het volle evangelie vertellen. Leg uit wat de opdracht van Jezus inhoudt, en geef hen de kans om te beslissen of ze dit nieuwe leven willen ontvangen of niet. Als ze het willen ontvangen, geweldig! Zo niet, vertrouw er dan op dat God nog geweldig werk voor jou op vele andere plaatsen heeft. Ik weet dat dit hard kan overkomen, maar ik herhaal slechts wat Jezus ons heeft opgedragen om te doen. Het is niet makkelijk om een traditionele kerk waar jarenlang een verkeerde leer is verkondigd, te veranderen. Misschien zul je binnenkort ervaren dat het tijd is om de kerk, inclusief haar netwerk, te verlaten en weer helemaal opnieuw te beginnen. Dit is vaak veel makkelijker, maar ik weet dat voor God niets onmogelijk is. Enige jaren geleden, moest ik ook de kerk waar ik in werkte, verlaten. Dat was niet makkelijk, maar ik wist dat ik een verantwoording had, nadat God mij had laten zien wat Hij mij vroeg. Ik moest God trouw zijn.

Denk eraan, dat zodra je compromissen gaat sluiten, jij je eerste liefde en vuur voor Jezus zal beginnen te verliezen. Ik heb veel mensen hun eerste liefde en vuur zien verliezen, omdat ze wachtten op een kerk die zou veranderen, maar niet wilde veranderen. Ze dachten dat het wijs was als ze alle tijd zouden nemen en gewoon het geduld moesten hebben totdat alle mensen in een kerk wilden veranderen. Dat is geen goed idee vind ik. In plaats van dat de kerk veranderde, verloren zij hun eerste liefde en vuur voor Jezus. Dus wees wijs en sluit geen compromissen.

Als je een leider of voorganger bent in een kerk die het volle evangelie reeds omarmt, wil ik je aanmoedigen om toch te beginnen bij het Evangelie. We denken vaak dat de mensen om ons heen het Evangelie kennen. Echter, al heeft een kerk een goed fundament, dat betekent niet dat alle mensen in die kerk of gemeenschap het Evangelie begrijpen en wedergeboren zijn. Als je begint met het verkondigen van het Evangelie, zul je verrast zijn hoeveel mensen dit Evangelie nog niet hebben ontvangen en nog worstelen met zonden en andere zaken. Als ze dan eindelijk het Evangelie begrijpen, wedergeboren en vrijgezet worden, verandert hun leven voorgoed.

Wanneer we nu kijken naar mensen in de kerk, zouden we kunnen denken dat ze lauw zijn en vinden dat ze het geloof serieuzer moeten nemen. Maar het probleem zit veel dieper dan lauwheid of een gebrek aan geloof; velen zijn nog niet wedergeboren. Er is geen levend geloof en geen vuur omdat ze nog in zonden leven en het Evangelie nog moeten begrijpen en wedergeboren moeten worden. Dus begin met het Evangelie, help hen om wedergeboren te worden; sluit geen compromis als leider of voorganger, want u heeft hierin een grote verantwoording.

Paulus zegt in Handelingen 20:26 "Daarom betuig ik u op de huidige dag dat ik rein ben van het bloed van u allen." Hij zei dit omdat hij wist dat hij verantwoordelijk was voor degenen die God aan hem had toevertrouwd. Paulus zei dat hij rein was omdat hij het volle evangelie aan hen had verkondigd en niets had achtergehouden. We kunnen dit lezen in het volgende vers, waar staat: "want ik heb niet nagelaten u heel het raadsbesluit van God te verkondigen."

Ik ben oprecht bezorgd over velen voorgangers en leiders die ik ontmoet heb. Velen kennen de waarheid, maar ze verkondigen deze waarheid niet, omdat ze te bang zijn om hun baan te verliezen. Voor 'de lieve vrede' sluiten ze daarom een compromis; wees niet iemand die mensen meer vreest dan God. Wat maakt het uit dat u uw baan verliest? God regeert, en Hij zal voor u zorgen. Dus wees moedig en verkondig het volle evangelie in liefde, ook als dat betekent dat je misschien je baan verliest. Je bent niet de enige die een prijs moest betalen voor het volgen van Jezus. En als het ervoor zorgt dat mensen de kerk verlaten, laat hen dan gaan. Het is niet voor het eerst dat er mensen zijn die de kerk verlaten. Kijk maar in Johannes 6. Toen Jezus de waarheid sprak, verlieten velen Hem. Soms is het beter dat enkele mensen de kerk verlaten, zodat de rest van de mensen kunnen samenkomen om God te dienen op de manier waarop Hij het ons heeft opgedragen.

**Jezus zoekt mensen die er klaar voor zijn om Zijn Kerk te bouwen. Hij zoekt mensen die God vrezen in plaats van de mensen. Hij zoekt mensen die de waarheid spreken, ongeacht de gevolgen.**

Voordat ik een leider en voorganger in een kerk werd, was ik erg druk om Hem te dienen en te gehoorzamen. Ik was druk bezig met het bouwen van Gods Koninkrijk en Zijn discipel te zijn. Het maakte mij niet uit of de mensen mijn kerk of een andere kerk bezochten, zolang ze maar echt Jezus volgden. Voordat ik een voorganger werd, bad ik en las ik in de bijbel, zodat ik dichter naar God kon groeien. Ik was gericht op hoe ik, als Zijn discipel, Hem gehoorzaamde. In die tijd zag ik veel vrucht. Maar toen ik voorganger en leider van een kerk werd, veranderde ik ineens. Langzamerhand verlegde ik mijn aandacht, van het bouwen van Gods Koninkrijk naar het bouwen van mijn kerk, mijn eigen koninkrijk. Alles in mijn leven begon gericht te zijn op de schapen van mijn kerk, en op hoe er meer mensen zouden komen. Het draaide ineens allemaal om 'mijn' schapen, in plaats van om Gods schapen, en elke keer als ik de bijbel las, dacht ik na over welke boodschap ik met hen kon delen. Alles draaide om 'mijn' schapen en 'mijn' kerk, en ik vergat om Jezus te gehoorzamen. Ik was druk met de mensen mij te laten volgen, maar er was niets om te volgen.

Op een dag gaf God mij een krachtige droom, en in die droom toonde Hij mij iets heel belangrijks, wat ik tot op de dag van vandaag niet meer ben vergeten. Hij toonde mij dat het niet draaide om het bouwen van je eigen kerk, en dat de schapen niet van mij waren, maar van Hem. Ook toonde Hij mij dat ik, net als de mensen in de kerk, een discipel was en Hem moest gehoorzamen en dat ik dat uit het oog verloren was. Nadat ik deze droom had gehad, wist ik dat ik mij moest bekeren en moest terugkeren naar God, en dat ik moest gaan doen wat ik deed vóórdat ik voorganger werd. Dus ik heb voorin de kerk aan de mensen verteld dat ik het verkeerd had gedaan en dat het mij speet. Ik beleed aan hen, dat ik zozeer gericht was op het bouwen van 'mijn' kerk en hen was gaan zien als 'mijn' schapen, dat ik vergeten was, dat Jezus degene is die Zijn gemeente bouwt, en dat ik als Zijn discipel, Hem moest gehoorzamen. Na die droom veranderde ik; Ik begon God weer te zoeken en Hem te gehoorzamen zoals ik had gedaan voordat ik voorganger was.

Toen Jezus hier op aarde wandelde, riep Hij de mensen op om Hem te volgen. Het was makkelijk om Hem te volgen want Hij was altijd onderweg. Als mensen Hem wilden volgen, wisten ze wat ze moesten doen. Ze wisten dat ze op moesten staan, in beweging moesten komen en achter Hem aan moesten gaan. Jezus stond niet stil op een preekstoel, mensen vertellend wat ze moesten doen. Nee, Hij was een levend voorbeeld van hoe mensen moesten leven. God sprak echt tot mij door deze droom, en ik zag in, dat veel dingen moesten veranderen. Ik begon mij te richten op mijn eigen leven en hoe ik zelf Jezus kon volgen, in plaats van mij te richten op hoe anderen Jezus moesten volgen. Ik liet de controle los en begon te begrijpen dat alles Hem toebehoorde. Ik zag in dat het Gods' gemeente was en niet die van mij. Toen ik dat alles besefte, begon ik Jezus te volgen en ik begon opnieuw vele bijzondere dingen met God te ervaren. Ik begon elke week nieuwe getuigenissen te delen van wat God had gedaan in mijn leven. Terwijl, toen ik voorganger was, mijn getuigenissen twee of drie jaar terug gingen. Maar nu had ik nieuwe getuigenissen te delen met de mensen die ik ontmoette; nu was ik een voorbeeld wat mensen konden volgen. Ze zagen hoe ik leefde en ze konden mijn voorbeeld volgen in het volgen van Jezus. De mensen om mij heen begonnen te veranderen. Alles wat ze nodig hadden, was een voorbeeld om te volgen. Ze hadden niet degene nodig die op een preekstoel hen stond te vertellen wat ze moesten doen, terwijl diegene het zelf niet deed. Ze hadden iemand nodig die hen kon tonen wat ze moesten doen, als voorbeeld. Alhoewel sommige mensen de kerk verlieten, begonnen veel mensen hun verantwoording te nemen voor hun eigen relatie met God, en ze gingen Jezus echt volgen. Er kwam een groei zoals nooit tevoren, en de vrijheid die ik ervoer was geweldig. Mijn verantwoordelijkheid verschoof, van alle mensen in de kerk op mijn schouders dragen, naar simpelweg Jezus volgen.

Ik begon te begrijpen waarom er zoveel voorgangers en leiders in de kerk een burn-out hadden en het na een korte periode al opgaven. Ik realiseerde mij dat dit zo was omdat velen het op hun eigen manier deden in plaats van Jezus' manier. Zij hebben niet goed begrepen dat zij ook Zijn discipel zijn, net als de anderen in de kerk, en dat de gemeente die ze leiden niet hun gemeente is, maar die van Christus. Voorgangers en leiders, vergeet jezelf niet. Jij als leider, moet zelf ook Jezus gehoorzamen. Het is zo makkelijk om op de preekstoel te gaan staan en mensen te vertellen wat ze moeten doen, zonder hen daarin het goede voorbeeld te geven, door zelf in de praktijk te brengen wat je verkondigt. Het is zo makkelijk om de verantwoording voor een gemeente op je te nemen, maar daar ben je niet toe geroepen. Onthoud dat alles aan God toebehoort, en dat Jezus weet wat Hij doet. Als je meer wilt weten over mijn reis en hoe God mij vrijgezet heeft, raad ik je aan om mijn boek 'De laatste reformatie' te lezen.

Zoals ik al vele malen gezegd heb, geloof ik dat wat Jezus in Lukas 10 zegt, ook voor ons vandaag geldt. Als jij dit als voorganger of leider in de kerk kan brengen, dan ben ik er zeker van dat je een verandering zult zien zoals je nooit eerder hebt gezien. Het is belangrijk dat jij mensen leert begrijpen, wat Jezus bedoelt, als Hij zegt dat oogst gereed is, maar dat er weinig arbeiders zijn. Help hen in te zien dat het niet alleen gaat om het bezoeken van een zgn. Derdewereldland, om daar te preken op een platform voor grote menigten. Het gaat om het vinden van de persoon van vrede in het leven van alledag, en om het delen van het Evangelie met hen.

Daarnaast moet je de mensen ook tonen hoe ze het Evangelie met andere mensen moeten delen. Stel je eens voor hoe geweldig het zou zijn, als je de zondagse diensten zou gaan gebruiken om mensen te trainen en hen toe te rusten, zodat zij weer anderen kunnen discipelen. Neem de tijd om als het ware door de woorden van Jezus te wandelen met de mensen van 'jouw' kerk. Misschien is het ook goed om doordeweeks hen dit boek te laten lezen, en dan kun je op zondag met hen bespreken wat ze gelezen hebben en met elkaar getuigenissen uitwisselen van wat God gedurende de week heeft gedaan. Het is zo belangrijk om de mensen te bemoedigen in elke stap die ze zetten in gehoorzaamheid aan Jezus.

Vind de mensen in je kerk, die goed zijn in evangeliseren, en zet hen in om de anderen mee de straat op te nemen en hen te trainen, te kickstarten. Het kickstarten van de discipelen is heel belangrijk, want het geeft hen het geloof dat God mensen wil gebruiken. De liefde en passie voor Jezus zal groeien in vele harten en bij sommigen zal het terugkeren. Als je besluit om het op deze manier te doen en de opdracht van Jezus te accepteren, zul je zien dat de kerk zal uitgroeien tot een trainingscentrum waar mensen willen komen om te worden getraind om uit te stappen en Jezus gehoorzamen. En na verloop van tijd zul je vele nieuwe gemeenschappen zien ontstaan. Het zou zelfs kunnen dat jullie uiteindelijk één of twee keer per maand met alle gemeenschappen samenkomen voor een grootse viering. Je zult het Koninkrijk van God zien groeien als een mosterdzaadje, zoals Jezus zegt in Mattheüs 13:31-33, waar staat: "Een andere gelijkenis hield Hij hun voor. Hij zei: Het Koninkrijk der hemelen is gelijk aan een mosterdzaad, dat iemand nam en in zijn akker zaaide. Dat is wel het kleinste van al de zaden, maar als het opgegroeid is, is het de grootste van de tuingewassen en het wordt een boom, zodat de vogels in de lucht een nest komen maken in zijn takken. Een andere gelijkenis sprak Hij tot hen: Het Koninkrijk der hemelen is gelijk aan zuurdeeg, dat een vrouw nam en in drie maten meel verborg, totdat het helemaal *doordesemd* was."

Laat mij u dezelfde vraag stellen, als die de man destijds aan mij stelde, voordat God mij gebruikte om 'De laatste Reformatie' op te starten. Wat wil jij? Wil jij een kerk met duizend mensen of wil je duizend gemeenten met in elke gemeente tien mensen daarin? Wat wil jij? Wil je een kerk met duizend mensen of wil jij een beweging die de wereld zal veranderen? In Johannes 14:15 zegt Jezus "Als u Mij liefhebt, neem dan Mijn geboden in acht." Als we van Jezus houden, dan laten we zien hoe Zijn koninkrijk komt en hoe Zijn wil geschiedde op aarde. Laten we onze eigen manieren afleggen en beginnen om in gehoorzaamheid Zijn geboden te doen. Laten we samen opstaan en dit zien gebeuren. Het gaat niet om ons, het draait alleen om Hem en Zijn Koninkrijk.

# 26

## Laat het nieuwe leven beginnen

**Als het ene hoofdstuk eindigt, begint er een nieuw hoofdstuk. Dit mag dan het einde van het boek zijn, maar laat het ook het begin zijn van een nieuwe en geweldige reis, als je een nieuw leven begint zoals Jezus het ons heeft opgedragen.**

Ik hoop en bid echt dat je een nieuw en geweldig leven met God zult beginnen, waarin je zult ervaren waar Jezus je voor geroepen heeft in Lukas 10. Door dit hele boek heen heb ik geprobeerd, om op Jezus te wijzen en naar de opdracht die Hij ons gegeven heeft. Ik hoop echt dat het mij gelukt is om Jezus' woorden te citeren en uit te leggen op zo'n manier, dat ze zijn gaan leven voor je. Ik weet dat mijn eigen woorden dat niet kunnen doen, maar ik weet dat de woorden van Jezus iemand kunnen veranderen van binnenuit, in het bijzonder als we Zijn woorden gaan toepassen in de praktijk. Ik hoop dat je Zijn opdracht wilt accepteren. Ik kan voor jou bidden, jou aanmoedigen en jou herinneren aan de woorden van Jezus, maar uiteindelijk moet je zelf de beslissing maken. Het is jouw verantwoording om iets te doen met wat je geleerd hebt, en te antwoorden op Zijn opdracht. Het is aan jou of je wel of niet gehoorzaamt en gaat doen wat Jezus zegt. Ik heb 'Ja' gezegd op de opdracht die Hij mij gegeven heeft, en ik moet dagelijks mijn kruis op mij nemen en Hem volgen. Ik ben zo dankbaar dat ik de gelegenheid heb om Hem te dienen. Er is niets wat meer voldoening geeft, dan te leven voor Jezus en te zien hoe anderen zich bekeren en Hem gaan volgen.

Het is mijn hoop dat ik voor de rest van mijn leven 'Ja' zal zeggen op de opdracht van Jezus, en dat ik Hem al de dagen van mijn leven zal volgen. Ik hoop ook dat vele anderen dit zullen doen. Het is niet makkelijk om Christus te volgen, en het is moeilijk wanneer mensen jou vervolgen, maar dit is wat Jezus heeft voorzegt; we zullen verdrukking meemaken als we Hem volgen. Het is moeilijk om te sterven aan het vlees, en het is niet altijd makkelijk om naar de Heilige Geest te luisteren. Ik denk vaak aan de vier types grond wat ik met jullie heb gedeeld in het begin van dit boek, en hoe ik mezelf eraan moet herinneren dat ik niet in grondtype twee moet belanden en compromissen ga sluiten. En ik wil ook niet grondtype drie worden en het bedrog van rijkdom, zorgen of het verlangen naar andere zaken mijn leven laten bepalen, zodat ik geen vrucht meer draag. Vruchtbare grond zijn, is een beslissing die ik steeds weer opnieuw moet maken. Er zijn zoveel dingen die om onze aandacht vragen, die ons afleiden van onze focus, en het niet altijd makkelijk of fijn om Jezus te volgen. Het is niet altijd makkelijk om te vasten en je vlees heeft niet altijd zin om te bidden, maar je weet dat dit nodig is om goede vruchten te dragen. Als je bijvoorbeeld vast, kan je maag echt knorren en je wilt heel graag iets eten. Maar er is niets hier op aarde waar we doorheen moeten, wat de vreugde kan evenaren, die je ervaart in het vinden van Jezus, en in het doen van Zijn wil. Er is niets gelijk aan ingezet worden door God.

Als ik deze tekst schrijf, is het pas drie dagen geleden dat ik een huis bezocht, waar de bewoners vele anderen hadden verzameld in hun huis. Het was zo'n geweldige avond. We kwamen aan daar en aten met elkaar en waren samen in Jezus naam. Ik nam ruim de tijd om het evangelie van het Koninkrijk te delen met hen. Ik vertelde hen hoe Jezus onze Koning is, hoe we wedergeboren moeten worden om het Koninkrijk te kunnen zien en binnengaan, en wat het eigenlijk inhoudt om Hem te volgen. Nadat ik dit, en nog vele andere dingen, gedeeld had, begonnen we voor iedereen daar te bidden. De eerste waar ik voor bad, was een vrouw die van Jezus hield, maar nog niet de Heilige Geest had ontvangen. Ze was gedoopt in water, maar dat was vele jaren geleden, vele jaren voordat ze tot een persoonlijk geloof kwam en echte bekering. Ik bad voor haar en de Heilige Geest kwam over haar op krachtige wijze. Ze werd gedoopt in de Heilige Geest en begon in tongen te spreken voor de eerste keer. Direct daarna zijn we naar binnen gegaan, en hebben we haar gedoopt in de badkuip. Haar man had een probleem in zijn oren en hij werd genezen. We zagen die avond nog verschillende anderen genezen worden, vrijgezet worden en de Heilige Geest ontvangen. Het was echt geweldig. Iemand had een ontmoeting met God in de keuken; we stonden op een gegeven moment met elkaar te praten in de keuken. Ik bad voor een vrouw en God kwam krachtig tot haar. Ze viel ter plekke neer, daar op de keukenvloer, en ze huilde luid en intens. Toen verliet een diepe pijn haar, de Heilige Geest kwam daarna over haar en ze begon op luide toon in tongen te spreken. Het was een geweldige avond, die geen van de aanwezigen ooit zal vergeten. Ik vind het gewoon heerlijk om Jezus te dienen op deze manier, en Zijn Koninkrijk te zien groeien. Ik hou ervan om mensenlevens te zien veranderen in levens, waar we over kunnen lezen in de Bijbel. Jezus delen en God aan het werk zien zoals in Lukas 10, is iets waar je nooit genoeg van kan krijgen.

Er is een te betalen prijs als we Jezus volgen, maar het is niets in vergelijking tot de vrucht die je zult zien, en de vreugde in het dienen van Hem. Deze wereld heeft echt niets om te geven in vergelijking met wat een leven met Jezus ons geeft. Met Jezus leven is geweldig! Hij is zo fantastisch, en als je uitstapt op Zijn Woord, zul je zien dat Hij zoveel meer voor jou heeft. Je zult ervaren hoe Hij echt jouw leven is. Paulus stelt in Filippenzen 1 "Het leven is voor mij Christus..." Als je naar Paulus kijkt en ziet hoe hij over zijn leven op aarde spreekt, zie je dat hij in tweeën gedeeld is. Paulus verlangde er enerzijds naar om te sterven zodat hij bij Christus kon zijn, want dat was verreweg het beste, maar anderzijds weet hij dat hij hier op aarde moet zijn, zodat hij de mensen kan bereiken met het evangelie.

In Filippenzen 1:21-24 staat: "Want het leven is voor mij Christus en het sterven is voor mij winst. Maar blijf ik leven in het vlees, dan betekent dit voor mij vruchtbaar werk, en wat ik verkiezen zal, weet ik niet. Want ik word door deze twee gedrongen: ik heb de begeerte om heen te gaan en bij Christus te zijn, want dat is verreweg het beste, maar in het vlees te blijven is noodzakelijker voor u."

Paulus zegt in deze verzen, dat hij ernaar verlangt om bij Christus te zijn, omdat hij weet dat dit het beste is. Hij zegt niet: Alstublieft Jezus, kom nu nog maar even niet terug, want ik hou zoveel van mijn leven hier op aarde. Ik wil reizen en een groot huis kopen. Dus alstublieft Jezus, kom niet terug, want er is nog zoveel wat ik wil doen". Paulus was klaar met deze wereld en met wat deze wereld hem te bieden had. Hij was alleen op Jezus gericht en op het bij Hem zijn. Hij verlangde ernaar om Jezus te zien in Zijn verrezen lichaam. Maar totdat die tijd zou komen, wist Paulus dat hij de opdracht had om het Evangelie te verspreiden over de hele wereld, zodat ook anderen zich konden bekeren en eeuwig leven zouden ontvangen. Hij was op aarde om het Koninkrijk van God te zien groeien. Hetzelfde zou ook voor jou en mij moeten gelden. Ons leven gaat niet om het hebben van een grote auto en een groot huis. Het gaat er niet om wat dit leven ons kan bieden. Het gaat om Christus en om Hem alleen. We zouden ernaar moeten verlangen om bij Hem te zijn, maar we zouden ook moeten beseffen dat er hier op aarde nog veel werk te doen is. Laten we zolang we hier op aarde zijn, werken voor God.

Nu wil ik je graag herinneren aan waar we naar gekeken hebben in dit boek en aan de opdracht die Jezus ons gegeven heeft. Eerst moet ik u wat vragen stellen. Heb jij je bekeerd, je afgekeerd van je zonden, vrijheid ervaren door de doop in water, en een nieuw leven met de Heilige Geest ervaren? Ben jij vrij van zonden of leef je nog steeds in zonden? Als je nog niet opnieuw geboren bent en in de vrijheid wandelt waar Jezus Christus voor betaald heeft, dan moet je daar beginnen. Jij moet je bekeren, je afkeren van je huidige zondige leven, je naar God toekeren en Jezus aanroepen om jou te bevrijden. Vind iemand die de tijd neemt om jou het volle Evangelie uit te leggen, iemand die jou ook kan helpen om wedergeboren te worden. Vind iemand die jou kan dopen in water en met de Heilige Geest. Als je niemand kent die jou kan helpen, voel je dan vrij om de zgn. TLR-kaart te raadplegen op www.TLRmap.com , en in Nederland www.reformatie.nu (In de zwarte balk onderin vind je de 'TLR map' van Nederland) Op deze kaart kun je iemand vinden in jouw buurt, die jou kan helpen. Het is zo belangrijk voor jou dat je wedergeboren wordt, om bevrijd te worden van jouw zonden, om je oude leven af te wassen in de doop met water, en om kracht te ontvangen van de Heilige Geest, en voortaan te leven in een nieuw leven met God. Dit is waar we allemaal zouden moeten beginnen. Dus voordat je iets anders doet, zorg ervoor dat jij je hebt bekeerd en wedergeboren bent. Als jij al wedergeboren bent, begint je nieuwe leven in gehoorzaamheid aan Jezus op dit moment. Ja, begin de woorden van Jezus vandaag nog te gehoorzamen!

Laten we Jezus tonen dat we oprecht van Hem houden, door Zijn geboden te doen. En laten we de mensen tonen dat we van hen houden, door met hen het evangelie van het Koninkrijk van God te delen.

Laten we nog eens kijken naar sommige dingen die Jezus zegt, en dan zal ik wat praktische tips geven. In Lukas 10: 2 zegt Jezus dat de oogst groot is: Begin te bidden dat Jezus jouw ogen zal openen, zodat je echt zult gaan inzien dat de oogst groot is. Herinner jezelf dat wat Jezus heeft gezegd over de oogst, ook geldt voor jouw stad of woonplaats, en dat we geen uitvluchten moeten zoeken, want de oogst is nu gereed en groot. Mediteer op deze woorden door ze hardop uit te spreken. Zeg tegen jezelf dat de oogst gereed en groot is, en dat deze oogst op jou wacht. Bid tot God dat Hij de sluier voor jouw ogen weghaalt, dat de leugens van satan zullen worden onthuld, en dat de leugen die voor heel veel angst heeft gezorgd als het aankomt op het je uitstrekken naar de mensen om hen in Jezus' naam vrij te zetten, zal verdwijnen. Laten we stoppen om de oogst de schuld te geven van het gebrek aan vrucht in ons leven, en ga geloven dat de oogst groot en gereed is, zoals Jezus zegt. Ongeacht wat je eerdere ervaringen zijn, de oogst is ook groot en gereed in jouw woonplaats. Onze ervaringen veranderen niets aan het Woord van God. We mogen nooit het Woord van God aanpassen aan onze ervaringen. We moeten onze ervaringen veranderen, zodat deze passen bij het Woord van God!

Jezus zegt ook in Lukas 10:2 "... er zijn weinig arbeiders. Bid daarom tot de Heer van de oogst dat Hij arbeiders in Zijn oogst uitzendt."

Laten we beginnen God te gehoorzamen, door te gaan bidden om meer arbeiders in de oogst te sturen. Laten we stoppen met bidden voor een opwekking alsof het iets is wat automatisch gebeurt, zonder dat wij in gehoorzaamheid aan God uitstappen in Zijn oogst. Neem Gods Woord en bid in geloof en het vertrouwen dat Hij jouw gebed zal beantwoorden. Bid en smeek Hem om arbeiders uit te zenden, zodat de mensen op jouw werkplek of school, je woonplaats en land, bereikt zullen worden. Bid dagelijks dat Hij arbeiders zal sturen naar hen die jou dierbaar zijn, die God nog niet kennen of religieus zijn, en het leven waarover ik heb gesproken in dit boek, missen. Bid de Heer van de oogst dat Hij arbeiders vanuit jouw kerk en van andere kerken in jouw omgeving stuurt. Je kunt dit vol vertrouwen bidden, wetend dat God jou zal horen en je gebed zal verhoren.

1 Johannes 5:14-15 "En dit is de vrijmoedigheid die wij hebben in het toegaan tot God, dat Hij ons verhoort, telkens als wij iets bidden naar Zijn wil. En als wij weten dat Hij ons verhoort, wat wij ook bidden, dan weten wij dat wij het gevraagde, dat wij van Hem hebben gebeden, ontvangen."

God zal jou verhoren en mensen gaan uitzenden in de oogst. Hij zal jouw gebed ook verhoren door ook jou uit te zenden. Zet je wekker op 10:02 (Lukas 10:02), zowel 's morgens als 's avonds, om je eraan te herinneren te bidden dat God meer arbeiders in de oogst zal zenden. En als je in geloof uitstapt, zal Jezus met je meegaan. Onthoud dat Hij jou wel uitzendt als een lammetje onder de wolven, maar ook dat Hij gezegd heeft dat Hij bij jou zal zijn tot in eeuwigheid. Laten we niet bang zijn voor de wolven. Ze kunnen ons niet echt raken. Mensen zullen ons bespotten en vervolgen, en sommigen zullen ons zelfs fysiek pijn doen of ons doden. Nou en? Zelfs wanneer ze ons willen doden, hoeven we niet bang te zijn, want Jezus zegt in Lukas 12: 4-7 het volgende.

"En Ik zeg u, Mijn vrienden: Wees niet bevreesd voor hen die het lichaam doden en daarna niets meer kunnen doen. Maar Ik zal u laten zien voor Wie u bevreesd moet zijn: Wees bevreesd voor Hem Die, nadat Hij gedood heeft, ook macht heeft in de hel te werpen. Ja, Ik zeg u, wees bevreesd voor Hem! Worden niet vijf musjes voor twee penninkjes verkocht? En niet een van die is bij God vergeten. Ja, ook de haren van uw hoofd zijn alle geteld. Wees dan niet bevreesd: u gaat veel musjes te boven. "

We hebben niets te vrezen. We zouden juist blij moeten zijn als dit ons overkomt, want dan wacht ons een grote beloning in de hemel. In Mattheüs 5: 10-12 staat: "Zalig zijn zij die vervolgd worden om de gerechtigheid, want van hen is het Koninkrijk der hemelen. Zalig bent u als men u smaadt en vervolgt, en door te liegen allerlei kwaad tegen u spreekt, omwille van Mij. Verblijd en verheug u, want uw loon is groot in de hemelen, want zo hebben ze de profeten vervolgd die er vóór u geweest zijn. "

Je zult je vaak voelen als een lammetje, dat is ingesloten door grote, enge wolven. De angst is echt en het is niet altijd gemakkelijk, maar onthoud, dat de wolven er altijd zullen zijn. Jezus heeft ons nooit beloofd dat Hij de wolven zou verwijderen, maar Hij heeft iets veel beters beloofd aan ons. Hij heeft beloofd dat Hij met ons meegaat. De eerste stap is altijd het moeilijkst, maar als je gaat, zul je ervaren dat Hij echt bij je is, en de angst zal beetje bij beetje afnemen. Dus stap uit en ga Jezus met de mensen om je heen delen, en leer om te glimlachen als je wordt afgewezen. Het is erg belangrijk dat jij je niet laat ontmoedigen wanneer je afgewezen wordt. Afwijzing is onderdeel van de opdracht, dus laat het je niet negatief beïnvloeden.

Laten we leren om Jezus te vertrouwen. In Lukas 10:4 staat: "Neem geen beurs, geen reiszak en geen sandalen mee, en groet niemand onderweg." Wees niet bang als jij je in een situatie bevindt, waar je niet in je dagelijkse behoefte kunt voorzien. God weet wat je nodig hebt. We moeten eerst op zoek gaan naar Gods Koninkrijk en Zijn wil doen, en al deze dingen zullen ons gegeven worden. (Mattheüs 6:33) We moeten stoppen om ons zorgen te maken over morgen, want morgen zal voor zichzelf zorgen. In plaats daarvan moeten we leren om God te zoeken en Zijn wil te doen.

Mattheüs 6:26 zegt "Kijk naar de vogels in de lucht: zij zaaien niet en maaien niet, en verzamelen niet in schuren; uw hemelse Vader voedt ze evenwel; gaat u ze niet ver te boven?"

Ja, Hem kunnen we vertrouwen. Laten we onthouden dat we ons niet moeten laten afleiden. Er is zoveel in de wereld wat ons kan afleiden en onze aandacht kan weghalen van Jezus en Zijn opdracht. Het kan zelfs iets zijn, bijvoorbeeld onderwijs volgen of iets anders, wat goed lijkt om te doen, maar wat ons uiteindelijk afleidt van de opdracht die Jezus ons heeft gegeven. Ik bedoel dat we van het ene naar het andere onderwijs kunnen gaan, zonder te gehoorzamen. Uiteindelijk hebben ze een hoofd vol kennis maar geen gehoorzaamheid geleerd. Dit is een probleem wat vooral in de Westerse wereld voorkomt. Het is niet nodig om eerst Grieks en Hebreeuws te leren, voordat je Jezus kunt gehoorzamen. Begin gewoon vandaag, en leer terwijl je gehoorzaamt. Onze focus moet niet alleen gericht zijn op meer kennis, maar vooral op gehoorzaam zijn. Ja, kennis is belangrijk, maar houd het eenvoudig. Laten we niet eindigen als de Farizeeën die zich blind studeerden. Zij waren trots op al hun 'kennis', maar ze zaten er volledig naast. Hun kennis verblindde hen zozeer dat ze Jezus en Zijn Woord afwezen. Dus laten we elkaar steeds weer vertellen waarom we hier op aarde zijn, en wat Zijn opdracht voor ons inhoudt.

Laten we personen van vrede zoeken; als we blijven zoeken, zullen we hen vinden. Als we God steeds weer vragen om ons naar een persoon van vrede te leiden, dan zal Hij dat doen. In Lukas 10:5 en 6 staat: "En welk huis u ook maar binnengaat, zeg eerst: Vrede zij dit huis! En als daar een zoon van vrede is, zal uw vrede op hem rusten. Zo niet, dan zal uw vrede tot u terugkeren." Dus wanneer we een persoon van vrede vinden en zijn huis binnengaan, bid dan dat Gods vrede op dit huis zal rusten, zodat het een huis kan worden als dat van

Cornelius, waar we over kunnen lezen in Handelingen 10, waar het hele huishouden tot geloof kwam. In Lukas 10: 7 en 8 staat: "Blijf in dat huis en eet en drink wat u door hen voorgezet wordt, want de arbeider is zijn loon waard. Ga niet van het ene huis naar het andere huis. En welke stad u ook maar binnengaat en men ontvangt u, eet wat u voorgezet wordt," Dus wanneer je een persoon van vrede vindt, ga dan zitten en eet en drink wat je voorgezet wordt. Laten we niet te snel van de ene naar de andere persoon van vrede gaan, of van het ene huis naar het andere huis. Als we een persoon van vrede vinden, laten we dan blijven en ook proberen om de andere huisgenoten te bereiken met het evangelie. En als ook zij het ontvangen, laten we hen dan opbouwen in Christus zodat zij krachtige en volwassen discipelen zullen worden. Onthoud dat we niet geroepen zijn om tot zoveel mogelijk mensen te preken. We zijn geroepen om discipelen te maken en hen te leren gehoorzamen wat Jezus ons heeft opgedragen. Laten we ook Jezus gehoorzamen door de zieken te genezen, demonen uit te drijven en het evangelie te verkondigen. In Lukas 10:9 staat " genees de zieken die daar zijn, en zeg tegen hen: Het Koninkrijk van God is dicht bij u gekomen." Jezus betaalde een hoge prijs voor elke persoon die we ontmoeten, dus laten we moedig zijn en bidden voor hen die we ontmoeten. Laten we elke gelegenheid aangrijpen om het goede nieuws van het Koninkrijk van God te delen. Je hebt geen bijzondere gave van genezing nodig om Jezus te gehoorzamen. Het enige wat je moet doen, is een stap in geloof zetten en voor mensen gaan bidden en hen de handen opleggen. Als je iemand nodig hebt die jou kan kickstarten, ben ik er zeker van dat er mensen in jouw buurt zijn die jou kunnen helpen en jou mee kunnen nemen de straat op. Als je niemand kent, kun je de kaart van TLR raadplegen op www.reformatie.nu , en kijken of er iemand in jouw buurt woont die jou kan helpen. Als er niemand in jouw buurt woont, probeer dan naar één van de kickstart weekenden te komen, die georganiseerd worden over de hele wereld.

Laten we ons niet schamen voor het Evangelie, want het is de reddende kracht voor iedereen die gelooft. In het Evangelie van Jezus Christus is echte redding, en we moeten er niks aan af doen noch aan toevoegen. Help mensen om in te zien dat ze hebben gezondigd en Gods wet overtreden hebben. Help hen om te begrijpen dat Jezus voor hen de prijs heeft betaald. Vertel hen over Romeinen 3:23, waar staat dat we allen hebben gezondigd en de heerlijkheid van God missen en dat we om niet gerechtvaardigd kunnen zijn door Zijn genade door de verlossing die er is in Christus Jezus. Vertel hen over Efeze 2:8 en 9, waar staat "Want uit genade bent u zalig geworden, door het geloof, en dat niet uit u, het is de gave van God; niet uit werken, opdat niemand zou roemen." Deel met hen, hoe volgens 1 Korinthe 15: 3 en 4, Jezus op de derde dag is opgestaan uit de dood en dat Hij de enige is, die onze zonden weg kan nemen. Vertel hen, dat, zoals het geschreven staat in Johannes 3, zij opnieuw geboren kunnen worden door water en Geest. Help hen te begrijpen dat ze zich moeten laten dopen op hun geloof, zoals Jezus zegt in Markus 16:17. Leg aan hen uit wat echte bekering is en dat, zoals Romeinen 6 ons vertelt, de doop in water het moment is waarop we ons oude leven begraven. Vertel hen dat de doop niet alleen maar een symbool is, maar dat de Bijbel zegt dat het een totaal nieuw begin is, waar je je zonden wegwast en Christus aantrekt. (Galaten 3:27)

Trek met hen op zodat ze het hele evangelie leren verstaan en help hen om opnieuw geboren te worden, de Heilige Geest te ontvangen en in tongen te spreken zoals we ook in de bijbel kunnen lezen. Predik wat de bijbel zegt, niet wat je door tradities geleerd hebt. Laten we verkondigen wat Petrus zegt in Handelingen 2:38 "En Petrus zei tegen hen: Bekeer u en laat ieder van u gedoopt worden in de Naam van Jezus Christus, tot vergeving van de zonden; en u zult de gave van de Heilige Geest ontvangen." Er is niets mooiers dan iemand wedergeboren te zien worden. Het is zo bijzonder om iemand uit het water te zien komen als een nieuwe schepping, dan de Heilige Geest te zien ontvangen en in tongen te horen spreken.

Als het aankomt op het beginnen zoeken naar een persoon van vrede, kennen de meeste mensen al één of twee mensen in hun sociale netwerk die er open voor staan. Begin dan maar met het delen van het Evangelie met deze mensen. Als diegene het Evangelie aanvaardt, probeer dan via diegene zijn vrienden en familie te ontmoeten die ook open staan voor het Evangelie. Probeer een ontmoeting te organiseren met de mensen die nog maar pas zijn wedergeboren, waarin je de focus richt op de vrienden en familie van hen. Dat kan bij iemand thuis, in een café of ergens anders waar het voor iedereen makkelijk is om te komen. Wanneer je dan met degenen die vanuit hun netwerken open staan voor het Evangelie, samenkomt, laat dan de nieuwe discipelen met hen delen wat zij hebben meegemaakt, en hoe zij wedergeboren zijn. Er is geen betere getuigenis dan deze. Het zal hun harten voorbereiden op het Evangelie wat je daarna met hen gaat delen en wat het inhoudt om Jezus te volgen. Op deze manier horen ze niet alleen het Evangelie, maar ze zien ook de kracht van het Evangelie en dat het de waarheid is, vanwege de transformatie die zij in hun vrienden en familieleden zien. Als we op deze manier doen, komt het Evangelie echt tot leven, en je zult zien dat velen hun leven aan Jezus zullen geven. Zo leid je niet één, maar twee of drie mensen tot Jezus, en het zal per persoon en per netwerk verder groeien. Dit is vaak hoe we het hele huishouden bereiken, door hen één voor één te bereiken. Het kan ook gebeuren dat je gelijk kunt beginnen met het verzamelen van een groep mensen in het huis van de persoon van vrede. Misschien is de persoon die je tot Jezus hebt geleid of hebt geholpen hem te dopen etc., bereid om zijn huis te openen en een grotere groep van kennissen, familie en vrienden te ontvangen. Dan kan het zijn dat je in een huis zit met tien of twintig mensen om je heen, terwijl je met hen het Evangelie deelt en hen vertelt over het leven met Jezus. Als meer mensen hun leven aan Jezus geven, kun je hetzelfde gaan doen in hun huizen. Als dit gebeurt, is het verstandig om ook andere volwassen discipelen uit te nodigen, die jou kunnen helpen in het proces van discipelen maken, zodat je dat niet allemaal alleen hoeft te doen. Onthoud dat het belangrijk is dat jij je laat leiden door Zijn Geest in elke stap, ook als het gaat om wie je kunt uitnodigen om je te helpen. Want het is het werk van Jezus, we hoeven er zelf geen controle op uit te oefenen.

Het kan ook zijn dat je iemand tot Jezus leidt die geen netwerk heeft; dan zou je diegene kunnen uitnodigen in je eigen kerk of bij een bestaande huisgemeente, zodat hij daar dan verder kan groeien. Het is verschillend per persoon. Sommigen groeien heel snel en anderen niet. Onze taak is om het gewoon te gaan doen; Jezus zal aan Zijn gemeente bouwen met ons als levende stenen. Laat het groeien aan God over, van persoon naar persoon, van netwerk naar netwerk en van huis naar huis. In Mattheüs 13:31-33 staat "Een andere gelijkenis hield Hij hun voor. Hij zei: Het Koninkrijk der hemelen is gelijk aan een mosterdzaad, dat iemand nam en in zijn akker zaaide. Dat is wel het kleinste van al de zaden, maar als het opgegroeid is, is het de grootste van de tuingewassen en het wordt een boom, zodat de vogels in de lucht een nest komen maken in zijn takken. Een andere gelijkenis sprak Hij tot hen: Het Koninkrijk der hemelen is gelijk aan zuurdeeg, dat een vrouw nam en in drie maten meel verborg, totdat het helemaal doorzuurd was." Als je het op deze manier gaat doen, zul je zien dat dit echt is hoe het Koninkrijk van God groeit. Als een mosterdzaadje of als een beetje zuurdeeg. Alles begint klein, maar door het zo te doen, zal het echt groot worden. Als we het hebben over het vinden van een persoon van vrede, en de manier waarop we verder handelen, moeten we ook onthouden, dat wanneer mensen niet geïnteresseerd zijn, we verder moeten gaan.

Lukas 10:10-12 zegt "Maar welke stad u ook maar binnengaat en men ontvangt u niet, ga naar buiten, de straat op, en zeg: Zelfs het stof uit uw stad dat aan ons kleeft, schudden wij tegen u af. Maar weet dit, dat het Koninkrijk van God dicht bij u is gekomen. Ik zeg u dat het voor Sodom verdraaglijker zal zijn op die dag dan voor die stad." Het is dus belangrijk dat we dit onthouden, want we zullen mensen ontmoeten die het niet willen en zij kunnen gemakkelijk iets wat net gestart is, vertragen of helemaal kapot maken. Wanneer je mensen tegenkomt die het evangelie niet willen ontvangen, schud je het stof van je voeten en ga je verder. Besteed niet te veel tijd aan discussies met hen. Besteed je tijd om te zoeken naar degenen die God roept.

Zoals ik al verschillende keren in dit boek heb gezegd, is het heel belangrijk dat we niet moeten proberen om de groei van het Koninkrijk van God te controleren, maar dat we Jezus moeten laten bouwen zoals Hij wil. Hij weet het zoveel beter dan wij, dus Hij weet wat Hij doet. Wanneer je ziet dat de gemeenschap in aantal groeit, zul je ook zien hoe God andere mensen zal sturen met verschillende gaven, die jou gaan helpen. Onthoud dat God een vijfvoudige bediening heeft gegeven, zodat het lichaam van Christus toegerust kan worden voor haar bediening. Misschien zal God mensen uit andere gemeenschappen sturen om jou te helpen, of misschien zijn de mensen die jou gaan helpen, mensen die jij eerder naar Christus hebt geleid, maar nu zijn gegroeid tot volwassen discipelen. Je zult zien dat mensen die eerst pasgeboren baby's waren, snel zullen opgroeien en het huis zullen verlaten om hun eigen geestelijke familie te stichten. En als de tijd voorbijgaat, kun je uiteindelijk terugkijken op de eerste, tweede, derde, vierde generatie van discipelen.

Mensen vragen vaak aan mij wat ze moeten doen wanneer een huisgemeente groeit, en hoe ze de dingen moeten doen als ze samenkomen. Om deze vraag te beantwoorden, hebben we veel informatie op onze website. Maar het eenvoudige antwoord is om het simpel te houden en voor ogen te houden welke opdracht Jezus ons heeft gegeven. Wanneer je groeit, komen er nieuwe dingen voorbij, die jouw aandacht verdienen en moet bespreken. Dit kan zonder dat het ingewikkeld wordt en we de opdracht van Jezus uit het oog verliezen. Het probleem is dat de kans dat we deze opdracht wel uit het oog verliezen, wanneer er groei is, aanwezig is, waardoor dat wat er eerst was, sterft.

Een eenvoudige methode die je kunt gebruiken, is 'in, op en uit' (in is gericht op elkaar, op is gericht op God en uit is gericht op hen die we moeten bereiken voor het Koninkrijk van God). Ik zie in de bijbel niet een bepaald model weergegeven, wat we moeten gebruiken, wanneer we elkaar ontmoeten. Iedereens' huis is anders en er kunnen van tijd tot tijd verschillende mensen komen. Wat je de ene avond wilt doen, werkt misschien niet voor de volgende ontmoeting. Als je bijvoorbeeld een samenkomst hebt en er komen twee nieuwe mensen, volg dan niet je normale programma. Deel met hen het volle evangelie en leid hen naar Jezus. Ik denk dat een gemeenschap altijd aandacht moet hebben voor de 'in, op en uit' methode. We moeten aandacht hebben voor het in, zodat we elkaar leren kennen en als een familie worden. Aandacht voor het op, omdat we bij elkaar zijn dankzij Hem, en we Hem willen dienen. En aandacht voor het uit, omdat Jezus ons de opdracht heeft gegeven om uit te gaan en discipelen te maken.

Als je elkaar ontmoet, kun je beginnen om met elkaar te delen wat God heeft gedaan in je leven in de afgelopen week. Ook kun je delen waar je mee worstelt. Bid dan voor elkaar en breng tijd met elkaar door en wordt een familie. Daarnaast is het ook belangrijk dat je samen tijd met God doorbrengt. Dan zou je kunnen beginnen met het heilig avondmaal en samen God zoeken in gebed en aanbidding. Lees samen het Woord van God en neem de tijd om het Woord tot jou te laten spreken. Daarna zou je woorden die Jezus gesproken heeft, kunnen bestuderen met elkaar, en met elkaar delen hoe we deze woorden in ons dagelijkse leven kunnen toepassen. Je zou af kunnen sluiten door met elkaar te bespreken hoe je de komende week gestalte kunt of wilt geven aan de opdracht van Jezus. Als er mensen zijn die anderen kennen die open staan voor het Evangelie, spreek dan een tijd en plaats af ergens in de week, om tijd vrij te maken voor deze mensen. Deze 'in, op en uit' methode is een eenvoudig middel, die je kunt gebruiken wanneer je nog maar net begint met het samenkomen. Op onze website heb je toegang tot vele gratis te verkrijgen middelen, die jou kunnen helpen in het gehoorzamen aan de opdracht van Jezus, en jou helpen bij het zien groeien en vermenigvuldigen van huisgemeenten. Je kunt hier meer over lezen, en ook over onze zogenaamde TLR Jezus familie, die we wereldwijd willen gaan stichten, op onze website:

www.TheLastReformation.com

Wil jij hier deel van worden en het Koninkrijk van God zien groeien? Ben jij er klaar voor om 'Ja' tegen de opdracht van Jezus te zeggen? Zo ja, dan zal het jou iets kosten. Zoals ik al eerder heb gezegd, zal er vervolging en verdrukking zijn. Het zal moeilijk zijn en er zullen vele problemen zijn. Er zullen altijd problemen zijn wanneer je met mensen werkt. Zo is het nu eenmaal. Er zullen ook geestelijke aanvallen komen, want onze vijand, de duivel, wil ons in de kerkbanken houden, zodat we niets voor het Koninkrijk van God gaan doen. Hij wil dat wij lauw zijn. Op het moment dat we in vuur en vlam komen te staan voor Jezus, en gaan doen wat Hij ons heeft opgedragen, worden we een bedreiging voor het koninkrijk van de duivel, en hij zal ons proberen tegen te houden. Ja, wanneer we de zieken gaan genezen, demonen uitwerpen en mensen tot Jezus gaan leiden, zijn we een bedreiging; de satan zal terugvechten en ons op alle mogelijke manieren aanvallen. Op geestelijk vlak stuurt hij gedachten van twijfel, angst en andere dingen. Je zult tegenstand ervaren van je familie en anderen die dicht bij je staan. Je zult vervolging ondervinden van de religieuzen in jouw omgeving. Deze mensen zullen worden uitgedaagd door jouw manier van leven, en ze zullen jou daarom proberen naar beneden te halen, en ervoor zorgen dat jij compromissen sluit. Vervolging zal komen en het zal moeilijk zijn, maar geef niet op.

Nieuwe gelovigen discipelen, is veel werk. Soms voelt het gelijk aan het grootbrengen van een pasgeboren baby. Het proces van het discipelen van nieuwe gelovigen, zal niet altijd zo snel gaan als je zou willen, maar onthoud dat degenen die nieuw in het geloof zijn, tijd nodig hebben om te groeien en fouten maken. Ga door en blijf met hen werken. Zoek God voor kracht en wijsheid om door te gaan. Bedenk dat jij je vijanden moet liefhebben en van je vervolgers moet houden. Mattheüs 5:44 zegt "Maar Ik zeg u: Heb uw vijanden lief; zegen hen die u vervloeken; doe goed aan hen die u haten; en bid voor hen die u beledigen en u vervolgen" Vraag God om liefde voor iedereen om jou heen en om jouw hart zuiver te houden. Niets dat van buitenaf komt, kan Gods plan dwarsbomen, zolang jij jouw hart rein houdt. Als we bitterheid en teleurstelling toestaan om ons hart binnen te komen, zal alles uit elkaar vallen. We moeten tegenstand verwachten en accepteren. Hard werken is onderdeel van Jezus volgen. Als je dit leven gaat leven, lees dan opnieuw het boek Handelingen, want dit keer zul jij jezelf herkennen in dit boek. Je leest niet alleen iets wat jaren geleden gebeurde, maar iets wat in jouw leven vandaag de dag ook gebeurt. Je zult zien dat het boek Handelingen het enige boek in de Bijbel is zonder einde. Jezus is dezelfde, gisteren, heden en tot in eeuwigheid, en ook Zijn opdracht aan ons zal ook voor altijd dezelfde zijn.

Jezus is gekomen om ons leven te geven, een leven in overvloed. Maar een overvloedig leven houdt niet in dat we twee auto's, een groot huis en alles wat deze wereld te bieden heeft, bezitten. Een overvloedig leven is een leven vol van betekenis. Het is een leven waarin je Jezus dient, en waar je Gods Koninkrijk ziet groeien. Het is ook een leven waarin je vrucht draagt in je dagelijks leven.

Besluit dat je wilt zijn als Mattheüs, die bereid was om Jezus' opdracht te volgen, ongeacht wat het hem zou kosten. Besluit dat je niet wilt zijn als de rijke jongeling, die bedroefd van Jezus wegliep, omdat hij meer hield van deze wereld en zijn aardse rijkdom, dan van God. Onthoud dat jij er niet alleen voor staat. God is bij jou. Wij, en anderen, zijn er voor jou om je te helpen als je hulp nodig hebt. Gebruik de video's en andere middelen die we hebben om jou te helpen om het Evangelie te delen en voor mensen te bidden. Ik beveel het je aan dat je online, onze gratis Pionier School volgt. Deze Pionier School heeft negenentwintig lessen die jou zullen vrijzetten om dit leven te gaan leven. In de lessen vertel ik jou hoe je als discipel zou moeten leven, wat het evangelie is en hoe we het moeten delen met anderen. Ook bespreek ik hoe je voor anderen moet bidden en zoveel meer. Je kunt deze video's op YouTube of op de bovengenoemde website vinden. We hebben ook drie gratis films die jou kunnen helpen om dit leven te gaan leven.

Overweeg eens of je misschien de Pionier Training School of de Lukas 10 school wilt gaan doen. Dit kan over de hele wereld. Je kunt hier ook meer informatie over vinden op onze website. En misschien is het goed om dit boek opnieuw te lezen. Als je het opnieuw leest, geloof ik dat je nieuwe dingen zult oppikken die je de eerste keer niet zijn opgevallen, omdat je nu hopelijk het grotere plaatje van het Koninkrijk van God, en de opdracht van Jezus begint te zien. Je zou met elkaar kunnen samenkomen en dit boek samen kunnen lezen. Je zou een aantal hoofdstukken per keer kunnen nemen en met elkaar elk hoofdstuk bespreken, waar het over gaat en hoe je dit als groep en ook persoonlijk in het dagelijks leven zou kunnen toepassen.

Doe het stap voor stap. Als je trouw bent in de kleine dingen, zal God jou over meer aanstellen. Als je dit gaat doen, zul je in korte tijd ervaren wat ik in dit boek heb beschreven. Laten we samen onze Heer en Redder, Jezus Christus, dienen en gehoorzamen aan de opdracht die Hij ons heeft gegeven!

Gods zegen,

Torben Sondergaard,

Discipel van Jezus Christus

www.ingramcontent.com/pod-product-compliance
Lightning Source LLC
Chambersburg PA
CBHW071331080526
44587CB00017B/2800